律师职业心理学

论律师的职业心理素质

尧汉杰 著

台海出版社

图书在版编目（CIP）数据

律师职业心理学 / 尧汉杰著. -- 北京 ：台海出版
社，2025. 1. -- ISBN 978-7-5168-3925-6

Ⅰ. D916.5-05

中国国家版本馆 CIP 数据核字第 202544ZU68 号

律师职业心理学

著　　者：尧汉杰	

责任编辑：王　艳　　　　　　　总 策 划：王思宇
产品经理：聂　晶

出版发行：台海出版社
地　　址：北京市东城区景山东街20号　　邮政编码：100009
电　　话：010-64041652（发行，邮购）
传　　真：010-84045799（总编室）
网　　址：www.taimeng.org.cn/thcbs/default.htm
E - mail：thcbs@126.com

经　　销：全国各地新华书店
印　　刷：武汉市籍缘印刷厂
本书如有破损、缺页、装订错误，请与本社联系调换

开　　本：710毫米×1000毫米　　　　　1/16
字　　数：264千字　　　　　　　　　印　张：19.25
版　　次：2025年1月第1版　　　　　　印　次：2025年1月第1次印刷
书　　号：ISBN 978-7-5168-3925-6

定　　价：78.00元

|目录

第一章　概　论

　　律师是一群具备专业知识，行走于公权与私权、此权与彼权对冲地带的法律人。法律是人民意志的自由而庄严的表现（罗伯斯庇尔）。法律是一切人类智慧的结晶，包括一切社会思想和道德（柏拉图）。自由就是做法律许可范围内的事情的权利（西塞罗）。法律职业的社会地位是一个民族文明的标志（费尔德）。

　　当代律师职业的最大价值就是现行法律的坚定维护者。律师通过专业工作，引导、帮助人民群众依法处理矛盾纠纷，使国家的意志得到落实，使法律从文字变成社会的规则。律师行业就是引导和帮助整个社会，包括组织和个人来应用法律、适用法律解决纷争。在新的历史时期，党和国家对律师群体提出了极高的期许 —— 做当事人合法权益维护者、社会公平正义保障者、国家治理现代化推动者、经济社会发展服务者、全方位对外开放促进者。时下律师的执业活动范围广泛，深入到经济、政治、社会、文化、民生、环保、生态等多个领域，具体包括刑事、民商事、经济、行政领域，以及公证、仲裁、人民调解等行政执业活动，其中刑事、民事和行政三大诉讼代理是律师执业法律服务活动的主要方面。本书主要是探讨律师刑事执业、民事执业和行政执业活动中基本的心理学问题，既要探讨它们的共同性问题，又要分别探讨各自的特殊性问题。本章作为概论，将逐步阐明律师职业心理学的研究对象、任务、学科性质、地位和其与相关学科的关系，以及阐述律师职业心理学的研究原则和方法，以提高律师执业工作效能，为建设中国特色的社会主义事业服务。因为法治是美丽中国建设的根本保障，律师是社会主义法治建设的重要力量。"律师不仅是为私人和公司提供法律专业知识的人，他们也是政策制定者，是政治家，也是社会的改革者。"

第一节　律师职业心理学的研究对象及任务

律师职业心理学，是指研究律师在执业实践过程中的心理活动及有关人员心理现象发生、发展和变化的规律，以提高执业工作效能的一门新的交叉分支学科，是现代法学体系中的一个不可忽视的重要组成部分。律师职业心理学属于应用心理学的范畴。律师将心理学的知识和方法应用于执业实践活动中，可以有效地提高法律服务工作的效能和质量。

一、律师职业心理学的研究对象

作为现代法学体系中一个不可忽视的重要分支，律师职业心理学有其特定的研究对象。这既是该学科得以建立和发展的基础，也是区别于其他学科的标志。其特定研究对象具体包括律师执业活动、执业活动中有关人员的心理现象、与执业活动相关的心理现象发生发展和变化的规律、提高律师执业工作效能等几个方面。

（一）律师执业活动

律师执业活动是指执业机构及其人员，接受诉讼和非诉讼当事人委托，依照法律规定和程序，运用法律手段受理承办案件的专门活动。

《中华人民共和国律师法》对律师执业活动的业务范围作了具体的规定，律师可以从事下列业务：

（一）接受自然人、法人或者其他组织的委托，担任法律顾问；

（二）接受民事案件、行政案件当事人的委托，担任代理人，参加诉讼；

（三）接受刑事案件犯罪嫌疑人、被告人的委托或者依法接受法律援助机构的指派，担任辩护人，接受自诉案件自诉人、公诉案件被害人或者其近亲属的委托，担任代理人，参加诉讼；

（四）接受委托，代理各类诉讼案件的申诉；

（五）接受委托，参加调解、仲裁活动；

（六）接受委托，提供非诉讼法律服务；

（七）解答有关法律的询问、代写诉讼文书和有关法律事务的其他文书。

除以上七个方面之外，还有涉外诉讼业务代理和法律援助等工作。

提供法律服务是世界各国律师执业活动的基本方式。凡是人们社会生活中涉及法律关系和法律事实的一切法律问题，都在律师业务范围之内。

律师要执好业，承办好案件，维护委托当事人的合法权益，既不能依靠行政权力，又不能掌握舆论工具，只能依靠自己的专业知识、社会关系和处理问题的经验，调动行政的、舆论的、经济的、感情的多方面的手段和因素，通过非诉讼的调解（仲裁）和诉讼程序以法律手段为基础达到为委托当事人解决问题的目的。所以，执业律师必须具有不屈不挠、坚韧不拔、屡败屡战的坚强心理素质。培养坚强的心理素质，是成就律师执业活动效能的基本条件之一。

（二）执业活动中有关人员的心理现象

诚然，与执业活动有关的人员，首先是委托当事人。律师的一切执业工作是以当事人的委托为前提的。维护当事人的合法权益是代理律师的宗旨。"犯罪嫌疑人、被告人的诉讼权利和其他合法权益"是维系辩护律师与被辩护人的唯一纽带。辩护律师与被辩护人的接触最为频繁，但因刑事案件、民事案件和行政案件而各异。在刑事案件中，与律师执业活动直接有关的人是犯罪嫌疑人和被告人；参加案件诉讼审判管理的人员，既有履行侦讯、检察、审判、监管服刑人员的人，还有当事人（自诉人、被告人、附带民事诉讼的原告人和被告人）、被害人、法定代理人、辩护人、证人、鉴定人员和翻译人员。在民事案件和行政案件中，除具有审判权的审判人员和具有民事行政检察权的检察人员外，还包括当事人（原告、被告和第三人）、法定代理人、诉讼代理人、证人、鉴定人员和翻译人员。

律师执业活动心理是影响和支配律师及其他有关人员在执业活动过程中实施执业行为、参与执业活动的各种心理因素的总称。诸多心理因素包括认识、情感、意志、个性、气质、兴趣、需求、动机、理想、信念、世界观、人生观、价值观等。各种心理因素不是孤立、杂乱无章的，而是相互联系、相互作用，共同构成有机统一的整体，存在于人的头脑之中。其中，起决定性作用的是人的理想、信念、世界观、人生观、价值观、意志、情感、兴趣、需求和动机。

在研究职业心理的时候，一定要注意职业心理与执业人员行为的关系。心理具有内隐性，行为则具有外显性，也就是说，心理是人脑的活动，在没有表现为行为之前，是看不见、摸不着的；行为则是心理以言语和动作的形式表现出来的外部活动。心理具有相对独立性，而行为则具有对心理的依赖性。行为人在实施行为之前，心理就已经存在，行为结束后，心理并不一定立即消失，可能继续存在下去；行为总是在一定的心理影响和支配下发生的，不受心理影响和支配的行为是不存在的，而心理可以独立存在。心理与行为又不可分割，离开行为，就难以分析人的心理，只有在行为发生之后，才能从表现入手，对行为人的心理机制作归因分析。否则，就无从谈起。

（三）与执业活动相关的心理现象发生、发展和变化的规律

律师职业心理学又是一门研究与执业活动有关的心理现象的发生、发展和变化规律的分支学科。规律是事物所固有的、本质的、必然的内在联系。规律虽然是不以人们的意志为转移的客观存在，但能够为人们所认识和利用。律师职业心理学进行有关规律的研究，对认真贯彻执行法律，完成诉讼代理活动（包括刑事、民事、行政等），促进社会秩序的稳定，具有非常重要的指导作用。

在执业活动中，有关人员的行为总是在一定的心理支配下产生的，而心理总是内外因素相互作用的结果。某些心理活动形成后并非一成不变的，而是在一定的内外因素相互作用下发展和变化。与执业活动有关的人的心理发

生、发展和变化是有规律可循的。律师职业心理学就是研究这种规律的分支交叉学科。

从研究对象出发，律师职业心理学应当着重研究以下内容：

1. 各级执业律师的心理特点和规律；

2. 在执业活动中违法犯罪者（包括初犯、偶犯、累犯、惯犯）的心理特点及其不同诉讼阶段的心理变化规律；

3. 各种诉讼参与者的不同心理特点；

4. 提高律师执业工作效能的心理学依据和方法等。

律师职业心理学的研究对象主要包括刑事辩护心理学、民事诉讼代理心理学和行政诉讼代理心理学。

刑事辩护心理学的研究对象主要有：

一是刑辩律师在执业活动过程中的心理，具体包括对公安机关立案、侦查、取保候审、预审活动中的心理分析、人际关系，以及侦查、预审人员的心理品质等。检察（公诉人）人员的心理活动及其规律，诸如批捕心理、审查起诉心理、出庭支持公诉心理、抗诉心理，检察人员与有关人员的人际关系，以及检察人员的心理品质等；审判人员的心理活动及其规律，如审判人员的法庭（民主意识）审判心理、合议（独任）定罪量刑心理、审判人员（陪审员）与有关人员的人际关系以及心理品质等；监狱工作人员的心理活动及其规律，比如监狱工作人员在教育改造罪犯过程中的心理活动及其规律，监狱工作人员与服刑人员的人际关系，以及监狱工作人员的心理品质等。

二是研究刑事犯罪人（被告）的心理。具体包括犯罪人的心理特点及其不同刑事诉讼阶段的心理、犯罪人供述辩论心理障碍及其矫正，以及罪犯在服刑改造期间的心理和变化规律等。

三是研究其他直接有关人员的心理，主要包括：被害人的心理特点和规律，被害人的陈述障碍及其矫正；证人的心理特点，证人做证时的心理障碍及其矫正；辩护人出庭前、出庭时、出庭宣判后的心理特点，辩护人与有关人员的人际关系以及辩护人（律师）的心理品质；鉴定人员、翻译人员在鉴定、翻译时的心理特点，鉴定人员、翻译人员与有关人员的人际关系，以及鉴定人员、翻译人员的心理品质等。

民事诉讼代理心理学和行政诉讼代理心理学的研究对象，概括起来主要有：

一是审判人员（陪审员）审理这两大类案件的心理活动及其规律，特别是审判人员的调查取证心理、地方保护主义心理以及审判人员与有关人员（尤其是重大行政经济案件）的人际关系和审判人员的心理品质等。

二是当事人（原告、被告、第三人）心理，包括当事人的心理状态及其实质，不同类型民事案件和行政案件当事人的心理，当事人在不同诉讼阶段的心理，当事人陈述、辩论的心理障碍及其矫正等。

三是其他有关人员的心理，主要包括：诉讼代理人搜集和提供证据的心理，在出庭前、出庭（法庭调查、法庭辩论和法庭调解）时、开庭宣判后的心理，诉讼代理人与有关人员的人际关系，以及诉讼代理人的心理品质等；证人心理的一般特点，不同类型民事案件和行政案件中证人的心理特点，证人做作证时的心理障碍及其矫正；鉴定人员、翻译人员的心理特点，鉴定人员、翻译人员与有关人员的人际关系，以及鉴定人员、翻译人员的心理品质等。

（四）提高律师执业工作效能

执业工作效能是指与执业活动有关的人员在执业工作中行为的准确性、及时性和执业效果的合法性。法律服务是一个特殊的行业，其社会影响力巨大，律师要明确举什么旗、走什么路的问题，对于执业律师来说，受理承办案件，一定要做到"以事实为根据，以法律为准绳"，准确及时地处理好承办案件，进行各项执业活动，遵守法定程序；对其他与执业活动有关的人员来说，则要严格依照法律的规定，在执业实践活动中正确行使诉讼等各项权利，依法律要求履行义务，不得进行违法活动，损害执业工作效能的行为是要绝对禁止的。

总而言之，律师职业心理学的研究对象不是固定不变的，会随着执业活动的适用范围而不断扩大、拓展和变化。社会物质生活条件和法治建设的发展变化，都将对律师职业心理学产生影响。律师职业心理学研究对象的发展变化，一方面既取决于心理科学的发展，另一方面也取决于我国社会主义法治建设的不断发展。诉讼审判形式的变化、法治建设的健全完善、心理学的最新研究成就，都必然导致律师职业心理学研究对象的变化和发展。

二、律师职业心理学的主要任务

（一）提高律师职业心理学学科的理论水平

律师职业心理学虽然是一门新的边缘应用学科，着重研究执业实践活动中的实际问题，直接服务于中国特色社会主义法治建设，但要深刻揭示出该学科的特殊规律，首先必须在理论上进行广泛而深入的探究。对理论问题分析得越透彻，理论基础就越稳固，揭示的规律就越深刻，对实际应用发挥的作用就越大。尽管在我国律师的执业实践活动中已不可避免地应用了心理学的理论和方法来分析、研究律师执业实践活动中的心理现象，但系统和深入的理论研究在我国可以说几乎是空白的。人们对律师职业心理学的一些特殊规律认识得还不深刻，有许多理论上的问题需要进一步调查、研究和探讨。比如律师职业心理学的研究对象、研究重点、基本规律及其与相近相关学科的关系等，都是律师职业心理学在理论上亟待解决的问题。

（二）善用律师职业心理学的科学知识武装律师的头脑，不断提升执业水平

律师队伍是建设社会主义法治国家的重要力量，要用中国特色社会主义理论体系、社会主义核心价值体系和律师职业心理学的科学知识武装律师的头脑。我国律师肩负着维护现行法律、保护公民和法人的合法权益、维护国家法律正确实施和社会公平正义、化解社会矛盾、促进社会和谐稳定的职责使命，在社会主义法治建设中，有着不可或缺和不可替代的作用。

律师制度恢复重建几十年来，我国律师的思想政治素质、业务素质和职业道德素质不断提高，职能作用更加彰显。仅在"十一五"期间，全国律师共代理诉讼案件951万件，办理非诉讼法律事务400多万件，办理法律援助案件82万件。大量的刑事、民事和行政诉讼代理案件以及非诉讼法律事务得到及时、准确、有效的处理解决。

但是近些年来，伴随着改革开放的不断深入发展，社会主义市场经济活动日益频繁，人们各种社会活动急剧增多，犯罪心理和犯罪手段发生了变化，犯罪方式更加狡猾和隐蔽，民商事、行政纠纷更加复杂，这些新情况都对律师的执业工作提出了更高的要求，律师执业人员迫切需要用现代科学知识，包括中国特色社会主义理论体系、社会主义核心价值体系和律师职业心理学的知识武装自己，使自己能够在执业工作中自觉运用心理学知识，更好地进行诉讼和非诉讼等各项执业工作。在当前法治建设中，执业律师要严格依法履行民商事代理和刑事辩护职责，切实提高民商事和行政案件代理服务能力和服务质量，切实提高刑事案件辩护率和刑事辩护工作质量，切实维护当事人的合法权益，努力让人民群众在每一个执业案件中都感受到公平正义；充分发挥律师专业的执业优势，为政府重大决策和对外运作提供法律建议，为政府依法决策、依法行政、依法管理社会事务当好参谋助手，提高政府依法行政水平；积极参与国家和地方立法，推进中国特色社会主义法律体系不断健全完善；加强法治宣传工作，大力宣传以《宪法》为核心的中国特色社会主义法律体系，注重以案释法、辨法析理，弘扬社会主义法治精神，努力营造科学立法、严格执法、公正司法、全民守法的良好氛围，促进依法治国、依法执政、依法行政的共同推进，加强法治国家、法治政府、法治社会的一体建设。用"加强社会主义核心价值体系"——富强、民主、文明、和谐，自由、平等、公正、法治，爱国、敬业、诚信、友善和"社会公德、职业道德"建设理论和律师职业心理学等科学知识武装律师的头脑，提升执业工作水平，完成上述执业工作的目的。

（三）深入研究执业工作中出现的各种心理学问题，提高律师执业工作效能

律师职业心理学必须深入实际，研究与执业活动有关的心理学问题，做好为执业工作服务。这就涉及律师职业心理学的具体任务。律师职业心理学的具体任务主要有如下几点：

1. 深入研究刑事、民事和行政案件各种诉讼参与人的心理特点及其规律，分析这些心理因素对诉讼代理活动可能产生的影响，以保证诉讼代理活动的顺利进行，及时、准确、有效地完成受理承办刑事、民事和行政案件的任务。

2. 研究民商事案件当事人的心理特点，研究在诉讼过程中民商事案件当事人心理发生变化的规律，以及如何运用职业心理学知识承办民商事案件，达到解决民商事争议的目的。

3. 研究律师执业人员的心理特点和规律，以培养良好的职业心理素质，做好刑事、民事和行政等诉讼代理以及民事调解、仲裁等各项执业工作，履行律师执业人员的职责担当使命。

4. 为逐步完善和发展中国特色社会主义的律师职业心理学服务。在我国，律师职业心理学是一门新的交叉分支学科，极需要广大心理学工作者和执业工作者大力支持和深入研究。当下，虽然由于专家学者的努力，律师职业心理学的研究取得了一些成果，但还有许多问题需要进一步深入研究探讨。律师职业心理学工作者应当根据建设中国特色社会主义现代化和推进社会主义法治建设的需要，紧密联系我国律师执业工作的实际情况，打铁必须自身硬，为完善发展中国特色社会主义新的律师职业心理学学科体系做出自己的努力。

第二节 律师职业心理学的学科性质、地位和其与相关学科的关系

律师职业心理学是一门新的交叉分支学科，它与心理学、司法心理学、法学、律师学关系尤为密切。

一、律师职业心理学的学科性质、地位

（一）律师职业心理学是一门新的交叉分支学科

律师职业心理学是介于心理学、法学、司法心理学、律师学之间，侧重于心理学的一门应用交叉学科。但它又不是法学、司法心理学、律师学的部分领域与心理学部分领域的简单拼凑，而是应用心理学的理论和方法，研究法学、司法心理学、律师学的一部分——律师执业实践活动。

严格地说，律师职业心理学首先是心理学的应用学科。这一学科有自己特定的研究对象、研究原则和研究方法，因此，它可以从心理学中分离出来而成为一门独立的分支学科。

律师职业心理学紧密联系律师执业工作，为律师执业实践服务。故此，律师职业心理学又是律师执业工作必须掌握的重要分支学科。它通过对律师执业工作中有关心理现象及其规律的研究，切实帮助律师解决在刑事、民事和行政等诉讼代理活动中出现的各种问题，以便更好地完成律师执业工作的神圣使命。

（二）律师职业心理学是综合性学科

从律师职业心理学的研究对象看，它主要研究在执业活动中律师的心理活动及有关人员的心理现象发生、发展和变化的规律，研究如何提高律师执业工作的效能，而这些内容又属于人的社会活动的一部分，其所依赖的理论知识及研究结果带有明显的社会性，因此，律师职业心理学可以说属于社会科学。但同时，在律师职业心理学的研究领域中，虽然社会性因素常常起着相当重要的作用，但由于律师职业心理学的研究对象主要是人的心理和行为，而人又具有生物属性的一面，无论是犯罪行为的心理基础和犯罪心理结构还是执业律师的心理活动，以及其他各类诉讼参与人的心理特点，都离不开一定的生理机制，故此，以研究执业活动过程中有关人员的心理现象等内容为己任的律师职业心

理学，又具有一定的自然科学的性质。于是，律师职业心理学是社会科学和自然科学相结合的综合性学科，这就要求执业律师综合运用社会学、政治学、哲学、法学、经济学、教育学、伦理学、犯罪学、统计学、普通心理学、社会心理学、生理心理学、实验心理学、精神病学、遗传学、脑生物化学、解剖生理学、信息论、系统论、控制论等符合社会发展的多学科理论知识，才能对与律师执业活动有关的复杂心理活动进行深入有效的研究。

（三）律师职业心理学是一门科学性与实践性相统一的学科

它既注重科学的理论研究，又特别强调实践。律师职业心理学既是应用学科，又是理论学科，它的研究目的虽然是直接服务于律师执业实践，但必须以一定的理论为指导。律师职业心理学是建立在马克思主义理论基础之上的，以科学的认识论和实践论作指导，坚持辩证唯物主义，并运用内因与外因、个性与环境关系方法分析的学科。实践性，是指律师职业心理学的理论体系有赖于实践的检验，因为实践是检验真理的唯一标准。任何学科理论都是直接或间接地为实践服务的，律师职业心理学作为应用心理学的分支，也必须直接为律师执业实践活动服务。律师职业心理学理论的研究，其根本目的在于指导律师执业工作实践。这一特征决定了律师职业心理学必须坚持理论联系实际的原则，坚持心理科学与律师执业活动实践相结合的原则，在实践的基础上，还要注重理论和实践紧密结合。我们必须强调理论研究的最终目的在于律师执业工作中的实际应用，在执业工作中使理论得到进一步的充实、发展和完善。离开律师执业工作实践，律师职业心理学就成了"无源之水""无本之木"。

二、律师职业心理学和其他相关学科的关系

（一）律师职业心理学和心理学的关系

就学理而言，心理学是系统阐述关于人的心理实质及其心理现象发生、发展和变化规律的科学。心理学主要研究心理过程、个性心理和心理状态等

心理现象，也就是说心理学所研究的是一般的正常个体的心理的发生、发展和变化的规律，而律师职业心理学研究的是律师这一特定群体的执业心理活动规律。这就决定了心理学的研究成果对律师职业心理学的研究具有普遍的指导意义，甚至可以说律师职业心理学是应用心理学的一个研究领域，是应用心理学的分支交叉学科。律师职业心理学运用心理学的原理，对律师执业这个特殊领域进行研究，揭示律师执业这一领域的心理活动规律。故此，笔者以为律师职业心理学既是心理学的具体应用，又是应用心理学在这一领域的丰富和发展。

律师职业心理学与法律心理学的关系也很密切。法律心理学（也称法治心理学）是研究人们在法律活动中与法律直接相联系的心理活动及其规律的学科。从结构上划分，法律心理学可分为法律心理学的方法学基础、立法心理学、司法心理学、守法心理学、违法犯罪心理学、法律宣传教育心理学、罪犯矫治心理学等若干部分。法律心理学的研究范围相当广泛，律师职业心理学是法律心理学体系的一个组成部分，客观地说它与法律心理学是种属关系。

律师职业心理学同社会心理学也有密切的关系。社会心理学是研究个体或群体在特定的社会条件下心理活动发生、发展和变化规律的学科。社会心理学的研究大致包括以下几个方面：（1）个体在社会环境中成长、发展、变化的过程；（2）人们在社会环境中共同行动的规律；（3）各种类型的社会关系对个人行为的影响；（4）组织、集团、个人之间的冲突及后果。不难看出，社会心理学的研究领域同律师职业心理学有所重叠。

但是，心理学并不专门研究律师执业实践活动中的心理问题，因此它不能取代或等同于律师职业心理学。倘若从系统论的观点来看，人的心理活动是一个由各种不同成分构成的多水平、多层次系统。心理学与律师职业心理学的研究水平和层次是不相同的，心理学是律师职业心理学的基础，律师职业心理学是对心理学原理的具体应用、发展和补充。

（二）律师职业心理学和法学的关系

法学是以法律为研究对象的学科。对其中的一些分支学科，比如刑法学、民法学、行政法学及其三大诉讼（程序）法学等，律师职业心理学更要加以研究。律师执业的活动过程就是弄清案件事实，正确适用法律的过程。律师职业的最大价值就是现行法律的坚定维护者。律师通过专业工作，引导、帮助人民群众依法处理矛盾纠纷，使国家意志得到落实，使法律从文字变成社会的规则。律师行业就是引导和帮助整个社会，包括组织和个人来应用法律、适用法律解决纷争。

（三）律师职业心理学和律师学的关系

律师学是研究律师法、律师制度、律师组织和律师活动的学科。律师职业心理学当然也要研究律师法和律师执业活动，这就决定了两者存在诸多的一致性。律师职业心理学的研究必须服从于律师学的研究方向和任务，律师职业心理学是律师学的一门辅助学科。律师是以法律为职业的，但律师与法学教育、立法、执法、审判等都不一样，律师是法律系统工程的执业者，律师在实务中运用的法律是系统的，比如经济犯罪到底适用刑法、行政诉讼法还是经济法等，牵涉很多法律问题。但律师学研究的律师法既有组织法的内容，也有诉讼法（程序法）的内容，律师职业心理学研究的律师法仅涉及三大诉讼法中相关的内容；律师学是从社会司法制度的角度宏观、整体上研究律师活动，而律师职业心理学是从体现律师执业工作心理特点的角度研究律师执业活动：可见两者存在着本质的差别。

第三节　律师职业心理学的研究原则和方法

一、律师职业心理学的研究原则

马克思主义哲学提供了观察和解决人类社会现象的辩证唯物主义方法

论，是律师职业心理学的方法论的理论基础。科学心理学是关于人的心理是人脑的机能，是人脑对于客观现实的能动反映，以及人的心理在实践活动中产生和发展的原理的学说，是律师职业心理学的方法论基础。根据这些哲学原理，如何体现唯物辩证法的指导作用呢？我们提出研究律师职业心理学必须遵循的基本原则：

（一）坚持理论和实践高度统一的原则

在律师职业心理学的研究中，既要注意基本理论问题，更要注重实际应用问题，要明确理论研究的终极目的在于实际应用，在实际应用中使理论进一步得到充实及完善。根据这一原则，律师职业心理学的研究应当从我国律师执业实践的客观实际需要出发，同时，要认真分析、总结我国古代的律师职业心理思想，并且注意吸收国外律师职业心理学的一些科学成果，古为今用，外为中用，推陈出新，创立中国特色的社会主义律师职业心理学。

律师是我国知识分子中最优秀的群体之一。中国知识分子有四大特点：（1）创造知识；（2）积累知识；（3）传播知识；（4）实践知识。创造知识如科学家；积累知识如学者；传播知识如教师；实践知识如工程师。这就要求律师职业心理学不仅要注重实践经验的积累总结，也要提高本学科的理论水平，只有将理论和实践高度地统一起来，才能创建中国特色社会主义的律师职业心理学。

（二）坚持客观性和主观性相结合的原则

以马克思主义哲学辩证唯物论、历史唯物论为指导的科学心理学认定，人的心理是客观现实在人脑中的反映，客观现实是心理的源泉。脱离了人类社会生活，即使具备产生人的心理的物质前提 —— 人脑，也不可能产生人的心理，这就是人的心理的客观性。对客观现实的反映总是由具体的个人进行的。由于具体的个人在以往的实践中所形成的知识经验、个性的不同，也由于个人在反映时的心理状态的不同，因而不同的人或同一个人在不同的时期，对同一外界事物的反映也就各不相同，在选择性、准确性、全面性和深刻性上都会有所差异。这就是人的心理的主观性。由于心理的主观性，人对客观现实的反映并不是简单的、录像式的机械反映，也不是被动的、消极的反映，而是自觉的、积极的、能动的反映。

客观性和主观性相结合的原则是指在分析与执业活动有关的人员的心理时，既要看到这一心理内容源于客观现实，是客观存在的各种因素在与执业活动有关人员头脑中的反映，又要看到各种客观因素有分别、有选择地被有关人员吸收、内化，是主观上的原因造成的，外因只有通过内因才能起作用。根据这一原则，在研究与执业活动有关人员心理的过程中，既要注意分析他们心理产生依赖的社会物质条件，又要分析他们心理赖以形成的原有心理基础，只有把两者结合起来，才能揭示与执业活动有关人员心理发生、发展和变化的规律。同时，在分析与执业活动有关人员心理与行为的关系时，必须明确这些人的行为活动，包括一些不良行为活动，体现了客观性与主观性的结合，没有这些行为活动，心理与行为之间的机制就没法实现，这是律师职业心理学研究者不能不关注的。

（三）坚持系统性和辩证法的原则

这里所说的系统性原则，就是运用辩证唯物论和系统论观点来研究律师职业心理学。所谓系统，是指由若干相互联系、相互作用、相互制约的部分组成的具有一定结构和机能的整体。整体具有不同于其各部分功能之和的新功能。系统论要求我们按事物本身的系统性，把研究对象作为一个具有一定组织、结构和机能的整体，从整体与部分之间、整体与外部环境之间、整体中部分与部分之间的相互联系、相互作用、相互制约的关系中，从整体系统的动态变化中综合地思考研究对象，获得最佳的认识和处理问题的方法。

根据上述原则，在律师职业心理学研究中必须注意：

1. 用整体的观点观察执业活动有关人员的心理。律师职业心理学的内容是相当丰富多彩的，但是从整体的观点来看，其中刑事、民事和行政三大诉讼代理是律师执业法律服务活动心理的主要内容，而这三者又共属于职业心理；律师职业心理还是法律心理的一个子系统。只有用整体的观点来观察执业实践活动中的心理现象，才能明确其在律师职业心理学体系中的地位和功能，了解其发生、发展和变化规律。

2. 用联系的观点分析与执业活动有关人员的心理。倘若我们把与执业活动有关人员的心理结构看成一个母系统，它可以分成三个子系统：一是与执业活动有关人员的心理同大脑的联系系统；二是与执业活动有关人员的心理同客观世界的联系系统；三是与执业活动有关人员的心理与行为之间的联系系统。这三个子系统共同组成与执业活动有关人员的心理这一母系统。

3. 一定要把因素分析、相关分析和整体研究结合起来。在律师职业心理研究中，既要揭示外界因素的刺激数量、性质和强度，与执业活动有关人员的生理因素、心理因素以及不明显的生理变化之间的联系和区别，又要把与执业活动有关人员的心理作为一个完整的系统加以整合研究。

4. 还要以动态观点观察与执业活动有关人员的心理。辩证唯物主义系统论的观点认为，由于组成系统的各因素之间相互作用，整个系统处于不断变化之中。就执业心理而言，其所包括的多种心理因素随着时间的推移，是相互影响、相互作用、相互制约的。这就要求我们进行动态的而不是静态的研究。

坚持辩证法的研究原则。马克思主义的唯物辩证法认为，事物是变化发展的，在发展过程中内因是变化的根据，外因是变化的条件，外因通过内因而起作用；内因一般地表现为主要的、决定的作用；在一定条件下外因有时也能起主要的决定作用。发展的方式表现为质量互变，从量变开始，通过积累引起质变。客观事物是变化发展的，受物质决定的意识、心理必然也是变化发展的。但并不是说，物质变化是心理变化的唯一条件，心理本身也有其内在的动因，外在动因要起作用，必须与内在动因相结合。根据马克思主义唯物辩证法这些基本原理，在律师职业心理学研究过程中必须注意用发展的观点、矛盾运动的观点去分析律师执业心理的各个方面，科学地把握量和质的变化。分析律师执业心理时，不仅要研究已经形成的心理特点，还要善于预测它的发展趋势。同样，在制定律师执业各种心理对策时，也应该有发展的敏锐眼光，应该根据变化了的情势制定出各种相应有效的对策。

二、律师职业心理学的研究方法

研究方法是否正确、有效对学科的发展具有重大意义，一门学科的具体研究方法是由该学科研究对象的特点、学科性质及其研究课题的需要所决定的。律师职业心理学的研究方法主要有：

一是观察法。观察是一种有目的、有计划、比较持久的感知。观察法，通常指研究者通过对事件和所观察的对象行为的直接查看，收集和记录研究对象日常生活信息的一种方法。律师职业心理学的观察法就是有计划、有目的地通过对与执业活动有关人员的言谈、表情、动作和行为的外部表现的观察去了解他们的心理活动。在自然状态下，对某些现象及行为表现进行有控制的观察，也是律师职业心理学研究中广泛应用的具体方法之一。采用观察法必须做到：

观察要有目的性。不同职责的司法人员和执业律师的观察目的是不相同的：侦查人员总是带着侦破案件的目的对犯罪案件的现场、证据、犯罪嫌疑人等进行观察；检察、审判人员总是带着审查案件、正确定罪量刑的目的进行阅卷观察；监管人员总是带着调查、了解犯罪心理活动的目的进行观察；民商事案件代理律师总是带着了解民商事诉讼当事人心理活动的目的进行观察。所以司法人员特别是执业律师的观察是主体探寻型的。

观察要敏捷、准确、客观和全面。执业律师在观察时，感知观察的对象及其特征要具有迅速性、敏感性。在执业实践活动中，有些被观察对象的出现稍纵即逝，律师必须能够迅速捕捉被观察对象。同时在观察中不放过任何细节，要精确、细致入微、全面地掌握被观察对象的各种特征，而且在观察中不受自己的偏见、愿望、兴趣和心境的影响，具有准确性、客观性和全面性。

观察法作为研究律师执业心理的一种方法，理应通过对与执业活动有关人员的言谈、表情、动作和行为的外部表现的观察去了解他们的心理活动。不限于对外部现象的描述，还要去解释这些现象的心理实质，以及产生这些心理的原因。

二是心理分析法。人的行为是受心理支配和制约的，而心理又是在诸种因素的作用下形成的。心理分析法就是运用心理活动产生的规律和心理活动同外部表现之间的因果联系的原理，通过对主体的历史表现、现实、刺激和行为表现及后果去分析主体行为时心理活动的方法。心理分析法，在执业律师心理对策实践和执业律师心理研究工作中常被广泛应用，并且是行之有效的。也就是说，心理分析法，就是依据人的心理与外部表现之间的必然联系，依据诸因素与心理形成之间的必然联系，通过人的行为表现及客观后果，通过对人的心理形成起作用的因素的研究，去分析与执业活动有关人员心理的发生、发展的变化规律。

三是调查研究法。调查研究法是指为了研究与执业活动有关人员的心理问题，直接找研究对象去调查，以了解情况并从中揭示其心理特点和规律的方法。根据心理学的原理，人的心理活动不仅与当前的客观事实有关，而且与个性特征有关。调查是通过调查对象的历史表现来掌握其个性心理特征，了解现实心理活动的方法。调查法会获取大量的调查访问和统计资料，然后进行综合分析研究，概括出带有规律性的结论。调查的方式多种多样，比如开座谈会调查、个别访问、问卷调查、查阅文件资料或案卷材料的间接调查等。

在律师职业心理学中调查法的具体运用，首先要有明确的目的，其次应注重调查研究的客观性和全面性，切忌先入为主、断章取义的主观性和片面性。没有调查就没有发言权，科学的结论往往产生于调查的末尾，而调查研究者的理论知识准备也很重要，具有较高理论素质的律师，在调查研究中常常可以看出较多的线索和发现较多的问题，而缺乏理论知识准备的律师，在调查研究中却可能得出与现实背道而驰的结论。

四是案例分析法。如前所述，律师的执业活动已覆盖了经济、政治、社会、文化、环保、生态多个领域。其中刑事、民事和行政三大诉讼代理案件是律师执业法律服务的主要方面。案例分析法就是选择具有研究价值的各类典型案件进行分析，从中找出研究对象的一般心理特征、行为特征及其形成的原因。这是一种从具体到抽象、从分析到综合、从特殊到一般的研究方法。执业实践证明，使用这种方法要得出有价值的结论，关键在于研究者选择的案例要有一定的数量、质量，具有一定的代表性和研究价值，绝不能信手拈来、滥竽充数、搞形式主义。

第二章　律师职业心理素质的基本概念与应用

第一节　何谓律师的职业心理素质

律师的职业心理素质是一个需要认真探索的新课题。

当代社会，可以说建设社会主义法治国家直接关系着中国律师的职业命运。律师的职业心理素质问题，也是当前和今后长时期社会主义法治建设中亟待解决的问题。面对新形势的要求，有些理论研究已跟不上现实需求。尤其是在目前正进行"转型"的特定背景下，多元文化的交织、不同价值观的碰撞、法治的国际化与本土化等，都对律师整体素质水平提出了更高的要求，律师应当与时俱进，任重道远。中国政法大学原校长、著名法学家、终身教授江平曾郑重说过："法治天下"，"律师不仅是法治王冠上的一颗宝石，也是民主王冠上的一颗宝石。律师作为一个群体，理应在中国法治的舞台上、中国民主的舞台上扮演更为主动的角色！"为此，笔者结合近40年的执业经验，仅从律师的职业心理素质方面进行论述，试谈一点自己粗浅的看法。

所谓素质，最初是指个人与生俱来的解剖生理特点，称为生理素质，这些特点是由遗传获得的，因此也叫遗传素质。随着社会进步和科学的发展，人们拓宽了对素质这一概念的传统理解与应用范围。心理素质或称心理品质就是这一概念的拓宽与应用，包括了人的智力因素和非智力因素两个方面。

人的心理素质具有多侧面性，律师亦不例外。它包括人的认识、情感、意志、个性等各个侧面。若就其中的某一种心理素质而言，也具有多面性。如一个人的性格，常常由许多对立的方面组成。坚强与懦弱、谦虚与狂妄、自信与自卑、保守与创新等，都可能体现在某一个人的性格之中。

我们必须充分认识：人的心理素质具有可塑性。在人类活动中，人的认识品质、情感品质、意志品质、个性品质等具有相对的稳定性和潜在性。有时候人的心理素质，在没有得到充分显露和发展的机会之前，往往是一种潜在的东西，只有通过有关的学习、训练和实践的活动才能显露出来。比如人的体育才能、音乐才能、发明才能、刑事侦破才能、辩护才能等，只有通过学习、训练和实践活动才能充分地显现出来。

人的心理素质还具有可变性。历史事实告诉我们，人的某些心理素质既受先天生理素质的影响，也受后天环境和实践活动的影响。实践活动和心理训练能使某些素质得到发展和提高，而长期脱离某种实践活动，则可能使某些心理素质下降甚至丧失。

律师的职业心理素质，指从事执业 —— 担任民商事、行政委托、刑事辩护和非诉讼常年法律顾问等以及涉外案件的律师，所应当具备的符合律师职业工作需要的认识、情感、意志和个性等品质。

第二节　心理学在律师执业活动中的应用

一、学习心理学知识和技能在律师执业活动中的积极作用

心理学是研究心理现象的发生、发展和活动规律的科学。通常可分为基础心理学和应用心理学。该区分只有相对意义，因为两者除研究目的不同之外，在其他方面，例如研究的领域、研究的对象，乃至运用的概念和研究的方法等都是相互交叉的。

如前所述，律师职业心理学，是研究律师在执业实践过程中的心理活动及有关人员心理现象发生、发展和变化规律，以提高执业工作效能的一门新的交叉学科。律师职业心理学属于应用心理学的范畴。律师将心理学的知识和技能应用于律师执业实践活动中，可以有效地提高律师法律服务的工作效率和工作质量。

在当今的中国，律师是中国特色社会主义的法律工作者。律师工作是以

接受当事人的委托为前提的。维护当事人的合法权益，是律师的天职和业务活动的出发点，也是律师职业道德的基本要求。律师服务不仅应当具备一般服务业的服务特点，同时律师也是法治尊严的参与者、维护者和建设者！故此，律师是提供特殊服务的特定行业。行业本身要求律师不但要具备系统广博的法学功底和丰富的实践经验，而且要具备优良的职业心理素质，律师自身要具有深厚、系统、丰富的法律知识，广泛的社会阅历，良好的人际交往能力，以及较强的写作、驾驭语言的表达能力，娴熟的工作技能，强烈的社会责任感，爱憎分明的正义感，严谨的工作态度和独特的办案风格。律师为委托人提供法律帮助时，要讲究服务态度和服务方法。律师对待服务对象，应该满腔热情，礼貌周到，平等对待，力争使其面带愁容而来，满意而归。只有这样，律师才能取得委托人的信任，提高自己的社会声誉。

律师的执业活动实践证明：具备一定的心理学知识和方法技能是律师执业的需要，是律师提高修养的需要，是律师提高业务素质、办案技能的需要，更是贯彻落实科学发展观、构建和谐幸福社会的需要。律师掌握一定的心理学知识并将其运用到执业活动中去，可以最大限度地帮助律师了解服务对象及相关对象的心理状态，掌握承办案件的详实情况，分析承办案件的前景，判断各种情况的发展趋势，做出既符合法律规定、委托当事人正当要求，同时又能提出让公检法司法人员接受的意见和建议，为承办案件争取到最好的结果，等等。简言之，律师学习、运用心理学知识及其技能有利于调整自己、帮助他人、服务社会，有利于提高律师应对挑战及处理危机的能力，有利于提高律师的综合素质。

二、运用心理学知识和技能是律师执业成功的内在要求

律师行业具有一般服务行业的某些特征：其一，律师行业服务的对象是人。所以，律师应针对不同客户（当事人）的不同特点，采用不同的服务方式，为客户提供个性化服务，以此来回报客户对律师的信任。其二，律师行

业服务具有无形性。比如律师参与一个谈判、调解或者出庭参与辩护或代理，其劳动成果很难用物质的形式来表现，但律师的专业水平和服务态度是能够让客户（当事人）感知的。律师倘若能将心理学知识和技能运用于律师执业实务中，有利于提高律师执业工作的服务质量，更好地协调和处理律师与当事人、法官（陪审员）、检察官及同行等各方面的关系，让律师在执业工作中得心应手、游刃有余。

（一）律师的执业活动要求其必须掌握一定的心理学原理和方法

执业实践证明，律师无论是接受当事人委托，还是参与谈判抑或庭审活动都必须具有较强的洞察他人心理活动的能力，并据此拟定相应的对策或解决的方案。因此，律师应当具备如下基本素养：（1）独立的职业个性 —— 心理成熟程度；（2）独特的思维模式 —— 着重法律思维与阅历；（3）朴实的执业品格 —— 知识面与品德修养。其中律师的职业心理素质在执业活动中起着重要的作用。

律师的职业心理素质，是指律师在执业中的心理表现能力和心理承受能力，具体表现为律师的思维力、表达力和决策力。例如：热情对待当事人，严谨的工作作风，良好的情绪控制能力……

律师要具备良好的职业心理素质，不是一蹴而就的，而是应当通过平时自觉不断地学习和培养，以及长期地积累和磨炼养成，这也是律师加强自我修炼、自我完善的过程。一个优秀的律师，一定是善于控制自己情绪的人。只有善于控制自己的情绪，才能在执业活动中排除干扰、阻力，成功承办好自己受理的案件和法律事务。

（二）律师的个性对执业活动具有实质性的影响

个性是因人而异的，而在律师这一特殊职业中个性显得尤为突出。律师的个性主要体现在承办案件的过程中，律师接受当事人的委托，听取当事人的陈述申辩、适当提问、阅读有关材料，初步建立对承办案件的基本认识，之后调查取证、深入分析案情进而确定案件方向，以至在办案策略的选择上，无不体现出律师独有的个性（思想认识、情感意志等）。律师要培养良好的个性品质，必须学习和应用心理学的知识、技能，持续不断地调整好自己的心理状态，同时正确地处理好相关的问题：

1. 律师必须正确地认识自己的个人能力。在司法实践中，无论是执业能力，还是在执业中处理问题的能力，律师都应当对自身的能力有一个实事求是的评估判断，要记住量力而行，不能超越自身的认识水平、行为能力、性格特征，盲目行事是要碰钉子的！

2. 律师在执业过程中应当注重客观现实，加强调查研究，而不能脱离实际搞空谈。这里的客观现实，是指承办案件的实际状况以及与案件相关联的客观事实。律师在执业过程中倘若不顾客观现实而脱离实际，要取得办案成功是不可能的。空谈误国、实干兴邦的历史教训是要牢牢记取的！

3. 律师应当认真处理好当事人及案件其他相关人员的关系。律师承办案件要与各种人物打交道，律师与他人交往的过程中应当注意分析他人的心理动机和需求，同时还应当注意调整好自己的心态，去适应承办案件的需要，即应根据案件的事实和法律规定去满足当事人的正当要求。需要强调的是，注意案件中的风险！律师不应该无原则地迁就或迎合当事人的不合理要求。律师维护的是当事人的合法权益而非当事人的一切利益。这也是执业律师妥善地处理好与当事人关系的一项重要原则，是不能忽视的。

4. 律师要摆正承办案件与物质利益的关系。律师是根据事实和法律，维护当事人的合法权益，进而保障国家法律的公正实施。律师虽然受托于当事人（被告人），但是不受制于当事人（被告人），律师不能完全站在当事人（被告人）的立场上，唯当事人（被告人）之命而行！律师在职业中追求物质利益是依法依规的，更应当维护法律尊严。这是律师这个特殊行业最起码的要求，是不能随便逾越的。

显而易见，律师的个性是通过律师的心理素质、执业能力和人格力量的具体展示表现出来的。律师不同的工作作风和不同的办案风格，正是源于律师不同的个性。因此具有不同个性的执业律师就具有不同的风采。

第三节 心理学知识和技能在律师接待工作中的具体应用

律师接待当事人（委托人），是其执业的初始工作，亦是承办案件的基础工作，也是律师接案成功与否的关键所在。因此，它要求律师除具备扎实的业务基础之外，还应具有良好的职业心理素质，以应对可能出现的诸多问题，并能当场提出解决问题的方法和策略。归纳起来，律师接待当事人（委托人）的工作主要分为会见、倾听、引导、解答四个步骤。律师在这四步中的心理活动是不尽相同的。

一、理解当事人的原则

会见当事人（委托人）时，律师必须做好充分的心理准备，面对不同类型的来访者以及不同的问题，应当采取不同的方式或方法。虽然来访者是求助者，但律师首先应当充分地尊重来访者，注重律师与来访者是平等的。接访律师应当心态平和，这样更容易融洽双方的关系，拉近彼此间的距离，让来访者感觉温暖，感到律师值得信赖，进而建立信任，从而能更好地配合律师的接待工作，并使律师从中获得更加详实和准确的信息，为今后承办案件的成功打下扎实的基础。

二、倾听的原则

在倾听时，要掌握好倾听技术和具体化技术。所谓倾听技术，就是必须全神贯注地听，并把握住问题的关键点。以往的实践证明，倾听技术是执业律师的基本功之一。律师初次接待当事人（委托人）、参与谈判或调解，直至参与庭审都需要具备良好的倾听能力，以此来去伪存真把握承办案件的关键点。当事人（委托人）是带着渴求和希望得到律师帮助的心态来的，所以他希望律师认真地听他的倾诉。律师只有认真倾听，才能获得准确完整的信息，厘清承办案件的脉络，找准问题的关键点，以期达到最终解决问题的目的。所谓具体化技术，就是澄清技术，即指澄清求助者模糊不清的观念和问题，把握承办案件的真实情况及关键问题所在。

三、引导的原则

当律师在引导当事人（委托人）时，必须掌握引导技术。所谓引导技术，即善于引导、询问和启发，这是一种提示和帮助技术。律师应当善于引导来访的当事人（委托人）说出问题的关键所在。

四、解答咨询的原则

律师作为专业人士，在履行职责的过程中，各个环节都应当贯穿为当事人（委托人）负责的精神。律师在解答咨询时，应当掌握解答技术。律师给予来访者满意的答复，是当事人（委托人）来访的目的，也是执业律师的一项主要任务。解答咨询是律师接待来访者时，必须在充分听取其陈述，基本了解承办案件事实的前提下，经过认真思考、分析，对来访者所提的问题应根据事实和依据法律做出解答。律师应当做到依法解答，这是首要原则。同时还应当做到准确解答，为当事人（委托人）提供切实有效的帮助。此外，还应当注意谨慎解答的原则。律师在接待来访者时，倘若只听取一方的情况和意见，不能做到兼听则明，所以执业律师在解答咨询时一定要谨慎行事，用语要准确、恰当。掌握好所用语言的分寸，要注意留有余地，不说过头话，不能信口开河、不着边际。

还有，当遇到来访者出现阻抗时不要焦急，要善于掌握和运用处理阻抗技术。心理咨询中的识别和处理阻抗技术，主要是为了解除来访者的戒备心理，正确分析和"诊断"，以诚恳帮助来访求助者的态度来对待阻抗。这项技术在律师参与调解、接受判决结果，以及配合法院对生效判决的执行等过程中运用得颇为广泛，其司法实践的表现主要有：

1. 律师介入调解时，总希望当事人（委托人）能积极参与，互相配合，律师首先应当做到真诚，且能运用心理学识别和处理阻抗的技术，让当事人（委托人）解除戒备心理，正确分析问题的症结，并以诚恳的态度对待双方当事人，力求做到共赢。

2. 律师在对待当事人（委托人）不服法院判决或裁定，并出现对判决结果抵触，甚至产生仇视法官心理时，要应用识别和处理阻抗技术来消除当事人（委托人）的抵触或仇视心理，对社会的稳定与和谐将能起到很好的作用。

3. 在执行难的当今，参与执行案件的律师倘若能自觉应用心理学的知识，掌握当事人（委托人）出现阻抗的真正原因，并将心理学中识别和处理阻抗的技术应用其中，一定会获得良好的社会效果。

总之，律师作为专业人士，在履行职责过程中，不仅需要严格遵守律师执业规范，而且还要引导当事人（委托人）理解律师从法律角度提出的各种意见和建议，其中有些建议和意见是当事人（委托人）在感情上可能无法接受的，这种引导体现了律师的专业水平和专业技能。律师作为专业人士绝不能为当事人（委托人）的情感所左右。

第四节　心理学知识和技能在律师刑事辩护中的具体应用

以往的实践经验告诉我们：辩护律师应当具有一切行为都依法进行的观念。辩护是《宪法》赋予犯罪嫌疑人、被告人的一项重要权利。在刑事诉讼中，辩护又是一个很重要的程序，它是指刑事案件的犯罪嫌疑人、被告人及其辩护人反驳对犯罪嫌疑人、被告人的指控，提出有利于犯罪嫌疑人、被告人的事实和理由，以证明犯罪嫌疑人、被告人无罪、罪轻或者应当减轻、免除处罚，维护犯罪嫌疑人、被告人合法权益的诉讼活动。

所谓辩护心理是指在刑事诉讼中，辩护人的心理活动、心理过程、心理状态和个性心理的总称。研究辩护心理的主要途径有两种：一是通过探索辩护人在接受委托（指定）后摸准犯罪嫌疑人、被告人在犯罪行为发生前后和受审时的心理活动，在侦查、起诉、审判阶段的心理活动，以利开展辩护活动。二是研究庭审中各类人员的心理状态，例如公诉人的公诉心理状态、审判人员的审判心理状态、证人做证时的心理状态，从而进行对犯罪嫌疑人、被告人合法有利的辩护活动，最大限度地维护犯罪嫌疑人、被告人的合法权益。笔者认为辩护心理的研究重点，应当为研究辩护人的地位、辩护人与该案件诉讼参加人的关系、辩护人的心理品质。把辩护人的心理品质作为刑事辩护活动的重要品质之一。它主要表现在法律思维上：

1. 辩护律师的法治观。辩护律师应当具备一切行为都依法进行的观念，维护社会主义法治的尊严，依法保护当事人的合法权益。

2. 辩护律师客观公正的态度。律师是握着正义的宝剑的。以事实为根据，是辩护律师开展辩护活动的唯一标尺。律师辩护工作的核心必须保证司法公正。而司法公正是律师一切工作的"灵魂"！

3. 辩护律师要有丰富、系统、深厚的法律知识，熟练地掌握、准确地运用法律条文及法学理论；辩护律师要有敏锐的观察力和思考力，深入的调查、准确的判断是辩护成功的必备条件。

4. 律师在辩护过程中立场要坚定、态度要坚决，刚正不阿、不畏权势、仗义执言是对辩护律师的客观要求；辩护律师要有广博的社会知识、丰富的社会经验、清晰的法律思维、雄辩的口才，只有如此才能充分发挥其有效的辩护作用。

5. 辩护律师在庭审中要坚持有理有据有节，相互尊重，沉着机敏冷静，不卑不亢，正确处理好与侦查人员、公诉人员、审判人员（陪审员）、被告人、证人的关系。

辩护律师只有具备上述的职业心理素质，才能充分发挥辩护的积极作用，达到辩护的预期的目的。

第五节　心理学知识和技能在律师民事代理中的具体应用

刑事司法的起点是已经发生的刑事犯罪案件；民事司法的起点则是民事司法纠纷。所谓民事代理，是指律师以诉讼案件或非诉讼法律事务当事人的名义，在委托授权的范围之内进行的，为委托人实现某一目的，直接对诉讼案件或非诉讼案件当事人发生法律效力的法律行为。以是否涉讼为标准，律师代理的法律行为，可分为律师诉讼代理和律师非诉讼代理。

民事代理中律师的心理会直接影响代理的效果，影响到委托人目标的实现。所以律师在民事代理活动中，要以平常的心态认真对待民事案件的代理。不论案件的名声标的大小、案件的难易程度、当事人的个人特质，都要一视同仁，平等对待，认真负责地办好每个案件或法律事务，为当事人依法谋求利益最大化。

在民事案件的诉讼代理过程中，律师接受委托后，必须认真做好如下工作：

首先，全面了解案情，调查取证，收集有关证据，形成一个完整正确的案件导向。律师在此阶段中，要保持实事求是的工作态度，并围绕案件去收集和调查证据。这就要求律师具备优秀、成熟的人格品质，正确的性格取向和心理，只有这样才能准确地办好承办的每一个案件或法律事务。

其次，民事诉讼进入法庭审理阶段，代理律师要认真做好充分的庭前准备，参与法庭调查、举证、质证、辩论等工作；而非诉讼案件代理则要求律师进行谈判准备，亦可以直接进入案件的实体处理阶段。这是律师代理的关键阶段，也是代理的落实阶段，绝对不能掉以轻心！这个阶段要求律师具备厚实的业务功底、丰富的社会经验和坚定的信心。此时要求律师要有充分的思想准备，包括对委托人的心理和对方的心理有比较全面的了解，做到知己知彼，以达到代理的预期目标。

第三，特别强调做好庭前准备阶段、辩论准备阶段和庭审中辩论阶段的工作。

庭前的准备工作做得越充分越好。要求代理律师掌握委托人、对方当事人、法官等三方面的心理状况。（1）委托人的心理，主要指委托人的心理准备、心理承受，及其所要追求的目的，委托人的教养、处事方式等方面的综合心理素质。代理律师必须充分了解委托人的心理状态，才能充分准备庭审辩论。（2）对方当事人的心理，主要指对方当事人的性格、文化教养、社会背景，特别是要注意他的诉讼目的。了解对方当事人也是代理律师充分准备法庭辩论的内容之一。（3）代理律师还应注意到合议庭（包括独任）法官的心理，包括主审法官对案件的认识和民主意识、法官的心理状态，了解法官的心理是为了配合庭审辩论、有针对性阐述鲜明观点，以使法官全面准确认识案件。这一阶段代理律师的心理素质会影响庭审前准备工作的效果。

律师在法庭辩论之前只能准备辩论预案，随着法庭调查阶段的深入展开可能出现代理律师没有掌握的案情，也可能出现出人意料的案情变化或当事人的诉求变化。因此，代理律师在准备辩论预案时，面对审理阶段的多种变化，要做到头脑清醒，心中有数，有备无患。我以为预案的主要内容是确定辩论中如何使用证据和其他有关材料，确定辩论的观点、方向及策略，对方可能提出的问题和辩论的焦点，企划辩论的内容，拟定辩论的详细提纲，找准适用法律、法规条款，运用恰当的语言、语气、语调沉着机敏冷静发言。预案做得充分、周密与否，也是检验代理律师综合心理素质高低的标准。

法庭辩论的重点内容应该是证据和案情。辩论无疑是一场比语言、比技巧和比意志的过程，也是代理律师心理变化最丰富、斗争最激烈、表现最充分的阶段。这一阶段对代理律师心理素质要求很高，只有具备良好的职业心理素质的律师，才能充分发挥作用，达到预期的效果和目的。代理律师在此阶段还应具有随机应变的能力，去适应变化中情势，面对新的情况，及时提出应对意见，调整辩论策略，以把握辩论的主动权。律师处在辩论阶段，不能冲动急躁，急功近利，而是要心平气和，不卑不亢，有理有节，不屈不挠，迎着困难而上，坚定信念去争取诉讼胜利。

综上，律师是我国特殊服务行业中的一员，是中国特色社会主义的法律工作者；律师队伍是建设社会主义法治国家的重要力量，在维护社会主义法治尊严中起着重要的作用。心理学知识和技能在律师执业活动中的运用，不仅仅是律师执业实务的内在要求，也是提升律师的执业水平、提高律师综合素质的重要途径。因此，我祈望全国各级司法行政机关和律协组织重视律师学习心理学知识和技能在执业活动中的具体运用，并在律师执业实践活动中不断加以总结、完善和推广，令全国律师的执业水平更上一层楼。

第三章　律师职业心理素质的相关探索

第一节　律师职业心理素质的现实意义

一、有利于律师的选拔和培养

律师工作，不论是刑事辩护还是民商事等委托代理，都是关系到当事人的合法权益、社会治安秩序的稳定、人民百姓的生命财产权利能否得到维护的具有重要社会意义的工作。为了保证律师这一神圣使命的完成，律师除了应具备良好的政治、道德素质以外，还必须具有良好的职业心理素质。为此，我们要结合律师职业心理素质的标准，对从事执业工作的律师进行筛选和培育。我们探究现代律师职业心理素质的要求，可以帮助司法行政机关和律师协会组织根据职业心理素质的要求，制定出量化的心理测试标准，对律师进行选拔和筛选。同时，在对现有律师分期分批进行培训与教育时，也可以根据律师职业心理素质的要求，进行心理素质的训练。

二、有助于提高律师执业工作的质量及效率

律师是司法实践活动的主体之一，只有具备良好的心理素质，才有助于司法实践活动的顺利进行。如律师敏感、精细、准确的审查能力，对案件的注意力，敏捷、广阔的双向思维能力，稳定的情绪，坚定的意志，等等，有助于提高律师办案质量和效率。

三、有助于律师的自我心理调控与矫正

律师在执业实践活动中一旦了解自己的心理素质，自觉意识到自己在某些方面的缺陷，可以有意识地进行自我心理训练、调控与矫正，排除干扰及阻力，以更好地适应律师执业工作实践的需要。

四、有利于律师执业队伍的建设

一个国家、一个地区的律师工作水平和质量，无不与律师的素质密切相关。律师是推进法治社会的重要力量。律师的职业心理素质是其政治素质、业务素质等全面素质的重要方面。职业心理素质的提高，对于提高律师的全面素质具有重要的意义。在对律师进行选拔、培养和教育时，注意对其职业心理的筛选、培养与训练，对于提高律师的整体素质，构建一支政治坚定、精通法律、维护正义、恪守诚信的高素质的律师队伍具有重要的现实意义。

第二节　律师在执业活动中应当具备的职业心理素质

根据律师工作的特点，结合律师工作的经验，我认为从事律师工作的人应当具备以下的职业心理素质：良好的认识品质、高尚的情操、坚强的意志、成熟健全的人格、丰富的社会经验以及强健的体魄等。

一、律师必须具备良好的认识品质

人们从事任何实践活动，首先要解决的问题就是对客观事物的正确认识。因此良好的认识品质对于顺利进行实践活动，提高其效率，是至关重要的。

（一）律师必须具备良好的注意、观察品质

注意是认识的开始，又贯穿于认识过程的始终。它是主体在感知、记忆、

想象思维等过程中，对一定的客观对象的指向和集中。从事任何工作尤其是比较复杂的工作，都必须具备良好的注意品质。律师工作是一项责任重大而且多数是独立操作的比较复杂的社会实践活动，往往要求其在较短的时间内，将所有涉案的信息进行捕捉、储存，以备以后的进一步分析。良好的注意品质，对于从事刑事辩护工作的律师特别重要。

观察则是一种有目的、有计划、比较持久的感知。

（二）律师必须具有记忆、想象和善于思维的品质

记忆是人脑对于过去经验的反映。良好的记忆品质是律师不可缺少的。律师的良好记忆品质主要表现在对承办案件的有关事实、情节、证据等记忆的敏捷性与准确性上。对于有关案件的事实和证据往往不是一下子就能弄清楚的，而需要依靠多方面的材料积累和汇集。律师只有迅速、准确地将各种信息储存在自己的记忆中，才能不断对案件进行去伪存真的分析、综合、比较，做出推理、判断、辩护思路和重点假设。良好的记忆品质是构成律师认识品质的重要方面。只有对承办案件的事实、情节及证据准确记忆，才能进行全面分析、综合和归纳，从而对犯罪嫌疑人、被告人做出有罪无罪、罪重罪轻或免于刑事处罚的准确判断，理顺辩护思路的重点、难点和策略，以达到维护公平正义的目标。

想象是人脑对于感知过的事物形象进行重新加工改造而形成新的形象的心理过程。丰富的想象力对于律师特别是刑辩律师是必不可少的。接案律师一开始仅凭侦查和会见犯罪嫌疑人是不可能获知案件的全过程和每一个细节的。需要根据侦查机关现场勘查得到的各种痕迹、遗留物等痕迹，被害人和证人的证言、自己的知识和经验等，通过综合分析和联想，才能在头脑中想象出相应的犯罪过程和犯罪嫌疑人的性别、年龄、职业、体貌特征、个性特征等，再现整个案件的全貌。这对于缩小调查取证范围，指导辩护方向和思路，确定辩护重点和维护犯罪嫌疑人合法权益是必须做到的。

所谓思维是人脑对客观事物的本质属性、内部规律的认识过程，是一种精神活动。诚然,思维品质的优劣影响着人对事物本质和规律的认识程度。良好的思维品质可以使人通过事物纷繁复杂的表面现象把握事物的本质和规律。故此,良好的思维品质对于律师来说尤为重要。律师工作的性质要求律师具备如下的思维品质,以更好地履行律师的神圣职责。

1. 思维的全面性深刻性。律师不论代理刑事案件、民事案件、经济案件、行政诉讼案件或者是非诉讼法律事务,都必须在广泛获取有关案件信息的基础上,通过事物纷繁复杂的表面现象看到事物的本质和规律,且能进行科学分析、综合、比较,进而才能使推理、判断正确,提高律师工作的效率和办案质量。倘若思维狭窄、片面、肤浅,就不能胜任所承担的律师工作。

2. 思维的敏捷性灵活性。在承办案件过程中,律师对案件的分析、综合、比较、推理、判断等思维活动,需要具有敏捷性与灵活性。尤其承办突发案件,由于时间急迫,更需要思维的敏捷性,倘若不能及时对突发案件做出准确分析、判断,提出代理假设和辩护方案,往往会错过解决矛盾的良机。同时,承办此类案件,还需要思维的灵活性。要根据案件事实、进展情况和新的信息,适时修改原来的认识和委托代理方案。简言之,律师必须具有思维的敏捷性和灵活性。思维迟钝、死板、固执、僵化而封闭者,是个适合从事律师工作的。

3. 思维的逻辑性创造性。律师执业的活动过程就是弄清案件的事实,正确适用法律的过程。作为律师对代理案件事实的分析、综合、判断、推理和法律的适用,都必须严格遵守思维的逻辑性,才能保证承办案件的质量。不论在哪一个环节上,倘若犯了逻辑错误,都会导致承办案件的错误。此外,代理的案件形形色色,不可能按照同一思维模式解决所有案件的全部问题,因此,还需要律师具有创新思维。律师倘若思维混乱,缺乏创造性,不但影响工作效率,而且可能造成工作上的失误。

二、律师必须具备高尚的情操

律师的高尚情操说到底是其全心全意为人民服务的敬业精神的力量源泉。当律师既为当事人合法权益服务，包括与涉外经济事务有关的法人，也为维护法律尊严和正确实施服务。只有具有神圣的职业使命感，对国家、社会和人民利益高度负责的责任感，抗争邪恶爱憎分明的正义感，才能在律师执业实践中具有无私奉献的精神。无论在承办具体案件的日常工作中，还是在关键时刻需要做出重大牺牲的时候，无不体现这种高尚情操的巨大力量。高尚情操是律师情感品质的核心，是其情感具有高度原则性的表现，也是他们公而忘私敬业精神的力量源泉。并对自己的职业充满自豪感、荣誉感。我以为律师树立高尚的情操，就是要把律师的职业使命感、高度的社会责任感和疾恶如仇、爱憎分明的正义感跟其情绪的稳定性、情感的广阔性与深刻性有机地结合起来，贯穿于整个执业活动的始终，落实到承办每个案件（或法律事务）的各个环节之中。对于律师来说，承办案件的成功与否以及工作中的困难或挫折都不应造成情感上的波动，既不会因承办案件的成功就喜形于色，也不会因承办案件碰到困难或挫折而情绪消沉。即便因执业工作或个人生活中的困难和挫折产生情绪上的波动，也要善于及时进行自我心理调控，平衡自己的心态，坚定地履行律师的神圣职责。倘若律师缺乏这种高尚的情操，只把自己的职业当作谋生的手段，甚至枉法办案"吃了原告吃被告"；不仅不能做好律师的执业工作，还会损害法律的权威和律师的形象。

三、律师必须具有坚强的意志

意志是指人在社会实践活动中，自觉确定目的，并且根据目的调节自己的行动，克服困难，从而实现预期目的的过程。

坚强的意志是指在正确的方向上，对社会有意义、有价值的行动中所表现出来的坚韧不拔的精神。律师的坚强意志，是指他们在执业实践活动中所表现出来的有利于执业工作顺利进行的良好品质。

（一）具有排除干扰、维护法律权威的自觉性

律师在承办案件过程中，尤其是一些贪污、受贿等经济大要案件，或者与具有一定身份、地位和权势的人及其亲友有关的案件，可能遇到来自社会各方面的"说情"、"打招呼"抑或是暴力威胁干扰办案活动。律师应当以无私无畏的坚强意志，顶住不正之风的干扰，排除阻力，敢于坚持真理，忠于事实和法律，坚定地维护法律的权威，在人们的心里树立起维护正义的卫士形象。

（二）具备拒腐蚀、抗诱惑，保持律师清正廉洁的自律性

当代的律师执业已介入社会的各个领域和各个层面，律师在社会生活和经济生活中充当更重要的角色和发挥更大的作用。有时律师代理的案件关系到当事人的生命、自由以及财产等合法权益的执行权、执法权。而有些当事人及其亲属为了逃避、减轻法律的制裁或者获得某些权益，便千方百计地以金钱、名利、色相或其他手段腐蚀、诱惑律师。为了执法公正，维护社会正义，律师须具备拒腐蚀、抗诱惑的自律性，始终保持清正廉洁的坚强意志，以利于履行律师神圣职责。

（三）具有不怕困难和挫折的坚韧性

当代律师工作艰巨复杂，经常遇到各种困难及挫折。每一个代理司法环节都有可能遇到各种各样的困难和挫折的考验，这就要求律师付出艰辛的体力劳动和高强度的脑力劳动。倘若律师不具备坚韧不拔的意志，就难以胜任律师神圣的工作。律师坚韧不拔的意志与其神圣的职业使命感、高度的社会责任感和爱憎分明的正义感是密切相关的。

四、律师必须具有成熟和健全的人格

所谓人格是个人相对稳定的心理特点的一种心身组织，是个人精神面貌的整体组合。按照社会心理学的观点，人格主要指人对社会稳定的态度和各种条件下的社会适应性以及处理人际交往、人际关系等方面的能力，即个体社会化的程度和水平状况。而成熟、健全的人格是指律师具有健康的心理素质、成熟的自我意识，能够正确地认识和处理自我与律师执业实践活动中的各种现实的社会关系。

（一）正确的世界观、人生观对律师的导向作用

法理上所称的律师，是指依法取得律师执业证书，接受委托或者指定，为当事人提供法律服务的执业人员（见《中华人民共和国律师法》第二条）。因此，律师必须具备与社会主义主流价值观相适应的辩证唯物主义的世界观和敬业奉献的人生观。正确的世界观和人生观是律师（法律人）的灵魂和正确的导向，它使律师具有正确的政治方向和人生信念。事实证明，不论是在老一辈律师的身上还是在新一代律师身上，无不体现出这种正确的世界观与人生观对他们无私奉献敬业精神的导向作用。

（二）具备适合律师职业需要的性格特征

通常所说的性格是人对现实的态度和行为方式。律师从事的是一项极其重要、严肃而又有一定风险的工作，需要从业人员在执业工作中不仅要忠于事实和法律，还要具备沉着、冷静、理智、坚毅、果敢、机智和顽强的良好性格品质。律师的性格，倘若按机能型的标准来看，应以理智—意志型或理智型、意志型为好。情绪型性格的人不适合做律师。若以性格内外向为标准来看，以介于内外向之间的中间型为好。

（三）具有成熟的自我意识

从生理学和心理学的角度看，自我意识是主体对自己的身心状况以及自己与周围现实关系的意识。它是由自我认识（如自我感觉、自我观察、自我评价等）、自我情感（如自尊、自信、自卑、自傲等）、自我意志（如自我控制、自我调节等）组成的相互联系、相互制约的系统结构。自我意识，是个体意识发展的最高阶段。一个人自我意识水平的高低也是人格是否成熟、心理是否健康的重要标志。

律师必须具备较为成熟的自我意识。只有具备正确的自我意识，才能够正确地认识、评价自己个性中的优缺点，也才能够在处理自我与周围的关系中扬长避短。具有自尊、自信的自我情感，在实际工作中就能够既保持律师的威严，又不自视特殊而耍权术。同时具有良好的自我控制和自我调节能力，在工作、生活和人际交往中，就能积极进行自我心理调控，保持积极向上的自我心理平衡，避免陷入自我烦恼或不安之中。

五、律师必须具备丰富的社会经验

律师在代理承办形形色色的案件时，经常要与社会上、海内外各种各样的人打交道，因此必须具备丰富的社会经验。调查代理案件的社会背景、了解不同地区不同民族的风土人情、传统习惯及生活方式、价值观等都需要律师有跨学科、跨领域、跨民族的相关经验和阅历。只有具有丰富的社会经验，才能与各种不同的人交往，做好律师工作。我认为那些不谙世事，不懂人情世故，单纯、幼稚的人，是不适合做律师工作的。

六、律师必须具备符合社会发展的知识结构

律师是执业的法律人，应该是一专多能、精通法律知识的专家。这是适应律师特殊职业需要的。

知识是人类历史经验的总结与概括，是后天学习的结果。知识的掌握有

利于能力的形成和提高。律师工作人员合理的知识结构，是指与从事执业活动相适应的、有利于形成和提高执业工作能力的各种知识的有机结合。

律师的知识结构大致可以分为三个层次：

（一）文化科学知识

从事律师工作起码的入门条件是"具有高等院校本科以上学历"（见《中华人民共和国律师法》第八条）。只有具备坚实的文化知识基础理论，才能在执业中进一步学习社会科学知识和精通律师执业工作所需的专业知识。

（二）社会科学知识

从事律师执业工作必须具有正确的世界观和方法论，因此必须学习研究辩证唯物主义和历史唯物主义哲学知识、经济学知识、社会学知识、党的历史知识以及逻辑学等知识。

（三）专业知识

自觉树立法律意识是律师的命根子。法律意识是社会意识的重要组成部分，与人们的世界观、政治观、道德观等有密切的联系。因此，所有律师必须精通法学知识，熟练掌握以宪法为核心的实体法和程序法等知识。例如宪法学、刑法学、民法学、经济法学、行政法学、婚姻法学、证据法学、诉讼法学、青少年犯罪学、青少年犯罪心理学、国际法、国际私法、国际经济法、商标法、专利法、著作权法、经济合同法、物权法、土地管理法、森林法、渔业法、水法、矿产资源法等，以及与法学密切相关的科学知识、边缘学科的知识，例如犯罪社会学、刑事侦查学、刑事证据学、刑事审判学、辩护学、法医学、司法精神病学和司法鉴定学、人才学、行为科学、地质学、市场学、天文学等。律师还应了解有关财会、银行、税务、工商管理、经济管理和控制论、信息论、系统论等知识。全面而准确地理解和掌握法律是律师的基本功，律师只有练好基本功，才能运用自己的法律知识和专业技能，为社会提供优质的法律服务，才能维护当事人的合法权益，并使当事人处于有利的地位。

七、律师必须具备综合职业技能和健康的身体

律师的综合职业技能是指适合执业工作需要的各种能力要素的有机结合。

(一) 执法能力

执法首先要求懂法。律师不仅应具有丰富知识，更为重要的是在执业实践活动中能熟练地运用各种法律知识。在弄清事实的前提下，分清责任及准确适用法律，在代理民商事和经济纠纷案件中保护国家、集体和当事人的合法权益不受侵犯。

(二) 社会交往能力

律师执业工作，不论是刑事辩护还是民商事案件的代理，都需要进行广泛的社交活动。这就要求律师必须具有较强的社会交往能力。在刑事辩护中的调查取证过程，律师不仅可能同各种犯罪分子斗智斗勇，还要与证人、被害人和犯罪嫌疑人等交往；在民商事案件的代理中，更需要与社会上各种各样的人进行交往。

由于交往对象可能来自不同的民族和不同的社会阶层，对方的气质、性格、信仰、风俗习惯、语言、知识结构各异，与具体案件的利害关系不同，所以对待律师的态度也就不同。因此，律师在进行调查取证、起诉、调解、刑事辩护的执业活动中，要善于根据交往对象的不同特点和具体情况，灵活有效地进行交往，这些对顺利完成所担负的执业任务是有益的。

(三) 具备写作、语言表达能力

律师在代理承办案件的过程中，需要制作各种司法文书。司法文书具有很强的专业性、实用性和综合性，要求语言准确、概括、精练、逻辑性强，因此律师必须具备较强的写作能力。律师在与各种人员的交往中，还需要具

有较强的语言表达能力。例如律师根据事实和法律在法庭上与公诉人进行辩论，律师在代理民商事纠纷案件中需要对各种当事人做好思想工作和心理疏导工作等，这些没有较强的语言表达能力是不行的。为此，律师应具有驾驭语言的高超技巧，要锻炼出雄辩的口才。

（四）要有健康的身体

健康的身体是革命的本钱，对于律师更有特殊意义。律师工作是神圣、繁重艰苦而紧张的，还有一定的风险性。为了应对突发事件及时依法结案，往往需要连续作战。这就要求律师不但要有吃苦耐劳和无私奉献的精神，而且要有健康的身体，不然，是难以胜任所承担的执业工作的。

第四章　辩护律师职业心理素质剖析

第一节　辩护律师必须具备的主要心理素质

对刑事辩护律师心理素质的基本要求是热情、镇定、自信、耐心、同情心和胆识。

中国《刑事诉讼法》（2018 年修订）第三十七条明确规定："辩护人的责任是根据事实和法律，提出犯罪嫌疑人、被告人无罪、罪轻或者减轻、免除其刑事责任的材料和意见，维护犯罪嫌疑人、被告人的诉讼权利和其他合法权益。"整个刑事辩护过程是诉讼参与人接触的过程。辩护律师良好的心理素质是顺利完成辩护任务的保障。

一、高度的责任感

辩护律师以维护犯罪嫌疑人、被告人的合法权益为宗旨。辩护律师的职责是依据法律规定维护被告人的合法权益，维护法律的正确实施。这种职责要求辩护律师要有维护法律尊严、维护被告人合法权益的正义之心，忠于事实和法律，刚直不阿，不惧强势，仗义执言，且坚定不移。这种高度的责任感，是辩护活动的前提。

二、科学的法治观

辩护律师要有一切行为都必须依法进行的观念。在调查取证、会见被告人、询问被害人和证人，以及庭审前后的所有活动中，都应当严格依照法律法规，按照法定程序办案，从而达到维护法治尊严，依法保护辩护人合法权益的目的。同时，这是刑事案件中辩护律师自我保护的屏障和"防火墙"，也是辩护活动的保障。

三、丰富的知识

辩护是一项法律性、政策性很强的工作，要求辩护律师具备各种相关的知识。首先，辩护律师应当精通法律知识，并能熟练运用。其次，辩护律师应当学习、掌握一定的自然科学知识及各种文化知识。最后，辩护律师还应当具备丰富的社会科学知识，尤其是具备较为扎实的心理学、社会学和犯罪学、司法鉴定学等学科知识。只有如此，才能在辩护过程中洞察被告人心理和其他诉讼参与人的心理，准确地对被告人的犯罪动机和社会背景进行判断，从而使辩护工作顺利进行，达到预期的目的。

四、敏锐的洞察力和思考力

有些刑事案件非常复杂，而辩护律师对案件的了解只能事后通过阅卷、会见被告人和调查访问等间接渠道取得。这就要求律师具备敏锐的洞察力，透过现象抓住本质。因此，辩护律师在会见被告人或访问被害人、证人时，应当注意观察其表情、语气、姿势等，以窥测其内心活动，采取相应对策；法庭审理阶段，辩护律师要了解各方面的情况，尤其是要了解审判人员和公诉人的言语和表情，以便调整辩护策略；等等。这一切都与敏锐的洞察力有关。

同时，辩护律师的一切活动是借助思维实现的。这就要求辩护律师努力扩展与延伸思维的广度和深度，增强认识案件中大量事实之间相互联系的能力。在辩护活动中，不可轻信未经查实的证据，不可受他人的暗示，而要善于发现案卷中的疑点和矛盾，千方百计挖掘有利于被告人的事实和证据。

在庭审过程中，辩护律师要正确运用对被告人、证人等发问的方式和策略，对公诉人、审判人员向被告人及证人等的提问，及时敏捷地做出反应，以适当的方式将有利于被告人的事实和情节弄清楚，并做出准确表述。在公诉人发言之后，辩护律师要在较短的时间内组织起有效的辩护论点，迅速地发表切中要害的辩护意见，对他人的指控予以反驳或辩解。

由此可见，敏锐的洞察力和思考力是辩护律师不可或缺的心理素质。

五、良性的心理互动能力

作为一名称职优秀的辩护律师，除了具备上述心理品质外，还应当掌握与公诉人、审判人员进行良性心理互动的能力及技巧。首先，在辩护活动中辩护律师不管案件多么疑难、复杂，在任何情况下都必须具有自控力，不能凭意气、感情、直觉草率下结论。其次，为做好辩护，需要积极主动接触有关的人与事。再者，能够以雄辩的口才，有理有节、不卑不亢地进行辩护。

总而言之，在辩护活动中，辩护律师应当通过实践不断地锻炼自己，扬长避短，发挥自己的优势，努力克服自己的性格弱点，总结经验，完善自己的性格最终做到情绪稳定、意志坚忍、对人诚恳、立场坚定、依法办事、有理有据，以维护被告人的合法权益不受侵犯。

第二节　辩护律师在辩护活动中的心理

所谓辩护心理是指在刑事诉讼活动中，辩护人的心理活动、心理过程、心理状态和个性心理的总称。辩护心理有广义和狭义之分。广义的辩护心理是指辩护人接受委托（指定），在刑事诉讼各个阶段与犯罪嫌疑人、被告人接触，与侦查人员、公诉人、审判人员、陪审人员、证人等交往过程中的心理，以及辩护人在调查取证、法庭辩护等活动中的心理过程。狭义的辩护心理，是指辩护人接受犯罪嫌疑人、被告人的委托，开展辩护活动时的心理过程、心理状态和个性心理等。

显而易见，研究辩护心理，不但是对辩护人自身心理的研究，而且应当包括对辩护人与犯罪嫌疑人、被告人、公诉人、审判人员、陪审人员之间心理互动的研究，以及与证人、同案被告人和对犯罪嫌疑人、被告人有影响的亲戚好友之间心理互动的研究。

第三节　辩护律师的执业权利及其在刑事诉讼中的作用

一、辩护律师

所谓辩护律师，是指依法取得律师执业证书，并根据《刑事诉讼法》《律师法》有关规定，在刑事诉讼过程中，为犯罪嫌疑人、被告人提供辩护的人。辩护律师首先是律师，只是在从事刑事辩护业务，担任某一具体刑事案件中犯罪嫌疑人、被告人的辩护人时才成为辩护律师。

从授权方式上说，辩护律师分为接受当事人委托的律师和接受人民法院指定担任辩护人的律师；从案件形式上说，辩护律师分为公诉案件犯罪嫌疑人、被告人的律师和刑事自诉案件被告人的律师。

二、辩护律师的职业保障

辩护律师的职业保障是指基于辩护律师这一特定的身份对可能存在的风险所给予的法律保障措施。具体地说，应当包括对辩护律师的执业资格及其执业权利的保障。作为辩护律师履行职责的前提是执业资格，倘若从事刑事辩护业务而执业资格可以被轻易剥夺，就不会有律师愿意成为辩护律师，为犯罪嫌疑人、被告人提供辩护；而辩护律师的执业权利倘若得不到应有的保障，辩护就会因为工作中受到过多的阻碍，无法充分发挥其应有的作用，国家设立辩护制度的目的也就无法实现。因此，完善辩护律师职业保障制度，加强辩护律师的职业保障，对于充分发挥辩护律师在刑事诉讼以及维护公民合法权益方面的积极作用，就成为必要而迫切需要解决的问题，需要认真地加以探讨。

三、辩护律师的执业权利及其在刑事诉讼中的作用

（一）辩护律师的执业权利

保障律师依法执业是法治国家诉讼民主、诉讼文明的重要标志。

为确保辩护律师依法履行职务，充分发挥法律赋予的职能，实现国家设立辩护制度的目的，就必须赋予辩护律师相应的权利，主要包括：

1. 会见和通信权。辩护律师依法有权会见犯罪嫌疑人、被告人。依据我国《刑事诉讼法》的规定。在侦查阶段，辩护律师会见取保候审、监视居住的犯罪嫌疑人，除会见"危害国家安全犯罪、恐怖活动犯罪案件，在押的犯罪嫌疑人应当经侦查机关许可"外，辩护律师会见犯罪嫌疑人、被告人不需得到批准。此外，辩护律师可以同在押犯罪嫌疑人、被告人通信。

法律赋予辩护律师与犯罪嫌疑人、被告人会见和通信的权利，是为了确保辩护律师能够直接向犯罪嫌疑人、被告人了解案件的实际情况，听取其辩解意见和对辩护的要求，从而使辩护律师的辩护活动最大限度地反映犯罪嫌疑人、被告人的意见和要求，切实维护其合法权益。故此，只有让辩护律师与犯罪嫌疑人、被告人在不受干扰的环境下充分、自由地交流，才能实现会见和通信的目的。

2. 调查取证权。我国《刑事诉讼法》第四十三条规定："辩护律师经证人或者其他有关单位和个人同意，可以向他们收集与本案有关的材料，也可以申请人民检察院、人民法院收集、调取证据，或者申请人民法院通知证人出庭作证。辩护律师经人民检察院或者人民法院许可，并且经被害人或者其近亲属、被害人提供的证人同意，可以向他们收集与本案有关的材料。"

法律赋予辩护律师调查取证权，是为了让辩护律师根据其职业判断犯罪嫌疑人、被告人、知情人提供的线索，对与案件有关的事实进行深入调查，收集证据，促使司法机关全面、客观地查明案件真实情况，避免犯罪嫌疑人、

被告人在事实不清、证据不足的情况下被定罪判刑或者被判处较重的刑罚。

3. 阅卷权。我国《刑事诉讼法》第四十条规定："辩护律师自人民检察院对案件审查起诉之日起，可以查阅、摘抄、复制本案的案卷材料。"辩护律师查阅、摘抄、复制有关案卷材料，是其履行职责的需要。通过查阅、摘抄、复制有关案件材料，辩护律师可以全面了解案件情况，对案件证据进行审查，从而发现对犯罪嫌疑人、被告人的指控中可能存在的疑点和问题，有效地形成辩护方向和辩护意见。保障辩护人的阅卷权，对提高辩护质量和保证案件的公正处理具有重要的意义。其次，辩护律师通过查阅、摘抄、复制本案的案卷材料，还可以了解司法机关调查取得的证据材料和形成的诉讼文书内容，从而了解司法机关掌握了哪些证据，以及其诉讼程序是否合法，帮助辩护律师全面、完整地了解案情，并据此给出客观、公正的职业判断。

4. 辩护权。辩护律师的辩护权是辩护律师履行辩护职责的基本权利，包括辩护律师出席法庭、参与法庭调查、出示证据和质证、发表辩护意见的权利。辩护律师通过行使辩护权，向法庭提出犯罪嫌疑人、被告人无罪、罪轻或者减轻、免除其刑事责任的证据材料和意见，促使法庭全面、客观地审查全案的证据材料，彻底查清案件真相，依法作出公正判决，从而维护犯罪嫌疑人、被告人的合法权益不受侵犯。

（二）辩护律师在刑事诉讼中的作用

1. 《刑事诉讼法》第三十八条规定："辩护律师在侦查期间可以为犯罪嫌疑人提供法律帮助；代理申述、控告；申请变更强制措施；向侦查机关了解犯罪嫌疑人涉嫌的罪名和案件有关情况，提出意见。"切实维护犯罪嫌疑人的合法权益。

2. 在审查起诉阶段，辩护律师可以提供证据材料和法律意见，协助人民检察院厘清《刑事诉讼法》第一百七十七条的规定，即"犯罪嫌疑人没有犯罪事实或者有本法第十六条规定的情形之一的，人民检察院应当作出不起诉决定。对犯罪情节轻微，依照刑罚规定不需要判处刑罚或者免除刑罚的，人民检察院可以作出不起诉决定"，争取人民检察院对符合条件的犯罪嫌疑人作出不起诉的决定。

3. 在审判阶段，辩护律师可以根据事实和法律，提供证据材料和法律意见，为被告人争取无罪、罪轻或者减轻、免除其刑事责任的判决结果，维护被告人的合法权益。

此外，辩护律师对于人民法院、人民检察院或者公安机关采取强制措施超过期限的，有权要求其解除对犯罪嫌疑人、被告人采取的强制措施。

律师的辩护活动归结起来可分为庭审前、庭审中和宣判后三个相对独立的阶段。在不同的阶段，律师的辩护心理活动有一定的差异，对其进行探析是很有必要的。

第四节　辩护律师在庭审前的辩护心理

由于辩护成功与否，关系到犯罪嫌疑人、被告人的合法权益能否得到维护，在某种程度上也关系到法律能否得到正确实施，故此即便是经验丰富的律师，也要认真做好庭审之前的各项准备，来不得半点马虎。例如深入研究检察机关的起诉书，仔细查阅卷宗材料证据，及时会见被告人，进行必要的调查取证、勘查或访问，研究有关法律条文及资料等。在这个阶段，辩护律师的心理表现有哪些呢？

其一，律师参与刑事辩护活动的动机。从现实考察，辩护人中除了少数是被告人的亲属、朋友之外，绝大多数是从事法律服务工作的专职（兼职）律师。通常是律师接受被告人或其近亲属委托或法院指定后，产生辩护的动机。不同的律师参与刑事辩护的动机是不尽相同的。

一、出于正义感

大多数律师接受委托（指定）后为被告人辩护，是出于维护被告人的合法权益、维护社会主义法治的正义感。这是律师作为法律工作者的职业感情。在这种正义感的驱动下，辩护律师对出庭前的各项准备工作会表现出很高的热情。

二、想一举成名型

在律师队伍中，有少数律师受不切实际的成名意识的驱使，想通过刑事辩护显露自己的才能。具有此动机的律师常常为显示自己的能力，不惜与公诉人对着干，纠缠于一些细枝末节而大加渲染；有的甚至抓住公诉人对案件定性不当或语言表达的失误穷追猛打；有时明知自己无理，为了显示"能耐"仍然一味诡辩，胡搅蛮缠。

三、敷衍应付

由于一些特殊原因，律师接受委托（指定）参与刑事辩护纯粹是为了应付，例行公事，因而在各项具体辩护活动中表现出应付或搪塞的情况。

其二，辩护律师对案情的认知。在出庭之前，首先要解决的主要问题，就是对案情的认知。辩护律师对承办案件的认知，往往是在公安机关的侦查、审讯（包括预审）和检察机关公诉的基础上进行的。由于辩护律师的职责要求从维护被告人合法权益的角度去认识案件，发现公诉人提起公诉的缺陷、疏漏及不足，因而对案情存在着一个重新认识的过程。因此，只有对案情有了较为清晰的认识，辩护律师才能据此提出辩护意见，从而维护被告人的合法权益不受侵犯。

辩护律师接受委托后通过阅卷、调查和会见被告人获得对案情的认识，归纳起来大致有如下四种情况：

1. 认为检察机关起诉的事实缺乏根据。公诉人确认的罪行（罪名）经不起推敲，不是事实不清，就是证据不足、证据与证据之间不能互相印证，甚至前后矛盾，被告人的行为事实上不构成犯罪。

2. 认为起诉的事实或定性与被告人的实际情况有出入。被告人所犯的不是起诉书指控的重罪，而是另一轻罪。例如被告人犯的是盗窃罪，而起诉书指控为抢劫罪。

3. 起诉的事实基本存在，但有些赃物价值计算有出入，这在经济犯罪案件中颇为常见。比如走私货物价值的计算、盗窃的物品（尤其是工业原材料）价值的计算、盗伐林木的价值计算之类。

4. 起诉的事实清楚，证据也确凿，被告人构成犯罪无疑，但有些案件存在从轻或减轻（酌情减轻）的情节，例如已满14周岁不满16周岁，中止、未遂和自首等。

辩护律师取得了对案情较为明确的认识后，要草拟辩护词和研究辩护对策。根据所掌握的信息，推测公诉人可能对辩护词中某些论点提出反驳，针对可能被反驳之处要做好充分准备，并制定出几套预案，以应对可能出现的变数。

其三，关注辩护律师的情绪变化。在律师执业辩护实践中，情绪与认识是相伴的。一定的认识活动总是伴随着一定的情绪，没有情绪的认识活动是不存在的。辩护律师的辩护活动也不例外。

事实上，辩护律师在阅卷、会见被告人以及访问被害人、证人等过程中，不能不产生情绪。对承办案件的事实有了基本的认识之后，辩护律师就会对辩护难度进行估量，同时产生积极的或消极的情绪体验是很自然的。

倘若辩护律师通过阅卷、调查或访问，发现起诉书所指控的事实不存在，或者指控的罪行与被告人实际所犯的罪行有较大出入，有比较明显的从轻、减轻、免除刑事责任的事实和情节，而且案件的背景不复杂，就会产生积极的情绪，办案自信心增强，使辩护律师处于良好的竞技状态，感觉灵敏，思维敏捷，镇定从容，精神焕发，精力充沛，记忆精确，思路清晰，增强思辨力。在这种自信心的支配下，辩护律师就会把整个身心投入辩护工作，殚精竭虑收集有利于被告人的事实和证据，精心组织材料，提出被告人无罪、罪轻、从轻、减轻或者免除刑事责任的材料和意见，想方设法去维护被告人的合法权益。

倘若辩护律师通过阅卷、调查和访问，认识到起诉书的指控事实清楚，证据确实充分，其内心可能产生畏难情绪，认为这样的案子几乎没有什么"辩头儿"，再拼命也是白搭。或者尽管认识到起诉书与事实有出入，但由于案件背景复杂，即使拼尽全力辩护也难以改变案件判决结果，辩护律师就可能会在辩护工作中采取消极的态度，致使被告人的合法权益得不到很好的维护。

第五节　辩护律师在庭审过程中的辩护心理

庭审中与出庭前相比，辩护律师所处的情境有了很大的变化：一是原来没有直接接触的审判人员和公诉人员与辩护律师之间有了直接的接触；二是被告人、被害人、证人、鉴定人员等也相继亮相；三是公开审理的案件，还有许多旁听群众和新闻媒体的记者。于是，在法庭上心理交往既频繁又复杂，心理相容和心理冲突亦随之产生。

一、庭审过程中辩护律师的心理状态

刑辩律师开庭前的一系列准备工作将在出庭时得到检验，对于事关自己工作成败的开庭审判，刑辩律师自然是非常关注的，其心理活动也十分复杂活跃。

（一）富有责任感

刑辩律师接受委托（指定），出庭为被告人辩护，对于维护被告人的合法权益自然具有一定的责任感。尤其是辩护律师经过一定的调查了解，认定属于冤假错案时，其对于被告人的合法权益的责任感和胜诉意识就会更加强烈。在这种情感和意志的支配下，在法庭辩论中辩护律师就会竭尽全力，据理依法力争。倘若法庭作出了不利于被告人的判决，辩护律师还会在征得被告人同意的情况下，为其上诉、申诉！

（二）自信和理智

一个富有经验资质且有声望的刑辩律师，在面对"有理可辩"的案件或者缺乏经验的年轻公诉人时，会在辩护中不急不躁、沉着冷静地阐述自己的辩护意见。即使公诉人出现不理智的态度，辩护者对公诉人还是据理力争、以礼相待，不讽刺挖苦，不纠缠细枝末节。在这个过程中，对公诉人的发言（公诉词）认为正确的地方表示肯定，认为不对的予以指出，根据事实和法律予以反驳，不强词夺理、横加指责，做到有理有利有节。基于这种心理，刑辩律师在法庭上一般能与公诉人及审判人员搞好关系，也会得到旁听群众的拥护，效果一般是不错的。

（三）紧张与激动

对于刚从事辩护工作的刑辩律师，因为缺乏经验，再加上法庭的威严和众多旁听群众、媒体记者在场，心理上不免紧张怯场，畏惧心理加剧。如过分顾虑自己的辩护能力和过高估计公诉人的水平，常常导致辩护律师的紧张和焦躁，头脑中的兴奋和抑制过程失调，思维的敏捷效能显著降低。在刑辩律师与公诉人进行唇枪舌剑的辩论中，倘若公诉人言语不当，抑或会伤害辩护律师的自尊心和尊严，导致辩护律师情绪激动，使其不能组织起有效的辩护意见，甚至思维失控，而做出一些不理智的辩护行为。

（四）先入为主、争强好胜

在先入为主、争强好胜心理支配下，有的辩护律师不从事实出发而纠缠一些细枝末节，不是抓住公诉人一两句不得体的话不放，搞得公诉人十分难堪，下不来台，就是把法庭变为炫耀自己口才，为自己争面子之"胜地"，忘记了辩护律师应有的职责。

（五）应付与畏惧

辩护实践中，常常遇到有些案件，被告人的犯罪事实清楚，证据也确实充分，罪行严重，又没有任何可以从轻、减轻刑罚的理由，依据法律和办案经验，辩护律师预测被告人被判处重刑无疑。在此种情况下，在法庭辩论中，辩护律师可能产生畏惧情绪，从而采取应付的态度。

二、辩护律师与公诉人在法庭辩论中的心理冲突

由于辩护律师与公诉人在法庭辩论中的角色不同，会使双方形成对立竞争的关系。辩护律师着重从维护被告人合法权益的角度开展辩论，要求法庭准确定性，正确适用法律，依法公正判决；公诉人的职责是从维护国家、社会和被害人利益的角度，要求法庭对被告人依法予以惩处。因为控辩双方的职责不同，在法庭辩论中产生冲突是不可避免的。

（一）认识上的三冲突

1. 犯罪事实认定上的冲突。由于控辩双方的职责不同，看问题的角度也就不同，因而对被告人犯罪事实的认定有时难免产生分歧：辩护律师认为不构成犯罪，公诉人则认为构成犯罪；辩护律师认为是一罪，公诉人认为是数罪。

2. 证据认定上的冲突。在法庭辩论中，辩护律师的任务是论证被告人无罪或罪轻，公诉人的任务是论证被告人有罪或罪重。由于控辩双方在法庭辩论中任务的差异，在对某些证据的关联性、合法性和证明力的认识上有时就会产生分歧。

3. 适用法律上的冲突。由于控辩双方关于被告人的犯罪事实和证据的认定方面存在着分歧，在法律的适用方面也将产生分歧。即便是对犯罪事实和证据的认定方面意见一致，定罪量刑时对具体法律条文的适用方面，也可能产生分歧。

（二）控辩双方情绪上的冲突

控辩双方在激烈的法庭辩论中，由于辩论双方或某一方的情绪失控，可

能出现不尊重对方人格、以势压人、以权代法的现象，或者出于争强好胜而进行无理的强辩、狡辩、诡辩，从而导致双方情绪的冲突。这显然不利于法庭辩论的正常进行。

（三）控辩双方意志上的冲突

辩护律师和公诉人都希望通过法庭辩论充分阐述自己对被告人定罪量刑的意见，希望审判人员（主审法官）予以采纳，以达到自己的诉讼目的。由于控辩双方对于审判结果存在分歧，必然引起双方的意志冲突。比方，辩护律师认为被告无罪而被判有罪，或者认为量刑畸重，就会动员被告人依法上诉；公诉人认为被告人有罪而被判无罪，或者认为量刑畸轻，就会依照法定程序提起抗诉。

三、辩护律师在庭审中不能忽视心理调节

庭审阶段，辩护律师想要顺利完成任务，就应当有意识地加强对自身心理素质的锻炼。要使自己始终具有良好的心理状态，就必须做到"四个保持"。

（一）要保持高度的注意力

在庭审时，有诸多因素可能干扰辩护律师对案件的感知、记忆和思维。这就要求辩护律师集中精力，认真仔细听取审判人员和公诉人对被告人、被害人、证人、鉴定人员等的发问，以发现问话中的含糊不清、及时问明对被告人有利的事实和情节。法庭辩论时，注意听取公诉人的发言，从中发现其缺乏证据、不合逻辑和遗漏之点，迅速形成正确的判断，并适时提出自己的意见，敏捷组织起有效的事实和证据予以论证。经验告诉我们，在庭审时倘若稍有分心，就可能对事物感知不全，不能针对性地发问或者有效地组织辩护意见进行反驳和辩解。所以，在庭审时，辩护律师必须随时进行心理调节，使心理活动集中指向与辩护活动密切相关的人和事。

（二）要保持适度的紧张感

适度紧张可使人的思维活动加速，这就要求辩护律师在整个庭审活动中保持兴奋和活跃的思维状态，做到紧张而有序，积极思考对被告人、被害人、证人、鉴定人员的发问策略，考虑应对公诉人发言的策略，力求增强发问和辩论的针对性，更切实有效地维护被告人的合法权益，使国家法律得到正确实施。

（三）要保持稳定的情绪

庭审阶段辩护律师要与多方面的人打交道，过程中必然会有情绪反应。这种情绪反应归结起来可以分为高涨的和低落的两种情形：高涨的情绪在法庭调查和法庭辩论顺利时有积极的一面，有助于辩护律师精心辩护。但倘若不注意自我调节，情绪高涨常常很容易导致自我满足和盲目自信，认为自己的辩护异常精彩，而摆出盛气凌人的架势。一旦法庭调查和法庭辩护进展得不顺利，可能导致辩护律师低落情绪，深感自尊心受到伤害，因而产生对审判人员和公诉人的抵触情绪，甚至影响审判工作的正常进行。因此，在庭审阶段不论是否顺利，辩护律师都应当沉着冷静、机敏超脱，既不喜形于色，更不怒形于表，避免对承办案件产生负面影响。

（四）要保持与审判人员、公诉人正常的交往

正是由于审判人员、公诉人、辩护律师各自所处的地位不同，看问题的角度有异，有可能产生一定的冲突，直接影响双（三）方正常的交往。这就要求辩护律师在整个庭审过程中悉心观察审判人员、公诉人方面的情况，不要只顾自己说话而忽视了审判人员、公诉人的反应；要随时观察审判人员、公诉人的情绪变化，及时适当地调整说话的语气，注意陈述的方法；对公诉人的发言，正确的地方予以肯定，错误的地方应该运用平和友善的语气，列举充分可靠的事实和证据予以论证，不纠缠细枝末节、只言片语，豁达对待公诉人的一两句不得体的话语。这样，不仅能够赢得旁听群众的信任和赞赏，

更重要的是可以给合议庭主审法官和陪审员留下一个良好深刻的印象，继而认为辩护律师公正、客观，在此情况下法庭和公诉人对辩护律师一些重要的辩护论点证据也就容易接受和采纳。

四、律师在刑事辩护中如何进行反驳

律师在刑事辩护中要抓住对方的主要错误，有理有据地进行反驳，不能放空炮。为此，不仅要深入调查案情，全面收集证据材料，而且应当掌握一定的反驳技巧、善于辩护。反驳一般可以分为直接反驳和间接两种。

（一）直接反驳

直接反驳，就是我们常说的开门见山，直接论证对方观点的错误之处。在直接反驳时，可采用以下方法：

1. 事实反驳法。就是用更充分的证据材料证明更准确的事实，以驳倒对方的虚假或不准确依据。

2. 揭露矛盾法。就是揭露对方的自相矛盾，使其不攻自破。

3. 两难推理法，即用两个假言判断和一个选言判断为前提构成的推理。运用这种推理使对方面对两难选择，陷入进退维谷、左右为难的境地。

（二）间接反驳

间接反驳，就是开始并不直接反驳对方的谬误，甚至假设对方是正确的；然后迂回侧击，予以反驳。间接反驳时常采用以下方法：

1. 寓破于立法。就是暂时将对方某个论点及其论据放在一边，不予理睬，而去论证与对方论点相矛盾的论点或相反的论点的正确性，从而达到寓破于立的效果。

2. 归谬法。就是以对方的论点为前提，推论出非常荒谬的结论，从而证明对方论点的虚假性。

3. 顺水推舟法。就是在反驳时将对方的话头为我所用，顺水推舟，把对方驳斥己方的话转为驳斥他自己的话，从而达到反驳对方的目的。

（三）完全排除法

完全排除法是指将能使对方论点成立的几种情况全部否定或排除掉，即证明这几种情况都不能证明对方观点的正确和真实性，从而证明对方的论点不能成立。

总之，在庭审阶段，辩护律师要"四面出击"，要与检察官（公诉人）、对方律师，甚至法官及陪审员做最直接的对垒。此时辩护律师的心理活动尽管非常复杂、活跃，但要达到维护被告人合法权益的目的，就须保持良好的心理状态，而且还应当不失时机地进行自我心理调节，克服纠正过度紧张、盲目乐观、先入为主或者怯场、畏惧、急功近利等情绪，以期达到辩护成功的结果。

第六节　辩护律师在宣判后的辩护心理

由于判决事关辩护律师的意见能否被采纳，被告人的合法权益能否得到有效切实的维护，因而，在法院宣读判决时，辩护律师一般都能集中精力倾听，尤其是判决书对事实的认定和适用法律的情况，更加关注。

宣判后常见的辩护律师心理概括起来主要有满足、惊奇、失望和平静四种。

一是感到满足。当宣读的判决与原来的估量、判断相去不远、大致相符时，辩护律师就会产生满足的心理：感受到自己的一番辛苦得到了承认，自己的付出得到回报，内心产生一种满足感。有些涵养颇深的辩护律师会露出微笑，一些涉世不深的年轻辩护律师甚至会因过度兴奋而失态。

二是感觉惊奇。有些很是复杂、疑难的案件，辩护律师本预测辩护意见被采纳的可能性不大，甚至不会被采纳，而宣读的判决却采纳了辩护律师的意见，使其喜出望外，惊奇感随之产生。

三是深感失望。当宣读的判决与预测相距甚远，原先预测自己的辩护意见会被采纳而事实上未被采纳时，辩护律师就会从庭审后自我预测所引起的满足、愉悦很快转变为深深的失望，顿时觉得自己辛劳而无功，得不到应有的承认，从而产生不快、不服心理，进而说服被告人提起上诉、申诉或申请再审。

四是平静面对。对于一些原本预测辩护意见不太可能被采纳的个案，抑或原先对辩护抱着应付态度的个案，由于辩护律师事先就有心理准备或对判决不寄希望，因此，能够保持比较平静的心态面对现实。

上述这些，就是辩护律师在庭审前、庭审中和宣判后的心理状况。

第七节 辩护律师在刑事自诉案件中应注意的问题

律师担任刑事自诉案件被告人的辩护人，应根据刑事自诉案件的特点，注意辩护的重点，把握辩护的方法，依法提出辩护意见，维护被告人的合法权益。辩护律师在刑事自诉案件中应注意下列问题。

一、注意区分罪与非罪的界限

我们知道刑事诉讼的核心是解决罪与非罪及如何适用刑罚问题，辩护律师也是围绕这一核心问题进行工作。但是，由于自诉案件属于轻微的刑事案件，针对自诉人指控的犯罪事实，也容易产生罪与非罪划分不清的问题。故此，辩护律师应当做好调查工作，认真核实证据，积极提供证据材料，并在办案中从被告人主观上有无故意、危害后果及客观情节是否恶劣、社会危害性大小、是否应受到刑罚处罚等方面，谨慎判断，分清罪与非罪的界限，提出辩护意见。

二、应尽量促进调解、和解或者撤回自诉

我国《刑事诉讼法》第二百零六条规定:"人民法院对自诉案件,可以进行调解;自诉人在宣告判决前,可以同被告人自行和解或者撤回自诉。本法第二百零四条第三项规定的案件不适用调解。"即仅对"被害人有证据证明对被告人侵犯自己人身、财产权利的行为应当依法追究刑事责任,而公安机关或者人民检察院不予追究被告人刑事责任的案件"不适用调解。因此,辩护律师作为被告人的辩护人,要把握自诉案件可以调解、和解或撤回自诉的这一原则,根据事实和法律,有理、有利、有节地讲清道理,促使自诉案件通过调解、和解或者撤诉的方法而得到合理解决。

三、具备反诉条件时,积极作好反诉工作

我国《刑事诉讼法》第二百零七条规定:"自诉案件的被告人在诉讼过程中,可以对自诉人提起反诉。反诉适用自诉的规定。"在自诉案件中,反诉是被告人对自诉人提出的一种反控诉。反诉的目的是针对本诉的请求,抵销或吞并自诉人的主张,或者使自诉人的控诉归于失败并追究其刑事责任。允许反诉,体现了诉讼当事人在诉讼过程中的权利义务平等原则和在法律面前人人平等的原则。反诉是维护被告人合法权益的重要手段,辩护律师应充分重视这项诉讼权利。提起反诉,必须具备一定的条件:(1)反诉的对象必须是同一案件的自诉人;(2)被告人反诉所指控自诉人的犯罪行为必须与自诉案件的案情有直接关系;(3)反诉必须在自诉人提起本诉的范围内提出,即与本诉有内在联系。倘若具备反诉的条件,辩护律师就要积极作好反诉工作:先经被告人委托,取得其反诉代理人的身份,并应调查提供有关证据,尽量提供反诉状,来不及提供反诉状时,应协助被告人用口头形式提起反诉。

第八节　辩护律师要认真地为被告人提出上诉

上诉是被告人、自诉人和他们的法定代理人不服地方各级人民法院第一审的判决、裁定，在法定期限内，依法用书状或口头提请上一级人民法院重新审理的诉讼活动。依据我国《刑事诉讼法》第二百一十六条规定："被告人的辩护人和近亲属，经被告人同意，可以提出上诉。"辩护律师为被告人提出上诉的目的是维护被告人的合法权益，为了维护法律的正确实施。

一、律师提出上诉的程序和期限

上诉有两种途径，一是通过原审人民法院提出上诉，原审人民法院应当在三日以内将上诉状连同案卷、证据移送上一级人民法院，同时将上诉状副本送交同级人民检察院和对方当事人。二是直接向第二审人民法院提出上诉，第二审人民法院应当在三日以内将上诉状交原审人民法院送交同级人民检察院和对方当事人。依据《刑事诉讼法》，不服判决的上诉期限为十日，不服裁定的上诉期限为五日，从接到判决书、裁定书的第二日起算。

二、提出上诉的理由

一审案件宣判后决定上诉的案件，辩护律师应对第一审判决中存在的问题提供事实和理由，写出上诉状。上诉理由主要有以下几个方面：判决、裁定所依据的事实不清（或错误），证据不够确实、充分，判决、裁定对法定从轻、减轻的情节未予考虑；一审判决、裁定严重违反法定诉讼程序，有可能影响公正裁决等。

三、上诉状的基本内容

辩护律师为被告人提出上诉，应当写出上诉状。上诉状一般由以下内容组成：

1. 名称。如"刑事上诉状"。

2. 上诉的自然情况。即上诉人的姓名、性别、年龄、民族、籍贯、职务、住址（电话）。如果是自诉还要列明被上诉人的自然情况。如有委托辩护人或代理人的，还应写明其姓名、职业、工作单位（电话）。

3. 原审案由，在这部分应写明上诉人因何不服，对哪个法院何时何字何号判决或裁定而提出上诉。

4. 上诉请求。要概括明确地提出要求第二审人民法院撤销或变更原审判决、裁定，或者要求重新审理。

5. 上诉理由。应当着重从认定事实、认定案件性质、适用法律三个方面来书写上诉理由。

最后，要写明受理上诉案件的人民法院、上诉人签名，并写明年月日，及其附件或新证据的目录。

第五章　刑事辩护律师"吃准"犯罪嫌疑人、被告人的心理趋向，是辩护成功的条件之一

法理上的所谓犯罪嫌疑人，是指在公诉案件中因涉嫌犯罪正在被立案侦查和审查起诉的刑事当事人。被告人，是指涉嫌犯罪而被检察机关提起公诉或者被自诉人提起自诉的刑事当事人。在刑事诉讼中，要解决的基本问题是犯罪嫌疑人、被告人是否犯罪，犯什么罪，应否给予刑事处罚，以及应给予何种刑事处罚等。侦查、检察、审判、律师活动都要紧紧地围绕这些基本问题来进行的。这些问题对犯罪嫌疑人、被告人来说具有最重要的利害关系，也就是说犯罪嫌疑人、被告人对自己最终可能受到的刑事处罚结果是最为关心的，因而也就决定了犯罪嫌疑人、被告人在刑事诉讼中独特的心理特点。作为刑辩律师，不能不认真关注犯罪嫌疑人、被告人在刑事诉讼中及各个不同阶段的心理活动趋向。

第一节　在刑事诉讼过程中犯罪嫌疑人、被告人的主要心理特点

我们知道在刑事诉讼中，虽然犯罪人年龄、性别不同，犯罪的类型不同，以及在诉讼不同阶段犯罪嫌疑人、被告人的心理活动各异，但由于他们都处于刑事责任被追究者的地位，因而也具有一些共同的心理特点。在刑事诉讼中，犯罪嫌疑人、被告人的心理特点归纳起来主要有如下七种。

一、悔恨心理

一般说来，犯罪嫌疑人、被告人在实施犯罪行为后，处于被追究刑事责任的处境中，面临社会、家庭和自身命运等多方面的心理压力，思想情绪是十分复杂的，他们常常用对比、假设等方法分析自己的经历，想象即将面临的刑事处罚与正常社会生活的巨大反差，感受到一种极大的人生挫折。因此，大多数犯罪嫌疑人、被告人在刑事诉讼中都有强烈的悔恨心理。悔恨心理也有积极和消极之分。有的犯罪嫌疑人、被告人痛恨自己因走上犯罪道路，断送了自己的前途，毁坏了自己的名誉，连累了自己的家庭、子女，愧对人生，给自己和他人带来了不可挽回的恶果。这是一种有利于刑事诉讼正常进行的积极情绪。有些主观恶性较深的犯罪嫌疑人、被告人，虽然对自己面临的处境十分悔恨，但是悔恨自己的作案手段不够高明，反侦查的能力不强，没有达到最终的犯罪目的等。这是一种不利于刑事诉讼活动正常进行的消极情绪。

二、恐惧心理

人们都知道刑罚是一种极为严厉的惩罚手段，无论从强度还是影响力来说，都要超过行政处罚和经济处罚，它不仅可以通过人民法院的生效判决，剥夺被告人的人身自由，而且有权依法剥夺被告人的生命。在刑事诉讼中，犯罪嫌疑人、被告人处于被追究刑事责任的地位，必然产生挫折感、害怕对其犯罪事实的揭露和认定，以及随之而来的刑罚制裁。故此，在刑事诉讼过程中，无论犯罪嫌疑人、被告人在侦查、检察、审判人员面前表现得多么镇定，其内心都对刑罚感到恐惧，特别是当所犯之罪可能被判处重刑和极刑时，其恐惧感将更为突出。随着诉讼的进行，犯罪嫌疑人、被告人的恐惧感日益强烈，有的犯罪嫌疑人、被告人甚至出现语塞、战栗、颓丧、小便失禁、站立不稳、坐立不安、昏迷等情况。其恐惧心理中存在着强烈的求生、求宽、求轻、求免心理，表现为有的避重就轻，有的力求坦白从宽，有的干脆拒不交代，有的则因为过分恐惧而无法回答侦查、检察、审判人员提出的问题，等等。

三、侥幸心理

侥幸是犯罪嫌疑人、被告人自以为可以逃避应得刑事处罚的一种自信感，是在畏罪、逃避等心理动机的支配下产生的。有些存有侥幸心理的犯罪嫌疑人、被告人过分相信自己的主观判断，自恃犯罪手段高明、行动诡秘、所定的攻守同盟牢固、保护层次严密，藐视侦查、检察、审判机关，因而处于自欺欺人的侥幸状态之中，试图以这种盲目的安全感来掩盖内心的恐惧。犯罪嫌疑人、被告人的侥幸心理十分复杂，因人因案而异。有的犯罪嫌疑人在较为客观、全面地分析了罪证、案件和案件侦查进展等情况后，产生了比较自觉和稳固的侥幸心理，因而对抗性较强；有的犯罪嫌疑人、被告人的侥幸心理是基于想当然或出于错误判断而产生的，因而也容易被消除。

四、对抗心理

司法实践表明，对抗心理是大多数犯罪嫌疑人、被告人在刑事诉讼过程中表现出来的一种普遍心理现象，是他们不愿面对即将受到的刑事制裁的心理反应。其产生的原因与犯罪嫌疑人、被告人的身份及犯罪经历、具体案情有着非常密切的关系。

通常累犯对刑事制裁有过痛苦的体验，产生了强烈的逆反心理，他们敌视社会，仇视司法机关，如若再次受到刑事制裁，必然加深对立情绪。

初犯、偶犯虽然懊悔自己因犯罪导致前途名誉毁于一旦，但又对自己的处境极为不甘心，试图以拒不交代罪行逃避惩罚，求得处境的改变和解脱，因此以种种对抗干扰刑事诉讼活动的顺利进行。

犯有较重罪行的犯罪嫌疑人、被告人自知罪责难逃，重刑惩罚难免，但在求轻、求生欲望的支配下，又进行垂死挣扎，试图凭借对抗行为求得逃避应得刑罚制裁的一线希望。

五、戒备心理

犯罪嫌疑人、被告人在刑事诉讼过程中的戒备心理，是其防御性自卫本能的反应。一般来讲，大多数犯罪嫌疑人、被告人都害怕自己的罪行被全部揭露，有损名誉、前途和地位，所以在刑事诉讼中处处设防、时时戒备。具有这种心理状态的犯罪嫌疑人、被告人对侦查、检察、审判人员以及其他诉讼参与人的问话、言谈、举止十分在意。同时，他们又怀疑侦查、检察、审判人员运用审讯策略，暗布陷阱，因而在回答问题时吞吞吐吐、慎之又慎。有的犯罪嫌疑人、被告人甚至以"反诘"的口吻试探摸底。

六、忧郁心理

有的犯罪嫌疑人、被告人在罪行败露，被采取强制措施后，不得不正视即将受到的刑罚制裁，随之产生对前途、命运的担忧，因此心情忧郁，表现为叹息、悲伤、哭泣、不语等。

七、绝望心理

有的犯罪嫌疑人、被告人在被逮捕后，感到巨大的心理压力，其中罪行严重者产生了自由无望、前途渺茫的绝望感。尤其是当其感到罪行已经败露，受到刑罚制裁已成定局，名誉、前途、家庭等方面都将因此而发生根本变化时，绝望感便会达到极点。

绝望感是一种非常典型的消极心理，它会使犯罪嫌疑人、被告人做出反常行为，比如沉默、烦躁、抗拒甚至自杀等。但也有犯罪嫌疑人、被告人在绝望后，又慢慢地接受了现实，转而出现寻求生路、坦白认罪的心理，促使绝望心理向积极方面转化。

第二节　犯罪嫌疑人、被告人在侦查讯问过程中的心理活动趋向

洞察犯罪嫌疑人、被告人在侦查讯问过程中的心理活动趋向，重点分述如下：

一、犯罪嫌疑人的反侦查心理

反侦查心理是指犯罪嫌疑人逃避侦查的意识与干扰侦查视线的动机。在反侦查心理的支配下，犯罪嫌疑人在作案前、作案过程中以及作案后，会有目的、有计划地采用各种逃避侦查的手段、方法。通常临时起意作案的犯罪嫌疑人所采取的反侦查措施是在作案后进行弥补，情境型犯罪人更是如此。而大多数预谋型犯罪嫌疑人在犯罪预备和实施过程中，就开始了一系列干扰侦查的活动。犯罪嫌疑人常用的反侦查手段主要有下列几种。

（一）精心设计作案时间

确定作案时间是排查犯罪嫌疑人的重要途径。故此，犯罪嫌疑人通常会在作案时间上做文章，扰乱侦查视线。他们采用的方法有两种。一是作案前设计、制造自己没有作案时间的假象，为自己制造案发时"不在场"的证据；二是案后串联，请同伙或其他人作伪证，以证实自己没有作案时间。

（二）破坏和伪造犯罪现场

犯罪现场是犯罪嫌疑人作案地点和遗留与案件有关的痕迹、物证的场所，也是侦查人员提取痕迹、物证、获得侦查线索的重要信息源。犯罪嫌疑人通常会竭力破坏或者伪造现场，给侦查活动制造障碍。常见的方法主要有三种：一是清理现场、消灭作案痕迹；二是伪装现场以扰乱侦查视线；三是

通过移动尸体或财物，使侦查人员难以确定原始现场。

（三）改变个体形象特征

在盗窃、抢劫、强奸、报复、预谋杀人、伤害等案件中，犯罪嫌疑人为防止案发后被侦查人员查获，常常在作案过程中刻意改变自己的形象，一方面可以使受害人或者目击者难以识别，另一方面也可以通过在现场留下的虚假痕迹干扰侦查视线。常见的改变个体形象特征的方法主要有：一是改变体貌特征；二是改变言语特征；三是改变行为习惯或生理特征。

（四）处理赃证

赃证即指赃物、犯罪工具或其他罪证，是证明犯罪的关键证据。处理赃证是犯罪嫌疑人对抗侦查的重要手段。处理赃证的主要方法有：一是销毁、遗弃、掩埋、藏匿或改变其存在形态；二是张冠李戴，嫁祸他人。

（五）伪装积极

有些犯罪嫌疑人在案发后"跑前跪后"，对侦查工作提供虚假配合，一方面通过为侦查人员提供某些线索，误导案情分析；另一方面通过参与侦查活动，及时了解案件过程，便于采取进一步的反侦查措施。

（六）串供谎供

通常是案发后，犯罪嫌疑人意识到自己处于危险状态，于是采用各种手段与同案犯串供或者编造口供，动员自己的同伴或不明真相的群众向公安机关提供虚假证言，借以掩盖自己的罪行。有的犯罪嫌疑人则在讯问时避重就轻或编造虚假情节，试图蒙混过关。

二、被跟踪、被守候的犯罪嫌疑人心理

跟踪、守候是对重大案件的犯罪嫌疑人使用的秘密侦查手段。重大案件犯罪嫌疑人一般犯罪经历多，作案手段和逃避打击的经验较为丰富，故此，

掌握他们的心理活动规律及其行为特点，是调节侦查人员的心理状态和行为，适应跟踪、守候任务的心理依据。一般来说，被跟踪、被守候的犯罪嫌疑人主要有如下四种心理。

（一）多疑和加强戒备的心理

这是罪行比较严重的犯罪嫌疑人的一种普遍的心理状态。他们自知所犯罪行的严重后果，害怕暴露蛛丝马迹，心理压力很重，总认为有人在监视自己。为了保护自己，他们行动谨慎，经常试探自己是否被跟踪、守候。其表现是出门探头探脑、四处观望；行走时疑神疑鬼、走走停停，环顾扫视；在行进中突然停止、拐弯、回头等。

（二）极欲摆脱跟踪、守候的心理

这是被侦查的犯罪嫌疑人在发现自己被跟踪、守候后的一种心理状态。由于担心暴露，他们常常会突然停止一切外出活动，中断与外界尤其是与犯罪同伙的联系，或者改变行动计划干扰侦查视线；正在被监视的犯罪嫌疑人，往往会挤进拥挤的人群，混入商店、剧院，突然上下车或化装改扮等，试图摆脱跟踪。

（三）侥幸心理

一些犯罪嫌疑人在作案后，自认为行动诡秘，未被发现，不会有人跟踪监视，便扬扬自得，侥幸心理加强。表现为行为大胆，很少伪装，照常与同案人接触；生活上吃喝挥霍、放荡不羁，转移赃物及销赃活动大胆；继续寻找机会作案。这种心理在盗窃、抢劫、诈骗等犯罪活动中比较突出。

（四）逃脱抓捕心理

这是指被跟踪、守候的现行犯或被追捕的犯罪嫌疑人在面临被抓捕的危险时，企图逃脱、抗拒逮捕的一种心理。这类跟踪、守候对象即使在跟踪、守候的侦查人员采取逮捕行动时，也不肯束手就擒，而顽强拒捕，企图逃脱

（上述四种心理详见罗大华主编：《刑事司法心理学理论与实践》，群众出版社2002年版，第47—49页；罗大华主编：《犯罪心理学》，中国政法大学出版社2001年版，第312页）。

三、被拘留、被逮捕的犯罪嫌疑人心理

拘留、逮捕是剥夺犯罪嫌疑人人身自由的强制措施。犯罪嫌疑人被拘捕后，一方面，其人身自由受到限制，监所的特殊环境使得他们与外界隔离，原有生活规律被破坏；另一方面，由于罪行败露，他们将要面临审讯和处以刑罚，对前途、工作、家庭、社会地位的忧虑必然使其产生孤立无援、惊恐不安、心绪紊乱等复杂的心理反应。主要有：

（一）孤独感

犯罪嫌疑人被拘捕后，突然失去了人身自由，切断了与外界的联系，内心无依无靠、无所寄托、孤立无援的感觉萌生。特别是女犯和少年犯，由于其生活环境和家庭联系遭到破坏，孤独感油然而生。在这种孤独感的支配下，其行为会产生一系列的变化，比如急于探听案情，渴望与同案人串供，与家里人联系，甚至求助同监其他犯罪嫌疑人出谋划策。这种孤独感会引发或增加犯罪嫌疑人的畏罪、恐慌心理。

（二）紧张情绪

在孤独感和监所环境的压力下，再加上担心罪行被揭露而受到惩罚，犯罪嫌疑人经常会产生严重的紧张情绪，表现为情绪被动大，焦躁不安，坐立不宁，对外界反应敏感却又竭力故作镇定。他们既希望尽快受审，以进行辩解，又害怕被审问，担心审讯结果对自己不利。初犯还常常急不可待地向同监其他犯罪嫌疑人询问对付审讯、逃避罪责的方法等。

（三）心理压抑

这是一些大案、要案的犯罪嫌疑人，在自认为罪行还没有败露时，对其执行拘留、逮捕过程中产生的心理反应。他们首先想到的是在哪些方面出现了漏洞，让公安机关看到了破绽。他们表面镇定，表现出一副事不关己的样子，而内心的压力极大。为摆脱压抑感，有的主动交代罪行，争取早日解脱；有的忍受不了内心罪责的折磨，而将秘密告诉同监者。

（四）抵触情绪

犯罪嫌疑人被拘捕后，自感案情败露、罪行严重、名誉和前途都将毁于一旦，因而产生极度的绝望感。在这种绝望感支配下易产生两种心理状态：一种是绝望中还有一丝求生欲望，想通过立功表现以争取宽大处理；另一种是顽固到底，表现出强烈的抵触情绪。这种抵触情绪会使初犯接受累犯、惯犯教唆的对抗审讯和继续犯罪的经验，使犯罪嫌疑人之间互相串供、研究反讯问对策，严重的可发展到越狱、暴狱等。

（五）悔恨心理

一般罪行较轻的初犯者被拘捕后易产生悔恨心理，大致包括以下几种：一是意识到自己罪行的危害性，犯罪嫌疑人悔恨自己不该犯罪；二是认为犯罪的结果得不偿失，悔恨自己一时冲动，贻误终生；三是懊悔犯罪手段不够高明，未能逃避侦查或者对犯罪结果不满意。有悔恨心理的犯罪嫌疑人往往表现为沮丧沉闷、长吁短叹、坐立不安、痛哭流涕。真诚悔恨的犯罪嫌疑人常常急于找看守或侦查人员坦白交代自己的罪行。因被捕或因对犯罪结果不满而懊悔的犯罪嫌疑人，既有可能采取对抗态度，也有可能把交代部分罪行当作换取早日出狱继续进行犯罪活动的一种手段。

四、讯问中的犯罪嫌疑人心理

我们知道讯问是侦查人员为揭露案件真相，证实犯罪和查明犯罪人，对犯罪嫌疑人依法进行的侦查活动。在讯问中，犯罪嫌疑人深知讯问结果直接关系到自己的命运，因而会产生一系列复杂的心理活动。通过了解犯罪嫌疑人在讯问中的心理特点，把握其心理变化规律，讯问人员可以有针对性地采取恰当的讯问策略，实现讯问的目的。

（一）犯罪嫌疑人在讯问中常见的心理状态

（1）畏罪。畏罪心理是由于犯罪嫌疑人害怕罪行被揭露会受到惩罚而产生的。同时，罪责感的压力和司法机关的威慑力，使其受到强有力的心理刺激而形成。它是导致案犯拒不交代、供述犯罪事实并引发其他心理活动的主要心理原因。据1997年进行的一项对在押犯罪嫌疑人的调查结果显示，在各种心理状态中，畏罪心理是最明显突出的。

在畏罪心理的支配下，一些犯罪嫌疑人通过各种合理的和不合理的防御手段来逃避罪责和内心的痛苦。有的犯罪嫌疑人避重就轻、供小瞒大，企图蒙混过关。

（2）戒备。戒备心理是犯罪嫌疑人为防备罪行被揭露和害怕不能得到公正处理的一种防御反应。在司法实践中，口供往往是重要的定案依据。故此，对可能被追究刑事责任的犯罪嫌疑人来说，在讯问中，为了防止罪行被揭露和对侦查人员的不信任，其戒备心理是非常突出的。

在戒备心理支配下，犯罪嫌疑人在讯问中的表现主要有：不回答问题或唯恐言多语失，出现破绽，因而言语谨慎，字斟句酌，处处设防戒备；对讯问中的有关问题格外敏感，注意力高度集中；审视、怀疑的目光，抵触、对立的情绪及言行等。

戒备心理在审讯初期表现较为明显。此外，犯罪嫌疑人对案件侦查情况的估计，其个性特点和反审讯经验等，都对其戒备心理有一定的影响。

（3）侥幸。侥幸心理是犯罪嫌疑人自认为可以逃避罪责的心理，通常在作案者着手实施犯罪前就已经存在。这种心理产生的原因：一是作案者自认为作案手段高明，侦查人员无法找到破绽；二是犯罪嫌疑人从讯问人员的初审中分析侦查人员并没有掌握有力证据，只要自己不供述，公安机关就抓不住自己的把柄。侥幸心理的一般表现是：初审时竭力试探讯问人员掌握证据的情况，为有计划地抗拒讯问做准备；在接受讯问时，以守为攻，辩解否认，或者抓住讯问人员问话中的漏洞，主动反击；干脆一言不发，以免被抓住把柄。

（4）恐慌。犯罪嫌疑人出现恐慌心理通常出于以下原因：一是存有侥幸心理的犯罪嫌疑人面对讯问人员出示的有力证据，自知罪责难逃；二是犯罪嫌疑人得知自己犯罪行为的危害后果严重和即将受到的刑罚远远超出自己的预料；三是讯问中压抑、严肃的气氛形成巨大的心理压力。恐慌心理多见于初犯、偶犯。恐慌心理的出现往往使犯罪嫌疑人思维紊乱，对犯罪事实的记忆混乱，自我控制和自我判断能力减弱；神思恍惚，手足无措；供述中语无伦次，神色慌张，对指控一概否定。这种情况会使讯问难以顺利进行。

（5）悲观。悲观心理是犯罪嫌疑人自知罪行将被揭露，面对法律的惩罚而对自己的前途、追求丧失信心的一种心理状态。产生悲观心理的原因主要有以下三种：一是害怕被判处重刑，或对日后漫长的监狱生涯心怀恐惧，产生自由无望、前途渺茫的绝望感；二是由于无法摆脱和解决一些现实中的问题，导致丧失生活情趣和希望；二是犯罪后自责、后悔，自认为已成为社会的罪人和家庭的累赘，缺乏生活的勇气。

在悲观心理的强烈冲击和压迫下，犯罪嫌疑人个性的稳定性发生急剧变化，丧失了生存欲望，生理和心理极端反常，不能控制自己的行为：有的暴躁、烦闷，甚至歇斯底里；有的怀疑、仇视一切，不听劝告和警告，固执地采取自暴自弃或顽抗到底的态度；有的迎合侦查人员的讯问随便乱供；还有的做出极端行为，进行暴力破坏或自寻短见。

（6）抵触。抵触心理是犯罪嫌疑人在公安机关对其采取强制措施和面对侦查人员的讯问时表现出的强烈不满和敌视的一种心理状态。抵触心理产生的原因主要有以下几种：一是在侥幸心理基础上，对被拘捕有强烈的抵触情绪，认为自己的行为不是犯罪或事出有因，或者认为侦查人员没有掌握证据，不应采取强制措施；二是在悲观心理的支配下，对前途丧失信心，因而对侦查人员的讯问不积极回答；三是对侦查人员抱有成见。

有抵触心理的犯罪嫌疑人在讯问中的表现可分为两类：一是外显的抵触行为，抵触心理使得一些犯罪嫌疑人情绪失控，表现为性情暴躁，缺乏理智，出言不逊，气焰嚣张；二是内隐的抵触行为，抵触心理也使一些犯罪嫌疑人情绪压抑，表现为对讯问反应冷漠，漫不经心，答非所问，甚至沉默不语。抵触心理使犯罪嫌疑人同侦查人员在讯问中常发生冲突，讯问陷入僵局是常常会发生的。

（二）犯罪嫌疑人在讯问中的心理变化过程

讯问实践证明，犯罪嫌疑人在接受讯问后，立即交代全部罪行和始终拒不交代罪行的都是少数，大多数犯罪嫌疑人是经过与侦查人员激烈交锋、反复较量后才被迫交代罪行的。在整个讯问过程中，犯罪嫌疑人的心理变化大致要经过试探摸底、对抗相持、动摇反复、供述罪行四个阶段。这四个阶段的划分没有绝对的界限，同时，不同的犯罪嫌疑人由于其个性经历、犯罪主观恶性程度不同，在每一阶段所表现出来的心理特点也有所差异。

（1）试探摸底。试探摸底在整个讯问过程中都有所体现，但集中出现于讯问初期。犯罪嫌疑人被拘捕后，对审查的处境产生极不适应、心神不宁的状态，心里琢磨着自己的罪行是怎样暴露的，公安机关掌握多少罪证，侦查人员是否难对付等问题。故此，在讯问初期，大多数犯罪嫌疑人总是要以试探的手法进行摸底，以便采取反讯问的对策和方法。此时其试探的重点是侦查人员掌握证据的情况及侦查人员的个性特点和办案能力等。

在试探摸底阶段，不同类型的犯罪嫌疑人有着不同的表现。老练的犯罪嫌疑人表现为自制力较强、注意力集中，在不了解侦查人员掌握证据的情况时，不希望通过自己的语言暴露犯罪事实，在预审过程中与侦查人员保持一定的距离，以静制动，尽量让侦查人员多讲而自己少讲。初犯基于本能或学习他人经验，也希望通过试探方式了解自己的罪行暴露的状况，但由于准备不充分或无经验，不知怎样应答侦查人员的提问及如何掩饰自己内心的慌乱，从而有一些明显的外部表现，比如惶恐不安、手足无措、吞吞吐吐、语无伦次、有多余的动作、拖延回答或避而不答等。

(2) 对抗相持。经过初期阶段的讯问，犯罪嫌疑人开始适应讯问环境，对侦查人员的能力、经验也有了初步了解，自以为可以应对各种讯问情势，对抗意识逐渐上升。这时，犯罪嫌疑人与侦查人员之间的较量达到白热化程度，使讯问活动出现了对抗相持局面。在对抗相持阶段，犯罪嫌疑人的侥幸心理比较突出。罪行比较严重的犯罪嫌疑人采取"既来之，则安之"的态度，情绪由紧张焦虑转入"冷静沉着"，与侦查人员针锋相对；惯犯、累犯或反社会心理较强烈的犯罪嫌疑人出现极端的对立情绪。在对抗相持阶段，犯罪嫌疑人可能采取拒供、谎供、翻供等多种手段对付讯问。

(3) 动摇反复。一般经过对抗相持阶段的激烈斗争，又经过侦查人员巧妙出示证据、有力的讯问、正确引导，结合政策攻心，犯罪嫌疑人的心理防线逐渐松动，侥幸心理、抵触情绪转趋缓和，但心理顾虑仍然严重。这时犯罪嫌疑人会产生激烈的供述与否的动机斗争，因而表现出犹豫、动摇、矛盾的心理，讯问活动转入动摇反复阶段。犯罪嫌疑人想顽抗，又怕受到从严惩处；想回避，又怕讯问无休止地进行下去；想供述罪行，又抱着挺一挺也许能混过去的侥幸心理。

（4）供述罪行。当犯罪嫌疑人的心理防线完全崩溃，对抗讯问的意志彻底动摇，认识到继续隐瞒罪行有害无利，坦白交代才是唯一出路时，讯问活动就进入到供述罪行阶段。在这个阶段，犯罪嫌疑人的供述动机占主导地位，为了争取好的认罪态度，对讯问活动表现出热情，愿意回答侦查人员的问题，如实供述罪行。因案情和犯罪嫌疑人个性不同，供述也有一些差异。比如，有些累犯、惯犯在侥幸、畏罪心理的支配下，供述表现为：存有幻想、能少供就少供；有证据便供，无证据便不供；问得紧就供，一般讯问就不供。有些大案、要案的犯罪嫌疑人感到犯罪事实清楚、证据确凿，大局已定，判刑难免，为争取认罪态度好而彻底供述，但也想从侦查人员那里探听同案犯情况，公安、司法机关对该案的态度以及群众对此案的反应，有无翻供和争取从宽处理的可能等。有些罪行较轻的犯罪嫌疑人如实供述后感到松了一口气，渴望得到从轻处理或无罪释放。

第三节　犯罪嫌疑人、被告人在审查起诉阶段的心理活动趋向

刑事诉讼案的程序规定，案件侦查终结后，将移送到检察机关审查起诉。审查起诉是人民检察院对侦查机关或侦查部门侦查终结移送起诉的案件予以受理，依法对其认定的犯罪事实和证据、犯罪性质以及适用的法律等进行审查核实，并作出处理决定的一项诉讼活动。通过审查，依法对犯罪嫌疑人作出起诉或者不起诉的决定。被告人在被起诉的过程中，其心理状态将发生的重大变化主要有：

一、侥幸心理犹存

在起诉阶段，即使侦查机关已经过案件侦查，对案情有了清楚的认识，但在一般情况下，被告人在求生本能的驱使下，并不甘心束手就擒。不到最后判决，被告人就存有一线希望。故此，在起诉中，有的被告人仍存在着不切实际的幻想，侥幸心理仍在起作用。其主要表现是想尽一切办法，以种种借口推翻原供，编造情节，与检察人员对抗。

二、试图从轻处罚

案件被审查起诉后，要集中解决的主要问题是对被告人的犯罪事实、犯罪性质和犯罪情节进行认定，这些问题都关系到对犯罪人的量刑。在争取从轻心理的支配下，在案件的整体事实无法回避的情况下，有的被告人

开始回避关键问题，对案件轻描淡写，只交代次要的或轻微的问题，企图蒙混过关。

三、观望案情进展

在审查起诉阶段，一些被告人虽然自知罪责难逃，但在求生、求轻欲望的支配下，仍然进行种种谋划，以期免除或减轻刑罚。故此，他们认真分析案情，采取以静制动的"策略"，在必要的时候会采取对自己有利的反侦讯行动，注意从检察人员的讯问和检察机关采取的措施中窥测案情的进展情况，以随时设防。在这种心理的支配下，被告人的总体表现是戒备猜测，他们对检察人员的讯问语气、所提问题、行为举止都认真观察、慎重对待，在一道防线上被击溃后，又设立新的防线。

四、企盼法律援助，希望律师早日介入

在犯罪事实大体确定，被告人自认为在事实方面没有狡辩的必要时，便开始关注法律问题，考虑自己的犯罪在事实和性质上法律能作何种认定，具体的罪名是什么，可能判处什么刑罚。通常情况下，被告人的法律知识不足，迫切需要得到法律援助。有的被告开始向同监的其他人了解法律知识，在被审讯时向审讯人员提出法律问题；有的被告人要聘请律师为自己辩护，希望律师能够早日介入，使自己尽快得到法律帮助。

五、渴望诉讼早日终结

有的被告人经过分析认为，自己的犯罪不严重，即使受到刑罚也不会太重，希望早日离开羁押场所，到监狱等执法机关服刑。有的罪行严重的被告人自知罪责难逃，不愿忍受精神折磨，也希望早日终结。

六、自知罪责难逃，如实交代犯罪

有的案件事实清楚、证据确凿，被告人知道狡辩已无济于事，于是对自己的量刑问题不再抱幻想，便如实交代犯罪，以求坦白从宽。

第四节　被告人在审理判决阶段的心理活动趋向

审判是人民法院依据法定程序对被告人进行审理和定罪量刑的过程。对被告人而言，审判是决定其命运和前途的关键时刻。在审判过程中，被告人的心理是极为复杂的。有些被告人开始后悔自己在讯问中的如实供述，并积极寻找新的防御措施；有的被告人急切渴望判决的早日到来，以尽早摆脱处在不可知状态之中的焦虑心理。

一、影响被告人心理活动的主要因素

被告人在审判过程中的心理受到多种因素的综合作用，需要做具体分析。

（一）被告人自身的主观恶性程度

被告人个性心理结构中的缺陷，特别是主观恶性程度，对其审判中的心理状态有重要影响。比如某些杀人的被告人一般表现得无所谓，某些预谋杀人的被告人常常自恃作案手段高明而心存侥幸，在法庭上极力为自己开脱，甚至鸣冤叫屈，有意干扰审判人员的视听。

（二）被告人的犯罪经历

通常来说，大部分初犯和偶犯在进入审判阶段时，已经充分认识到自己的行为给社会带来的危险后果，加之在审判庄严肃穆的氛围中，被告人极容易产生紧张感，一般都能坚持如实供述，少有翻供，即使有极少人翻供，也往往是破绽百出，容易被攻破。而惯犯和累犯由于已经受过刑事处罚，积累了"对付"审判机关的经验，能够克服在法庭上内心的紧张和恐惧，敢于在庭审中抓住一切有利于自己的机会，以守为攻，以静制动。

（三）诉讼参与人的影响

在审判过程中，诉讼参与人对被告人的心理有重要影响。公诉人对犯罪行为的指控和揭露、被害人的陈述和证人的当庭指证、控辩双方的尖锐冲突等，与侦查阶段迥异的新情境，会使被告人产生强大的心理压力。

二、被告人在审判不同阶段的心理

（一）被告人在开庭时的心理

（1）羞耻与紧张。在开庭审理，特别是公开审判时，面对诉讼当事人和诸多听众，被告人要在被告席上如实供述自己的犯罪动机、目的、犯罪经过等，常感到自尊心受到伤害，羞耻之心会有所流露。有的被告人低头不语、惴惴不安，不敢正视群众，尤以女犯和偶犯为甚。

紧张，是因为审判关系到被告人的前途、命运，因而被告人对刑罚的恐惧愈发明显，虽然有律师辩护，但也感到前途叵测。故此，大多数被告人在开庭时都心潮起伏、紧张、恐惧而难以自控，处在"大祸临头"无计可施的心境中，只能被动地防御。

（2）忏悔与矛盾心理。经过侦查阶段的讯问和说服教育，大部分被告人都能够在思想上产生不同程度的悔恨，认识到自己的罪行给社会和被害人造成严重的后果，其良心受到谴责，悔恨之情溢于言表。在忏悔心理支配下，被告人在庭审中能如实供述自己的犯罪事实并积极揭露他人的罪行，帮助法庭弄清全部事实真相。

审判对被告人而言是决定其命运、前途的关键时刻！受众多因素的影响，开庭时，被告人仍然在不断权衡利弊。有的被告人担心交代越多受到的惩罚越重，如若不老实交代，又怕被审判机关最终认定态度不好而重判；有的被告人在面对审判人员询问时，既担心言多必失，又怕失去为自己辩解的最后机会。在重重矛盾下，被告人不知道究竟该采取何种方式才对自己最为有利。

（3）共犯的心理效应。共同被告人在开庭时相互见面，可能产生两种心理：一是共同防御的心理得到加强。共同被告人在法庭见面，可能通过各种方式相互示意以坚守攻守同盟，或者有为首者通过信息传递威胁其他从犯，使其在法庭上丧失揭露犯罪事实的勇气，甚至翻供。二是共同被告人之间的矛盾可能激化。在趋利避害心理的作用下，共同被告人从个人利益考虑，有的将自己的犯罪行为归因于主谋者的教唆、怂恿，试图为自己减轻处罚；有的被告人认为是同伙揭露了自己，因此出于憎恨，不但坦白自己的犯罪事实，而且揭露共犯。

（二）被告人在法庭调查与辩论过程中的心理

（1）法庭反应。被告人在严肃的审判气氛和环境中会产生一种不适应反应，可能出现情绪和供述障碍，初犯和偶犯等缺少诉讼经历的被告人特别明显。

（2）侥幸心理。进入法庭调查与辩论阶段，有的被告人明知公诉人已经掌握自己的全部犯罪事实和证据，但仍然心存侥幸，希望辩护人为自己争取更多利益，或者希望自己能因认罪态度好而得到宽恕，因而在回答问题时避重就轻，力图使审判人员相信自己并非罪大恶极者。

（3）抗拒与狡辩。被告人在庭审中的抗拒心理表现为以下三种情况：一是拒供。这类被告人对法律没有正确的认识，认为只要自己不承认，法院就无法定罪，因而在法庭审判活动中矢口否认罪行，或者沉默不语抗拒审判。这类情况多出现在一些法盲、智力水平低下或偏执型人格者中。二是虚假翻供。在畏罪心理和侥幸心理作用下，有的被告人在进入审判阶段时，对自己在讯问阶段的供述极为后悔，而将法庭审判作为否认罪行的最后机会，推翻前面所做的真实供述，以达到蒙混过关的目的。三是谎供。有的被告人明知其犯罪事实和证据都已经清楚，仍然希望能在审判中出现转机。他们常常不采用直接否认或公开顶撞的方式，而是编造供词，向法庭陈述一些莫须有的东西。谎供既可能表现为嫁祸他人，也可能表现为包庇同伙而包揽罪责。

狡辩是通过控辩双方的进攻与反驳，被告人虽已经明白罪证确凿，罪行不容抵赖，但是往往对其犯罪动机、犯罪的原因等进行狡辩，以求得审判人员的同情和谅解，争取宽大处理。

（4）对公诉词的心理反应。在法庭辩论中，公诉人发表的公诉词是对起诉书的补充，它是以法庭调查中查明的犯罪事实和证据为依据，对案件所作的带有结论性的评价。被告人在听了公诉人的公诉词后，认识到公诉人不但掌握了自己的犯罪事实，而且了解自己犯罪心理的根源，指明了犯罪行为所造成的社会危害性、触犯的法律条款和应负的法律责任，因而对公诉人产生一种敬畏感，同时又担心自己的罪行会受到严重的处罚。

（5）对律师辩护的心理反应。律师的辩护词是以事实为根据，以法律为准绳，从保护被告人的合法权益方面提出辩护的论点，说明当事人的行为不构成犯罪或罪行较轻的及具有从轻减轻或免除刑事责任的理由。在律师作了无罪或者从轻减轻处罚的辩护后，被告人往往会产生轻松的感觉，并对律师心存感激。律师在辩护词中提到的观点、证据，常常成为他们服罪或者不服罪的重要根据。对于犯罪事实清楚、证据确凿，不存在从轻、减轻处罚情节的案件，律师只能就犯罪情节作简单辩护。这往往令心存侥幸的被告人对律师的辩护大失所望，认为律师为被告人出庭辩护只是走形式，并由此强化其反社会心理。

（6）对证人陈述的心理反应。倘若证人所作的是对被告人有利的陈述，被告人会表现出得意和欣喜，及对证人的感激之情。而若证人所作的是对被告人不利的陈述，而证人与被告人关系密切，被告人对证人的证言会感到失望，甚至会对证人产生仇视心理。倘若被告人能够正确认识自己的罪行，有的被告人面对关系密切的证人时会感到羞愧难当、悔恨不已等。

（三）被告人在法庭判决后的心理

审判长宣布判决结果时，被告情绪紧张，注意力高度集中，因为这关系到其前途和命运。当判决宣布完毕后，被告人的情绪反应各异，主要有如下几种：

一是情绪稳定型。从案件发生到侦查、审查起诉、审判的整个过程，有些被告人已经充分认识到自己的犯罪事实对社会造成的严重后果及所必须承担的法律责任。当法庭判决的定罪和量刑与其预测相似时，大都能服从判决，并希望尽快投入监所服刑。也有少数被告人在侥幸心理作用下会提出上诉。倘若上诉结果对自己更加有利，则会暗自庆幸；若维持原判，一般都能平静接受。

二是抵触型。有的被告人在接到判决结果后，认为法院不应当为自己定罪或者认为判刑过重，往往会产生很大的抵触情绪。有的被告人通过当场叫冤、大哭大闹、捶胸顿足等方式表达情绪；有的会诬蔑审判人员办案不公，侦查中存在刑讯逼供、证人提供虚假证言等；有的被告人则长吁短叹，借宿命论以自我安慰。多数有抵触心理的被告人要求上诉，希望上级法院能撤销原判，从轻判决。

三是悔恨型。判决后的悔恨心理是一般被告人所共有的心理状态，但也有积极和消极之分。积极的悔恨是悔恨自己不该从事犯罪，给社会带来危害，给家人和被害人带来痛苦，也毁了自己的前途。消极的悔恨则是悔恨自己的作案手段不高明；或后悔在作案时如何如何；或者后悔自己不该如实供述，落得如此下场。

第五节　辩护律师如何审查判断犯罪嫌疑人、被告人的供述

一、犯罪嫌疑人、被告人供述的特点

犯罪嫌疑人、被告人供述（口供）是指犯罪嫌疑人、被告人就涉案的有

关事实向公安机关、人民检察院、人民法院所作的陈述。犯罪嫌疑人、被告人的供述特点有三：

（一）犯罪嫌疑人、被告人的供述是其特殊心理现象的产物

供述是犯罪嫌疑人、被告人将有关案件事实的记忆用语言表述出来的具有法律意义的内容。它无时不受陈述者心理活动的影响。真实的陈述是案件事实的再现，但是，由于犯罪嫌疑人、被告人在刑事诉讼过程中的"特殊"地位，在趋利避害的心理支配下，他们的供述在很大程度上具有为其诉讼利益服务的特殊性。这是个案的辩护律师要认清的。

（二）犯罪嫌疑人、被告人的供述存在虚假的可能性

犯罪嫌疑人、被告人供述是其心理活动的特殊产物，必然受到一系列主客观因素的影响，在很大的程度上存在着虚假的可能性。

（1）从主观方面讲，犯罪嫌疑人、被告人想的是如何为自己的诉讼利益服务，故此在供述中，他们会再三考虑应当怎样交代、交代哪些方面的问题才能为自己争取到最有利的判决结果。比如，有的犯罪嫌疑人、被告人在求宽、求轻的心理支配下，可能集中说明自己作案是逼不得已，或者为了"大伙"利益而掩盖真实的作案动机，或者在交代犯罪事实时有意隐瞒主要情节，口头上极力忏悔，但实际上避重就轻，期望得到侦查机关和司法人员的同情和信任；有的犯罪嫌疑人、被告人在畏罪和侥幸心理支配下，认为能不供就不供，能少供就不多供，能假供就不真供，故而在供述中小心谨慎、对供词百般计较，通常只交代已经被揭露的犯罪，或者将罪责推给他人，千方百计为自己开脱。

（2）从客观方面看，客观的、自然的因素也可能使犯罪嫌疑人、被告人供述出现虚假的可能。比如，错觉与幻觉，来自他人的暗示，表述或书写错误，来自外界的威胁与欺骗，刑讯逼供，对法律理解错误，或者基于虚荣心理扩大事实而为他人承担罪责，因心理障碍不能如实供述等，这些不可控制

的客观因素对犯罪嫌疑人、被告人的供述产生影响是不可避免的。

从某种程度上可以说，犯罪嫌疑人、被告人的供述存在一些虚假成分是在所难免的，关键在于辩护律师如何有效地分析供述的真实性，帮助或促使犯罪嫌疑人、被告人如实交代自己的犯罪行为，为其据实依法辩护夯实基础。

（三）犯罪嫌疑人、被告人供述是刑事犯罪证据的一种。

犯罪嫌疑人、被告人的供述在查证属实的情况下，可以作为认定案件事实的证据，与其他证据一起，对案件的定罪量刑有重要意义。正因为供述是证据的一种，个案的辩护律师要认真严肃对待。

二、刑辩律师审查判断犯罪嫌疑人、被告人的供述和辩解

如前所述，刑辩律师要根据犯罪嫌疑人不同的特点和基本情况，注意审查其供述和辩解的动机和条件，只有充分弄清犯罪嫌疑人、被告人的一些基本情况和特点之后，才能判断其供述的合理成分，从而达到供述与案件事实的统一。为此，在执业实践中辩护律师可以采用五种方法。

第一，运用观察心理分析法。观察是一种有目的、有计划、比较持久的感知。观察法，通常是指通过对事件和观察对象的直接观看，取集和记录研究对象生活（犯罪）信息的一种方法。辩护律师的观察就是有计划、有目的地通过对犯罪嫌疑人、被告人的言谈、表情、动作和行为的观察去了解他们的心理活动。心理分析法就是运用心理活动产生的规律及其同外部表现之间的因果联系的原理，通过主体的历史表现、现实、刺激和行为表现及后果去分析主体行为时心理活动的方法。

在刑事诉讼过程中，辩护律师与被辩护人（犯罪嫌疑人、被告人）的接触最为频繁；犯罪嫌疑人、被告人供述是"证据"的一种，法庭审理时核实证据是调查阶段的重要任务；证据确实充分是认定案情的标准，举证核实证据关系到能否准确地认定案情，是影响法院依法判决的大事；刑事诉讼中对抗最激烈、心理较量最直接和最精彩的法庭辩论阶段，辩论的内容着重在证

据和案情。作为辩护律师要就证据和案情发表的意见有机结合起来，达到庭审质证认定案情并对犯罪嫌疑人、被告人供述辩护的满意效果。

在刑事诉讼过程中，犯罪嫌疑人、被告人可能有意识地控制自己的言语，尽量不说对自己不利的话，但很难控制自己的非语言行为。因此，辩护律师可以通过多次会见犯罪嫌疑人、被告人，仔细观察、敏锐捕捉犯罪嫌疑人、被告人在供述时的身体姿势、手和脚的动作、目光的接触、表情以及其他非言语行为所透露的信息，分析其供述的真实性。

辩护律师可以查阅犯罪嫌疑人、被告人在侦讯阶段向公安机关、检察审查起诉阶段供述非言语行为的笔录，判断犯罪嫌疑人、被告人是否提供真实的供述。一方面通过面部表情的变化，以及一些身体运动情况判断供述者是否在撒谎；另一方面，犯罪嫌疑人、被告人在讯问中说真话和说假话的语言行为是不同的。如实供述的犯罪嫌疑人、被告人往往会立即回答被提问的问题，能正面直接回答涉及案件本身的问题，在面对问题时并不需要深思熟虑；而提供虚假供述者一般对问题会延迟回答，回避涉及案件事实的问题，或者在面对某一个问题时表现出一副认真思考的样子，实际上拖延回答。此外，在态度上是否过于谦恭，回答问题用语是否简洁，回答问题时是否直截了当、简单明了，以及在面对关键刺激时的反应如何等，都可以用来分析陈述者（犯罪嫌疑人、被告人）是否在说谎。

第二，利用矛盾逻辑分析法。辩护律师可以利用共犯之间口供的不一致、相互之间的矛盾，犯罪嫌疑人与有关人之间的矛盾，发现问题，获取信息，找出破绽，以利辩护工作的顺利进行。这种方法对制造共犯之间、犯罪嫌疑人与相关人之间的矛盾，并利用其矛盾获取信息，具有不可低估的作用。

第三，运用调查研究法。调查研究法是指通过调查收集证据来分析判断供述的真实程度及证明力。主要通过供述与其他证据之间的矛盾，以及供述是否有其他证据佐证等，来判断供述的真实程度。发现有证据不足、其他证据没有收集齐全的情况，则应补充收集证据，以全面、充分地验证犯罪嫌疑人、被告人供述的真伪。

第四，审查犯罪嫌疑人、被告人供述是否与案件事实一致。案件事实是经过查证属实的，犯罪嫌疑人、被告人供述与案件的事实相符，那么其供述就是真实可信的，反之则是虚假狡辩的。

第五，注意审查犯罪嫌疑人、被告人供述前后是否一致。特别要注意第一次供述与以后供述的发展变化，要找出每次变化的原因是否符合情理，排除矛盾，分析判断出变化中的合理成分，否定其不合常理的虚假、狡辩的部分。

第六章　刑事辩护活动中的心理互动

实际上辩护律师从接受委托（指定）会见被告人、阅卷调查到法庭辩论，直至审判后会见被告人，无不是与诉讼有关的各种人员进行交往。通俗地说，律师是一个与各方面打交道、为社会提供法律服务的职业。因此，人际关系的好坏影响到辩护工作的成败。所以，辩护律师主动处理好人际关系，其意义是毋庸多说的。

第一节　辩护律师与公诉人的心理互动

以往认为辩护律师与公诉人的直接心理接触始于法庭审理之时，是有偏颇的。我认为应以 1996 年 3 月 17 日修改后的《中华人民共和国刑事诉讼法》作为依据。那次《刑事诉讼法》的重大修改之一就是辩护律师在检察机关审查起诉阶段就开始介入刑事诉讼。在刑事诉讼中，公诉人代表国家主持公诉，控诉犯罪嫌疑人、被告人的犯罪行为，他的任务主要是揭露和证实犯罪嫌疑人、被告人的犯罪行为；而辩护律师接受委托（指定）出席法庭为犯罪嫌疑人、被告人进行辩护，他的主要任务是维护后者的诉讼权利和其他合法权益，反驳公诉人不正确的控诉。

从形式上看，辩护律师和公诉人似乎互相对立，但实质上，他们的出发点是一样的，即"以事实为根据，以法律为准绳"。因此，双方在审查起诉阶段与庭审阶段都应该抱着"坚持真理，修正错误"的态度。辩护律师维护犯罪嫌疑人、被告人的合法权益，对公诉人控诉中的错误提出反驳，公诉人应当虚心听取、认真研究，支持辩护律师的正确意见，秉公执法。在以往办案过程中，由于传统思潮的影响，有人认为公诉人应当比辩护律师享有更多的诉讼权利,其地位应当高于辩护律师,这种思想正是对辩护律师与公诉人在刑事诉讼中的关系没有理解清楚所致。

在现实中控辩双方的目的是正确运用法律武器,准确地打击犯罪、惩罚犯罪、保护人民。从这个意义上讲,辩护律师与公诉人是有着共同的目的,在彼此的心理上应具有兼容性,这种心理兼容通常占据主导地位。由于法律所赋予他们的职责不同、工作的出发点相异,所以使用的方法也不一样。有时不可避免在一些具体问题上发生争执,造成辩护律师与公诉人之间的心理冲突。其时,辩护律师应当尽力增加彼此之间的心理兼容,减少或避免正面的心理冲突,以免影响案件审理的正常进行。

辩护律师与公诉人之间正常的关系,应当是双方在法庭上,彼此互相尊重、以礼相待,各自围绕案件事实的认定和法律适用问题心平气和地提出自己的看法,并对对方提出的论点进行有事实和法律依据的反驳和辩解,不感情用事,不争输赢。辩护律师与公诉人之间人际关系的障碍往往来自双方。就公诉人一方而言,由于一些公诉人的职业心理和思维定式,使得他们看重被告人有罪或罪重的一面,而对其无罪或罪轻的一面予以忽视;有的还故意拼凑,多作不利于被告人的指控。因而辩护律师在法庭上提一些事实和证据对指控代为被告人辩解时,就认为辩护律师是专门来"挑刺儿"的,甚至可能认为和自己过不去,等等。这样公诉人就可能产生抵触情绪,出现法庭上对辩护律师不礼貌,不可一世,甚至强词夺理、冷嘲热讽等现象。尤其是一些大案要案,当辩护律师根据事实和法律,对公诉人的指控进行了部分或全部的反驳,而公诉人又无法答辩时,个别公诉人为了顾及自己的"面子",在法庭上突然拍案而起,公开指责辩护律师为犯罪分子"开脱罪责"。这里必须郑重指出,在整个刑事诉讼过程中被告人是诉讼主体,是诉讼参与人中的一方当事人,享有以辩护权为核心的一系列诉讼权利。作为辩护律师是有据实依法行使这种权利的。碰到这种情形,辩护律师稍不注意,就会使双方心理冲突加剧,把法庭变成双方争"面子"或"尊严"的场所,造成法庭混乱,妨碍审判工作的正常进行。因此，越是在这种情况下，就越要求辩护律师头脑冷静、沉着，用理智控制感情，一切从工作和维护国家法律正确实施出发，不计较个人得失，不反唇相讥，避免过激的言辞。这样就会得到旁听群众和现场媒体记者的支持；公诉人也会因此觉得自己过分，两者的心理冲突将会减弱，法庭审理工作得以正常进行。

还有辩护律师自身的一些因素也是不能忽略的。有的辩护律师常常得理不饶人，在法庭调查、举证、质证、辩论时口气强硬，盛气凌人，甚至对公诉人员进行嘲弄。平心而论，在法庭上辩护律师对公诉人态度正确与否，不但是两个人之间关系的问题，而且是对代表国家提起公诉的检察机关是否尊重的重要问题。故此，辩护律师在辩论中要冷静、机敏、稳重、自信，力求真正做到"对抗而不对立，交锋而不交恶"，实际工作中的交锋与情感上的互敬保持一致，体现职责分工不同、相互制约的精神。

第二节　辩护律师与审判人员的心理互动

辩护律师与审判人员的心理接触、心理互动，主要在阅卷过程中和法庭审理上。

辩护律师的辩护可以使法官审理案件时不偏听偏信，以便更全面地了解案情，达到正确的定罪量刑的目的。在法庭审理过程中，辩护律师既要听从审判长的指挥，又要以礼相待，给审判人员留下良好的印象；在依法查阅案卷时，应礼貌地向审判人员提出正当的要求。

辩护律师与审判人员人际关系障碍的原因大致来自两个方面：一方面，就审判人员而言，在辩护律师要求阅卷时，可能出现个别审判人员不让辩护律师阅卷，或者把案卷中一些重要事实和证据抽去的情况。遇到这种情形，辩护律师可以依据法律规定据理要求，必要时可找院长协商解决，切不可争吵强求。司法实践中，一些审判人员由于职业心理倾向，对被告人持有偏见，导致对辩护律师存有不正确的看法，认为辩护律师的辩护给审判工作"设障碍""添乱子"，因而给辩护律师的工作设置"关卡"。另一方面，就辩护律师而言，主要是对审判人员不够尊重。有的辩护律师自以为本身的名气不小，与审判人员交往言辞不得体，引起审判人员的反感，从而导致审判人员对辩护律师的意见不予以重视，辩护律师维护被告人合法权益的目的大打折扣。

辩护律师与审判人员在法庭上的心理互动，主要在法庭辩论之时。法庭辩论是刑事诉讼中对抗最激烈、最精彩的阶段。这无疑是一个比语言、比技巧、比意志的过程，既是辩护律师心理变化最丰富、斗争最激烈、表现最充分的阶段，也是心理较量最直接的阶段。这一阶段作为"法律人"的辩护律师，应当保持相对的独立性，不仅体现在行为方式和思维方式上，也体现在与法官、公诉人、当事人和公共利益的关系上。我主张辩护律师要以丰富（系统）的法律知识，熟练准确地掌握运用法律条文和法律理论，凭借自己良好的形象、雄辩的口才，有理有据有节地发表辩护词，据实依法来争取审判人员采纳自己的辩护意见。在研究审判人员的审判心理状态的基础上，充分尊重审判人员，自觉服从其指挥安排，以达到维护法律尊严，维护被告人合法权益的目的。

第三节　辩护律师与被告人及其家属的心理互动

辩护律师的一切行为都是围绕维护被告人合法权益这一核心进行的。因此，辩护律师与被告人的接触最为频繁。鉴于辩护律师的职责，辩护律师与被告人之间较为容易产生心理相容。被告人一般都能够主动配合辩护律师，向其提供案件的真实情况，提出有利于自己的证据线索。同时，由于我国律师维护的是被告人的"合法权益"而非被告人的一切利益，被告人出于对自身利益的考虑，难免会提出一些过分的要求，两者之间又会产生心理相悖的情形。

辩护律师在与被告人及其家属接触过程中，常常出现下面的情况：其一，被告人把自己描述成"正人君子"，不可能犯罪；或者虽然承认自己有罪但避重就轻；或者列举多种理由，诉说自己犯罪出于被迫，在那种情况下别无选择。被告人的家属也可能有同样的言行，希望辩护律师为其开脱，以达到不受刑事追究或减轻处罚的目的。其二，在趋利避害心理支配下，极个别的被告人及其家属会对辩护律师提出种种不切实际的无理要求。

面对上述情形，辩护律师应该如何应对呢？针对第一种情况，辩护律师所采取的态度应是"实事求是"，明确地向被告人及其家属阐明，辩护律师的职责是依法维护被告人的合法权益和国家法律的正确实施，所以，只能在事实和法律的范围内开展工作。有效的实施辩护需要被告人及其家属的密切配合，希望被告人向辩护律师敞开心扉，如实陈述案件的情况，既不夸大也不缩小。对被告人的陈述，也应当与其他证据相印证，务必达到证据"三性"的要求，不能轻易相信。针对第二种情况，辩护律师应当明确指出，律师在刑事诉讼中具有独立地位，不能完全站在被告人的立场上，唯被告人之命而行。辩护律师对被告人及其家属提出的一些过分无理的要求，要真心做好说服工作，让被告人及其家属放弃这些无理要求。倘若被告人及其家属坚持，辩护律师有权拒绝为被告人辩护或者代理。

此外，由于各种原因，少数被告人对辩护律师持有顾虑和偏见：有的人对辩护律师的职责不太了解，对辩护律师能否维护他的合法权益持怀疑态度；有的人为了庇护同伙或怕打击报复，而不肯如实陈述案情，甚至拒绝陈述。碰到这种情形，辩护律师应当耐心细致地了解原因。有针对性地进行说服教育，使他们从内心感受到辩护律师是公正的，愿意主动如实陈述案情。

有些辩护律师在处理与被告人及其家属关系时也可能出现一些偏差。例如一些辩护律师对被告人持盲目同情的态度，不加核实轻信被告人的陈述；有的为了取悦被告人，竟不顾事实和法律，充当被告人的"传话筒"；有的为了安慰被告人，对案件审判结果做不负责任的"估计"，凭空许愿。

这些错误的做法，必然影响辩护律师与被告人之间法律所要求的正常关系。

在法庭调查的过程中，辩护律师要根据被告人的法庭调查心理、被告人的供述和辩护心理，针对公诉人对被告人的指控，站在维护被告人合法权益的立场，全面分析案件的证据，评估公诉人指控的犯罪事实和提供证据的客观真实性；以被告人可能无罪、罪轻和应当减轻处罚为基点，运用逻辑思维，表达自己在法律适用方面的不同认识；运用确凿的事实、充分的证据，以准确、犀利、富有感染力和战斗力的语言，反驳控方的错误论点，以维护被告人的合法权益。倘若被告人认为辩护有力，将心存感激，进而对判决抱有希望；被告人倘若认为辩护只是走过场，不仅对辩护律师不满，而且会对判决结果失去信心。

公开宣判后，辩护律师应当再次会见被告人，了解其对判决的意见和判决后的心理状态。判决后被告人的心理状态一般表现为服判和不服判两种：

一、服判

因为判决关系到被告人的切身利益，甚至生死存亡，因此，被告人在判决前会想方设法地通过各种渠道预测判决结果。在宣读判决书时，被告人会聚精会神地倾听，生怕漏一词一字。倘若判决刑种、刑期与推测的相差不远，甚至优于推测的结果，被告人一般会喜形于色。在辩护律师询问其对判决的意见时，会表示服从判决，并对辩护律师表示谢意。

但是在被告人服判、辩护律师认为定性不准确或量刑不当时，大多数辩护律师都应秉持维护法律严肃性的正义之心，向被告人讲述自己的看法和意见。在征得被告人同意后，积极协助被告人上诉。在这种心理的驱动下，辩护律师会积极收集组织材料，精心拟写上诉状，认真准备辩护意见，以求在二审法庭上使被告人的合法权益得到维护，案件得到公正的处理。

另外，在被告人服判、辩护律师也认为判决定性准确和量刑适当的情况下，辩护律师应当对被告人进行教育，使其注意从思想上改造自己，尽早成为自食其力的新人。

二、不服判

当听到宣读的判决与被告人事先预测的刑种、刑期相差甚远时，被告人会产生失望甚至绝望的心理。当辩护律师询问被告人对判决的意见时，被告人就会明显地表现出不服判的倾向，要求辩护律师帮助其上诉。

就在被告人不服判而辩护律师认为法庭定性准确、适用法律正确、量刑适当时，辩护律师应当向被告人说明自己对判决的观点，劝说被告人不要上诉。倘若被告人仍有意见，坚持要求上诉，出于工作需要，辩护律师可以协助被告人上诉，也可以拒绝再做被告人的辩护律师。

第四节　辩护律师与被害人及其家属的心理互动

被害人在整个刑事诉讼过程中处于特殊的地位。被害人的陈述不仅是证据的来源之一，也是维护自己因遭受损失得以补偿的手段，还反映了被害人对犯罪行为的态度。

在刑事辩护过程中，有些案件例如强奸、伤害等，辩护律师为了查明事实真相，除了会见被告人之外，还必须访问被害人。这就与被害人有了接触。必须注意的是，被害人由于遭受身体与精神损害，内心气愤难平，对被告人一般都怀有不满、憎恶、仇恨、愤怒等情绪。在这种情绪支配下，被害人很容易偏激，可能把对犯罪分子的痛恨发泄到辩护律师身上，因而一开始对辩护律师抱有抵触情绪，可能表现出爱理不理，甚至把律师拒之于门外。面对这些情况，辩护律师应以礼貌态度，理解他们的心情，同时尽可能委婉地说明辩护律师的职责，使被害人及其家属了解辩护律师并不是被告人的"代言人"，从而打消被害人及其家属的抵触情绪，诚恳请求他们予以配合，以利案件的顺利解决。

一、在访问被害人及其家属时的心理互动

辩护律师在访问被害人时，被害人及其家属通常有两种心理：一是强烈要求对被告人实行报复或依法严惩；二是强烈要求赔偿或补偿因遭受侵害所造成的损失。

面对第一种情况，辩护律师首先应当诚恳地对被害人及其家属表深切的同情和慰问，尽力说服被害人及其家属要相信人民法院能够依法惩治罪犯；希望被害人及其家属能够理智对待，惩治犯罪要依靠事实和证据，要求被害人如实地陈述案件。被害人的陈述，有的出于偏激情绪有可能将罪犯的罪行夸大，与事实不符。对于这些情况，辩护律师不应轻易相信，应与其他证据互相印证。此外，辩护律师在访问被害人时，倘若被害人及其家属言语中流露出要对犯罪家属实施报复的倾向，辩护律师还有责任向他们讲明利害，促使他们理智地对待，不要"以怨报怨"，激化矛盾，否则也将受到法律制裁。

面对第二种情况，辩护律师也应认真公正对待。有些被害人及其家属除了要求对犯罪分子予以严惩之外，还要求赔偿或补偿因遭受伤害所受到的损失，但为了得到尽可能多的经济补偿，他们会把遭受的损失夸大，例如夸大被盗、被抢、被诈骗和损坏财物的数量、价值，扩大赔偿范围。辩护律师应从维护被告人合法权益的角度出发，对需要赔偿或补偿的物质或金钱进行仔细计算，然后请物价部门作价。

办案实践中常常遇到个别被害人及其家属为了加重对被告人的处罚，动用各种手段，对辩护律师进行金钱物质引诱或暴力及精神威胁，要求辩护律师不要替被告人辩护或不要尽心为被告人辩护，甚至要求辩护律师加重被告人的罪责。对于这种情形，辩护律师要有维护法律、维护被告人合法权益的正义感，不为金钱所引诱，不被威胁所吓倒，维护被告人的合法正当权益的责任不能丢。

二、辩护律师与出庭作证被害人的心理互动

在法庭调查过程中，辩护律师从维护被告人的合法权益出发，应对出庭作证的被害人进行耐心细致地询问。在询问被害人时辩护律师应当有礼貌，态度和蔼，可以先对被害人的遭遇表示同情或惋惜，以安抚被害人，使其冷静如实回答，同时给审判员、公诉人和诉讼参加人传递有利于被告人的信息，给他们留下一个良好的印象，以利于个案的顺利解决。

第五节　辩护律师与证人的心理互动

中国目前的《刑事诉讼法》增强了控辩双方在法庭上的对抗性，一改法官主导庭审的旧格局，并形成控辩式的新庭审方式。

公诉人、辩护人属于 1996 年《刑事诉讼法》中规定的庭审中的举证主体，改变了 1979 年《刑事诉讼法》中的做法。由审判人员出示证据改为由控辩双方出示证据，既强化了审判人员居中裁判的形象，又增加了庭审中控辩对抗的力度。刑事诉讼活动主要围绕着调查研究证据、认定案件事实而进行，证人只能由案件本身决定，这是客观存在的，不能随意选择或代替。因此，辩护律师应当对控辩双方的证人证言依法进行全面收集，分析证人提供证据的关联性、真实性、可靠性，以维护被告人的合法权益。

一、辩护律师在访问证人时的心理互动

通常情况下，辩护律师与证人的接触，主要是在法庭上。为了查清案情，辩护律师应当调查访问证人。调查访问时，辩护律师首先应该关注的是证人同被害人、被告人的关系，或者证人及证人的亲属与案件的结果是否有利害关系。

在访问证人时，辩护律师不能不注意以下的情形：一是证人与被害人之

间有特别深厚的情谊，或者在被害人的收买恫吓下为支持被害人而出面作证，作不利于被告人的陈述；二是证人与被告人的关系不好，甚至有结怨前仇，为了打击被告人，以达到报复的目的，便落井下石，主动出来作伪证。

面对以上情形，辩护律师首先应心平气和地向证人讲清楚，作为证人法律规定其有作证的义务，有权提供真实的证人证言，作伪证应负法律责任；其次，应向证人讲明不要以感情代替理智，不应因对被害人有好感或者对被告人有仇恨或基于其他考虑而偏离事实去作不利于被告人的陈述；第三，辩护律师对以上两种证人的证言，应慎重对待，不得轻易相信，而应以我国《刑事诉讼法》中的有关规定核实证据、使用证据。

二、辩护律师与证人在出庭作证时的心理互动

这个阶段，辩护律师应特别注意查明证言的来源，查清证人与被告人、被害人及其他证人之间的相互关系，查清原先询问过程中所肯定的某些事实情况，以及反驳询问过程中所认定的某些不实情况，从而使有利于被告人的真实证言在法庭上得以确认，不利于被告人的不实证言得以否定。辩护律师对证人的发问应心平气和、礼貌相待，诘问时不可过分使其难堪。即使证人的陈述纯属伪证，也不可对其进行人身攻击，只能指出不实之处。否则，使用讥讽和谩骂对付作虚假陈述的证人，只会加剧其内心的抵触情绪，造成双方心理冲突，导致证人坚持虚假陈述，影响辩护活动的顺利进行。

第六节　影响辩护律师在辩护活动中人际互动的若干因素

稍有法律常识的人都知道，决定案件判决的关键是事实和证据，整个辩护活动始终围绕着事实和证据而展开。辩护律师在辩护中希望对审判人员施加积极的心理影响，使其客观全面认识案件，正确对被告人定罪量刑。与此同时，辩护律师也受到来自案件之外的其他人员或社会各方面因素的影响，

倘若不做好自我调控，后果是可想而知的。

一、社会舆论的影响

社会舆论给辩护律师带来一定的心理影响是经常遇到的。因为辩护律师在为被告人辩护，特别是涉及一些重大案件或者是社会反响强烈的案件时，在社会舆论的影响下，辩护律师会产生一种维护司法公正和被告人合法权益的责任感，从而认真及时地办理案件。当有关法院采纳辩护意见，案件得到正确的处理时，辩护律师会产生一种成就感和自豪感。但另一方面不能不看到社会舆论有时给辩护律师带来的心理压力，尤其是当案件在辩护过程中遇到一些意外的困难时，辩护律师可能出现急躁、悲观、失望或无助等情绪。此外，辩护律师在审查犯罪事实和适用法律为被告人依法辩护时，由于"人言可畏"，会不自觉地受到社会舆论的潜在影响，有时会出现以舆论代替事实等错误做法。

二、非正常人际关系的影响

社会上通常的人际关系包括朋友关系、夫妻关系、亲子关系、同学关系、同志关系、同乡关系、上下级关系等，是个体在社会交往中的一种直接关系。在人际关系中，感情因素起主导作用。辩护律师在社会中生活，必然有着各种人际关系。一些非正常的人际关系往往对辩护律师造成干扰和影响，例如辩护中遇到的行政干预、司法干预、被害人及其家属违法进行的引诱和恐吓等。非正常人际关系对辩护律师的影响概括起来有如下几种：

（1）通过主体的不良需求互相作用。极少数具有不良需求的辩护律师违反依法为被告人辩护的原则，不恪守职业道德，违背自己的良知，禁不住被害人及其家属钱财、色相等非法利益的诱惑，对辩护丧失责任心，马虎应付对被告人的辩护，不能很好地履行职责，致使被告人的合法权益得不到维护。

（2）通过主体的情绪和意志发生影响。大多数辩护律师具有较好的心理品质，能够正确处理亲情关系，但也有少数辩护律师自觉或不自觉地受到情绪的影响，出现意志的动摇。比如看到被害人遭受到严重的伤害，甚至家破人亡的悲惨处境，或者被告人给国家、集体造成了难以挽回的巨大损失时，对被告人的犯罪行为产生一种极端痛恨之情，认为必须对被告人严厉惩处，从而影响为被告人依法公正辩护的水准。

（3）主体不自觉受到影响。具有一定社会地位的人或权威人士、专家、学者等对案件的看法可能对辩护律师产生心理暗示作用，影响其自身的意志和意识，使其不自觉地改变原有的判断。

三、辩护律师自身的因素

辩护律师文化水平和专业水平的高低，制约着其参与辩护活动的能力。只有知识丰富、精通并娴熟地掌握法律，才能充分调动主观能动性，更好地维护被告人的合法权益。辩护律师的知识与能力应包括扎实的法律知识、案件涉及的专业知识、比较广泛的文化科学知识，以及较强的实务能力、语言表达能力和社会交往能力，等等。

辩护律师熟悉法律并有丰富的辩护经验，是完成辩护工作的保证。辩护律师年年承办各种刑事案件，每一次开庭辩护都可能遇到新的问题，但是，有经验的辩护律师凭借自己的经验，通常能够顺利解决。有经验的辩护律师要防止经验主义可能产生的误导，例如容易凭经验办案，忽视不同案件中的不同细节，对具体案件要具体分析，不能只凭"经验"教条照搬；经验不足的青年律师则应自觉积累经验，提高自身应变能力。经验是宝贵的，但经验一旦变成"教条"，其危害也是不浅的。

辩护律师是否受到非正常人际关系的干扰，还在于其价值观。倘若辩护律师的专业知识丰富，能力很强，其价值观却被金钱权力所禁锢，就不可能排除干扰和阻力，坚定地维护被告人的合法权益，甚至可能违法维护被告人非法利益，比如引诱证人作伪证，以致自己因此而触犯刑律。

在庭审辩护中，辩护律师有时因工作中的疏忽，对细节准备不充分，致使面对公诉人提出的被告人犯罪证据没有思想准备，难以从容应对，从而影响辩护顺利进行，这样的教训也是应当记取的。

辩护律师在办理刑事案件中，有时对被告人产生一种"先入为主"的看法，往往把这种看法自觉不自觉地带入辩护活动之中。还有少数辩护律师把公诉人的一些判断、态度带入法庭，或因为曾在过去开庭中有过冲突而产生抵触情绪。这类偏见带来的消极情绪倘若不加纠正，对辩护活动的负面影响是不能低估的。

第七章　民事纠纷和民事诉讼代理中律师必备的职业心理素质

第一节　民事纠纷、民事诉讼代理概念的理解及其研究的意义

一、什么是民事纠纷、民事诉讼代理

所谓民事纠纷，是指民事主体（当事人）之间民事权利与义务的争执。这种争执通常表现为：一方当事人拒绝履行角色义务，例如父母子女之间的抚养与赡养的义务、夫妻在婚姻关系上忠实于对方的义务、借贷关系上的偿还义务等，使对方当事人的合法权益受到损害而发生的争执；一方当事人要求对方当事人履行角色义务，超过了其承受能力（如债务人暂时无力还贷）而引起的争执；双方当事人都不愿履行其角色义务，片面强调维护自己的权益而发生争执；等等。

民事诉讼代理是指律师接受民事案件（包括经济案件）当事人的委托担任代理人，以被代理人的名义在约定的代理权范围内，代为进行诉讼活动的行为。

诉讼代理有广义和狭义之分。狭义的诉讼代理是指直接代理，又称显名代理，即以被代理人的名义进行的民事法律行为。广义的诉讼代理包括直接代理和间接代理。间接代理又称隐名代理，是指代理人以自己的名义进行民事法律行为，而使其后果间接地归属于被代理人，例如行纪行为。

二、诉讼代理的特点

（1）代理人在代理权限之内实施代理行为。代理人进行代理活动的依据是代理权，故此代理人必须在代理权限内实施代理行为。委任代理人应根据被代理人的授权进行代理行为。法定代理人或指定代理人也只能在法律规定或指定的代理权限内进行代理行为。

但是代理人要记住实施代理行为时应有独立进行意思表示的权利。为了很好地行使代理权和维护被代理人的合法权益，代理人可以在代理权限内根据具体情况进行意思表示，以完成代理事务。

（2）代理人以被代理人的名义实施代理行为。代理人倘若以自己的名义实施代理行为，则该代理行为发生的法律后果只能由代理人自己承担，这种行为是自己行为而非代理行为。代理人只能以被代理人的名义进行代理活动，才能为被代理人取得权利、设定义务。

（3）代理行为必须是具有法律意义的行为。代理是一种法律行为，只有代理人为被代理人实施的是能够产生民事权利义务的行为才是代理行为，例如代签合同。而代朋友请客则不属于代理行为，因为不在双方当事人之间产生权利义务关系。

（4）行为必须直接对被代理人发生效力。代理人在代理权限内以被代理人的名义进行的民事法律行为，相当于被代理人自己的行为，产生与被代理人自己行为相同的法律后果。故此被代理人享有因代理行为产生的民事权利，同样也应承担因代理行为产生的民事义务及民事责任。

三、公民的基本权利和义务

既然民事纠纷是当事人之间的权利、义务的争执，那么弄清公民的权利、义务的内容对律师依法执业是非常必要的。

（一）公民享有的基本权利

依据我国《宪法》《民法典》《刑法》等规定，公民享有如下的基本权利：

1. 政治权利

所谓政治权利，是指公民参与管理国家和地方行政事务的权利。具体包括：

（1）选举权和被选举权；

（2）言论、出版、集会、结社、游行、示威自由的权利。行使此种权利必须以不损害国家利益为前提；

（3）担任国家机关职务的权利（符合条件的公民，也可以参加国家公务员考试）；

（4）担任国有公司、企业、事业单位和人民团体领导的权利。

2. 民主权利

所谓民主权利，是指公民依法享有人身和意志自由权。具体包括：

（1）人身自由权；

（2）人格尊严权和住宅权；

（3）通信自由权；

（4）诉讼权（申诉、控告、检举权等）；

（5）法律面前一律平等权；

（6）特困公民获得国家和社会物质帮助权；

（7）青少年受教育权；

（8）男女地位平等权；

（9）男女同工同酬权；

（10）婚姻、家庭、母亲和儿童受国家保护权；

（11）宗教信仰自由权（邪教除外）；

（12）残疾人获得国家、社会帮助以及安排劳动、生活、教育权；

（13）进行科学技术研究及文艺创作权；

（14）休息权；

（15）要求行政复议权；

（16）拒绝非法收费权；

（17）其他法定权利。

3. 财产权利

这里指公民依法享有对物质财产的所有权、使用权以及处理权，具体包括三类财产权：

（1）个人财产所有权。例如：个人合法收入、储蓄、房屋及其他生活用品、林木、牲畜等的占有、使用、支配权（赠与、出卖等）。

（2）土地承包经营权。

（3）财产继承权。既包括死亡公民的个人合法财产（遗产）可以依法继承，也包括土地承包经营权可以依法继承。如果合法继承人的财产继承权遭到侵犯时，合法继承人可以向人民法院起诉。

4. 债权

所谓债权，通常是指当事人双方根据合同协议产生的特定的权利和义务关系。此外，有一种特殊的债权，指一方当事人出了好心，为了避免他人利益遭受损失，主动替其提供服务的，即法律上称为"无因管理"（不是因合同关系进行管理）行为，管理人要求受益人偿付管理人所支付的必要费用的权利。

例如，×省×县农民赵某承包了几亩果园，秋天即将摘苹果的时候，全家突然因食物中毒住进医院。此时。当地突降暴雨，村民李某担心赵某家遭受损失，便主动花 500 元雇帮工，又花 600 元雇汽车，出售苹果 1.2 万斤，得货款 9600 元。其间，一名帮工摔伤支付药费 480 元。赵家出院后，向李家索要 9600 元苹果钱，而李某只同意还 5000 元。经法院审理。认为这是一起"无因管理"纠纷。通过法院主持调解，两家达成协议，李某返还受益人赵某8020 元，赵某偿付好心人李某"酬谢费"300 元。

5. 知识产权

知识产权指科技、文艺等智力劳动成果的所有权，具体又分为专利权、商标权、著作权等。凡是盗用、剽窃他人知识产权的行为，即构成违法侵权甚至犯罪行为。例如，在外地打工的青年农民张某喜欢文学，利用业余时间写诗歌，把诗稿存放在抽屉里。不料，同屋"打工仔"刘某未经张某允许，将其创作的诗歌以自己的名义投到一家报刊发表。张某依据我国《著作权法》第二条关于公民的作品，"不论是否发表，依照本法享有著作权"的规定，指出刘某的侵权错误。刘某公开向张某道歉，并将稿酬退赔给作者张某。

6. 人身权

人身权包括身份权、人格权。人格权具体包括姓名权、肖像权以及名誉权、生命权、健康权等，其中，也包括死者遗体、遗骨及其遗物不受侵犯权等。凡是侵犯公民上述权利的行为，轻者构成民事侵权，重者构成刑事犯罪。在现实生活中，侵犯人身权的案件颇多。凡是公民的人身权遭到侵害时，受害人就可以向人民法院提起诉讼，请求追究加害人的侵权责任。

（二）公民应当履行的基本义务

《宪法》和其他法律，规定了具体的公民义务。

1. 公民义务的概念

所谓公民义务，是指公民对他人、对社会、对国家应尽到某种责任或受到某种行为约束。义务和权利是对等的，密切相关的。任何公民享有权利的同时，必须履行相应的义务。简言之，没有只享有权利不尽义务的公民，也没有只尽义务不享有权利的公民！

2. 公民应履行的基本义务

（1）公民有维护国家统一、民族团结的义务；

（2）公民有维护国家安全、服兵役的义务；

（3）公民有遵守法纪、遵守公共秩序、尊重社会公德的义务；

（4）公民有依法纳税的义务；

（5）公民有劳动的义务；

（6）公民有受教育的义务；

（7）公民在行使自己权利的时候，有不得损害国家、社会、集体利益和其他公民权益的义务；

（8）公民有对犯罪行为人举报的义务；

……

公民应当自觉履行法定义务。当公民拒不履行义务，使国家、集体或个人利益受到损害的时候，就须依法承担责任。

四、公民违法应当承担的民事责任

所谓民事责任，是指公民、法人或其他组织不履行或者不安全履行民事义务应当依法承担的不利后果。就公民来说，承担民事责任是有条件的，即必须具有承担民事责任的能力（简称民事责任能力）。换言之，没有承担民事责任能力的人是不承担民事责任的。依据有关法律规定，公民是否具有承担民事责任能力，主要是根据公民的年龄及其独立行为能力的大小而定，分为三种情况：

（1）承担完全民事责任的公民。指18周岁以上、神智健全的公民，被称为"完全民事行为能力人"，应当独立承担民事责任。

（2）承担部分民事责任的公民。一种是8周岁以上18周岁以下的未成年人；另一种是不能完全辨认自己行为的精神病人。这两种人属于"限制民事行为能力人"（指民事行为能力受到身心发育限制的人），只能相应从事一部分公民活动，承担部分民事责任。

（3）完全不承担民事责任的公民。一种是不满8周岁的未成年人；另一种是完全不能辨认自己行为的精神病人。两者都属于"无民事行为能力人"，因此，都不直接承担民事责任。他们需要由其监护人或称"法定代理人"（通常是指其父母等成年近亲属）代理进行民事活动，并代为承担民事责任。

公民承担民事责任的方式概括起来主要有以下几种：

（1）停止侵害；

（2）排除妨碍；

（3）消除危险；

（4）返还财产；

（5）恢复原状；

（6）修理、重作、更换；

（7）继续履行；

（8）赔偿损失；

（9）支付违约金；

（10）消除影响、恢复名誉；

（11）赔礼道歉。

上述这些方式可以单独适用，也可以多种并用。

在日常生活中，民事纠纷发生的原因相当复杂，构成民事案件的"案由"（案件基本内容）也多种多样，当事人承担民事责任的方式也不相同。就笔者的观察，当前社会民事案件大致可分为两大类：

一是损害人体健康的案件。健康权是公民重要权利之一。以暴力手段故意或过失损害公民身体并造成严重后果的，加害人要承担刑事责任；并非故意而造成他人伤亡的，区别不同情况，一般须承担民事责任。后一种情况的民事案件主要有：医疗事故案、危险物伤害案、家畜伤人案、劣质电器产品伤亡案、假药伤亡案、见义勇为伤亡案、开玩笑伤亡案以及斗殴伤亡案等。这些案件中有过错的一方或双方应当承担民事赔偿责任。比如一起危险设备伤害案：村妇张某骑自行车路过镇政府所属水利站建造的一座水泥板桥时，被外露的钢筋绊倒摔到桥下，造成左腿粉碎性骨折，经法医鉴定为十级伤残，花去医疗费5000余元。人民法院认为，桥面断裂，不加修缮，也没有险桥警示标志，致使原告张某人身受到伤害，镇政府应当负责80%的责任，判决被告镇政府赔偿原告医疗费等 8000 元。此外,见义勇为人受到意外伤害时,受益人应当依法适当进行补偿。比如,村民刘某帮助邻居王某发动手扶拖拉机过程中,反弹起的摇把儿将刘某的右小臂打断,住院 15 天,花去各种费用 1 万余元,经法医鉴定为九级伤残。因医疗费问题刘某与王某发生争议。经法院判决,认定此案属于意外事故,双方均无过错,根据公平原则,刘某医疗等各种费用的 60% 由王某承担。

二是精神损害的案件。所谓精神损害是指加害人的行为给受害人造成忧伤、苦闷、绝望等严重后果。精神损害所侵犯的内容,多是公民的人格权,具体包括侵犯姓名权、肖像权、名誉权、隐私权等。凡是侵犯了公民的上述权利的,应当依法赔偿精神损失,包括赔礼道歉、经济抚慰等方式。

当前社会,涉及精神损害的案件主要有下列类型:名誉权纠纷案、肖像权纠纷案、损害遗体、遗骨纠纷案、亲情权纠纷案、悼念权纠纷案、姓名权纠纷案、隐私权纠纷案以及恐吓纠纷案等。比如村民王某借给邻村熟人刘某 500 元钱,刘某一直未还,王某多次催讨,刘某表现冷淡。王某一气之下与妻子、孩子提着铜锣到刘某的村子里一边敲锣一边吆喝着:"刘某借我的钱,欠账不还耍赖皮,是个背信弃义之徒,以后乡亲们和他打交道,可要千万小心!"锣声、喊声招得村上人都出来看热闹,议论纷纷,致使刘某几天无脸出门,老母也气得住进医院,二儿子的婚事也因此被女方退掉了。后经法院判决,认为王某虽"事出有因"但方式不当,目的动机不良,其行为侵犯了刘某的名誉权,给刘某及其家人造成了精神痛苦,应承担相应的精神损害赔偿责任。此案刘某本来可以采取诉讼的方式来维护自己的合法权益,却采用了不理智的错误做法,结果"有理"变成"无理",这纯粹是由于王某不懂法造成的。需要说明的一点就是,幸亏王某的行为"事出有因",不然会构成诽谤罪的!

五、民事纠纷的分类及其研究的意义

按纠纷的主体不同来划分，民事纠纷可分为四种：

（1）公民个人之间的纠纷，诸如公民个人之间的婚姻纠纷、财产纠纷、买卖纠纷、债务纠纷、合同纠纷、相邻权纠纷等；（2）公民个人与团体之间的纠纷，比如公民个人与团体之间因经济合同、所有权、债务、租赁权、优先购买权以及知识产权、劳动雇佣、工资发放、医疗事故等发生的纠纷；（3）团体与团体之间的纠纷，如不同企业、事业单位之间，因债务、所有权、经营权、合同、商标、专利等发生的纠纷；（4）公民个人与行政机关之间的纠纷，这是公民个人对行政机关的裁决、命令、处罚、措施不服，认为其损害了公民的合法权益而产生的纠纷。

按纠纷的内容不同，民事纠纷可分为五种：（1）婚姻家庭纠纷，诸如发生在家庭中的夫妻感情纠纷、抚养和赡养纠纷、财产继承和收养纠纷等；（2）人际关系纠纷，比如邻里之间因利益冲突、公共卫生或生活琐事引起的争吵、斗殴，在娱乐、旅行、购物等公共场所因行为不慎、语言不当引起的人际关系纠纷；（3）经济利益纠纷，如公民个人之间、公民与团体之间、团体与团体之间因借贷、租赁、买卖等引起的经济纠纷，因房屋、宅基地、山林、水利的使用、租赁、承包经营与所有权等有关的利益纠纷，因履行劳务合同、保险赔付、医疗事故或其他意外事故造成的冲突引起的纠纷；（4）人格权与知识产权纠纷，如因姓名权、肖像权、名誉权受损，或因著作权、专利权、署名权等引起的纠纷；（5）行政机关的政令、措施等是否合法的纠纷，如因行政机关对公民个人的处罚是否合法，其政令、措施是否有法律依据而产生的纠纷。

研究民事纠纷的意义在于如下几方面：

首先，提高探寻产生民事案件的原因及解决办法的能力。民事纠纷是产生民事案件的基础和原因，弄清某一案件内在的民事纠纷，必然将有助于辨

明案件的性质，探寻调解的途径和判决的依据。比如，财产纠纷需要从物质利益上予以补偿和分割；名誉权纠纷需要辨明是非，责令损害名誉权的一方当事人向另一方当事人赔礼道歉，或者考虑适当的精神损害赔偿；继承权纠纷需要准确判断继承关系及其次序，根据事实和法律予以公正裁定；人际关系纠纷要着重思想教育和调解，引导当事人化解矛盾，以和为贵；行政案件纠纷则应寻找相应的法律依据，从有利维护社会稳定和谐以及当事人的合法权益的角度出发，谨慎裁定或判决，不把矛盾激化。

其次，科学分析产生民事纠纷的社会矛盾并予以正确引导。社会矛盾的客观存在反映在各个方面，民事纠纷是社会矛盾表现的一个层面。不同的历史阶段与社会现实通过不同的民事纠纷反映出来，民事司法是处理与解决民事纠纷的一个重要方式，需要我们认真细致地观察，深入分析，积极主动引导。

再次，有利于保持社会稳定和推动社会进步。社会矛盾有各种类型和形态，民事关系矛盾是诸多社会矛盾的一种。但民事关系矛盾处于潜在形态时，不至于产生民事纠纷；当民事关系矛盾有所发展、利益冲突趋于表面化时，将导致民事纠纷萌芽的出现；当民事关系矛盾激化、双方无法通过自主协商予以解决时，民事纠纷便凸显出来，导致民事司法程序的启动。当同一种性质的民事关系矛盾增多时，在公众认识和情绪上会有所反映，但一般还不会导致大量的民事纠纷的产生；只有当这种矛盾久拖不决，成为社会痼疾的时候，类似的民事纠纷才会大量出现，成为群体性的民事纠纷。群体性的民事纠纷是社会矛盾发展到一定阶段、急需解决的社会课题，它是社会矛盾在一定范围内开始激化的一种信号，需要有关方面予以关注并努力解决。因此，正确研究和处理民事纠纷不仅具有个案的意义，而且有保持社会稳定乃至推动社会进步的作用。

第二节 律师诉讼代理的分类

《中华人民共和国民法典》规定："民事主体可以通过代理人实施民事法律行为"和"代理包括委托代理和法定代理"。这是法律上对诉讼代理最基本、最重要的分类。如此分类是按照代理权产生根据不同而划分的。

一、委托代理

委托代理是指代理人按照被代理人的委托行使代理权。委托代理人所享有的代理权，是被代理人授予的，所以委托代理又称为授权代理。委托授权是一种单方民事法律行为，仅凭被代理人一方授权的意思表示，代理人就取得代理权，故委托代理又成为意定代理。

委托代理通常产生于代理人与被代理人之间存在的基础法律关系之上，这种法律关系可以是委托合同关系，也可以是劳动合同关系（包括职务关系），还可以是合伙合同关系。比方，自然人甲与自然人乙就货物买卖签订的委托代理合同；企业授予售货、采购等工作人员代理权的劳动合同。

民事法律行为的委托代理，可以用书面形式，也可以用口头形式。委托授权的书面形式称为授权委托书，授权委托书应当载明代理人的姓名或者名称、代理事项、权限和期限，并由被代理人签名或者盖章。

二、法定代理

通常所说的法定代理，是指根据法律的规定而发生的代理关系。法定代理主要是为无民事行为能力人或限制民事行为能力人设立代理人的方式。这主要是因为他们没有完全民事行为能力，不能为自己委托代理人。法定代理人所享有的代理权是由法律直接规定的，与被代理人的意志无关。

三、一般代理和特别代理

以代理权限为标准，可分为一般代理与特别代理。特别代理是指代理权被限定在一定范围或一定事项的某些方面的代理，又称为部分代理、特定代理或限定代理。一般代理是特别代理的对称，是指代理范围及代理事项的全部，故又称为概括代理、全权代理。倘若未指明为特别代理，则为一般代理。

四、单独代理和共同代理

依据代理权属于一人还是多人，代理可以划分单独代理与共同代理。单独代理，又称为独立代理，指代理权属于一人的代理。无论是法定代理还是委托代理，都可以产生单独代理。共同代理，是指代理权属于两人或两人以上的代理，而不是指多个被代理人共同委任一名代理人。在共同代理中，代理人之间形成共同关系，享有的代理权是同等的，每个代理人的代理行为的后果均由被代理人承担。

五、本代理与转托代理

以代理权是由被代理人授予，还是由代理人转托为标准，代理可以划分为本代理与转托代理。本代理是指基于被代理人选任代理人或依法律规定而产生的代理，又称原代理。本代理是相对于转托代理而言，没有转托代理存在，也就没有本代理。转托代理是指代理人为了被代理人的利益将其所享有的代理权转托他人而产生的代理，故又称复代理。具体地说，转托代理是指代理人接受委托后，在某种特殊原因和特定条件下，为了切实维护被代理人的合法权益，将一部或全部的代理权转委托给其他人代理的行为。

代理人为了被代理人的利益需要转托他人代理的，应当事先取得被代理人的同意。事先没有取得被代理人同意的，应当在事后及时告知被代理人，如果被代理人不同意，由代理人对自己所委托的人的行为负民事责任，但在特殊情况下，为了保护被代理人的利益而转托他人代理的除外。这里所说的特殊情况是指：（1）代理人由于缺乏某种特殊专业知识，而无法代理诉讼中的某一部分权利，可转委托具有此种专业知识的代理人。（2）代理人接受代理后，因突然发生了天灾人祸，无法亲自代理的，只好转委托其他代理。（3）由于代理人对异地代理的情况不熟、语言不通，为了维护被代理人的利益，需要转托当地人代理。（4）由于代理人与代理事件的地点距离太远，如亲自前往费用过高，无形增加了被代理人的负担，转委托其他人较为有利。（5）由于某些特定案的限制，必须转委托其他人代理。例如：外国代理律师在我国进行民事诉讼活动时，必须转委托中国的律师代理。（6）其他需要转委托的情况。

通常，代理人转委托须把握两个条件：一是有证据证明转委托是为了被代理人的利益；二是有把握转委托能够得到被代理人的追认。

在这里必须提起注意，法定代理人无条件地享有转托权，因为法定代理发生的基础不是特定当事人之间的信任关系，而是法律的直接规定，同时法定代理权具有概括性，其范围甚广，又不允许代理人任意辞任，而且被代理人常常无表示同意的意思能力。

第三节　律师代理权的由来及其行使

一、代理权的概念

代理权是代理制度的核心内容。它是代理人基于被代理人的意思表示或法律的直接规定或有关机关的指定，能够以被代理人的名义为意思表示或受领意思表示，其法律效果直接归于被代理人。

二、代理权的发生由来

依据我国相关法律规定，代理权的发生原因主要有：

第一，基于法律规定而发生。这是法定代理的发生原因。

第二，基于被代理人的授权行为而发生。这是委托代理的发生原因。

三、代理权的授予及行使

（一）授权行为的性质

授权行为是以发生代理权为目的的单方行为。代理权因被代理人单方的意思表示而发生，既不必相对人的承诺，也不必因此使代理人负担义务。

（二）授权行为的形式及内容

授权行为是单方行为，其形式可以为口头形式，也可以为书面形式。当然，有些特别法规规定授权行为应采用书面形式的，则应采取书面形式。

授权行为的内容由被代理人决定或依据民事法律行为的性质决定，通常包括代理事项、代理权限和代理期限。

（三）授权不明及其归类

授权不明，即指授权的意思表示不明确。可以分为如下几种情况：

（1）从意思表示中难以判断其是否授权；

（2）从意思表示中难以判断其授权的具体事项、范围和权限；

（3）从意思表示中难以判断其授权的起止期。

由于授权行为为不要式行为，无论口头形式授权或书面形式授权中都可能存在授权不明的问题。

（四）代理权的行使责任

1. 代理权行使。代理权的行使是指代理人在代理权限范围内，以被代理人的名义独立、依法有效地实施民事法律行为，以达到被代理人所希望的或者客观上符合被代理人的利益的法律效果。

2. 代理权行使的原则。依据相关规定，代理人在行使代理权的过程中应当坚持如下三原则：

（1）代理人应在代理权限范围内行使代理权，不得无权代理。代理人只有在代理权限范围内进行民事活动，才能被看作是被代理人的行为，由被代理人承担代理行为的法律后果。

代理人非经被代理人的同意，不得擅自扩大、变更代理权限。代理超越或变更代理权限所为的行为，非经被代理人追认，对被代理人不发生法律效力，由此给被代理人造成经济损失的，代理人还应当承担赔偿责任。

（2）代理人应亲自行使代理权，不得任意转托他人代理。在委托代理中，代理人与被代理人之间通常具有人身信赖关系。代理人应亲自行使代理权，不得任意转托他人代理。

（3）代理人应当积极行使代理权，恪尽勤勉和谨慎的义务。只有这样才能实现和保护被代理人的合法权益。

首先，代理人应认真工作，尽相当的注意义务。在法定代理和委托代理的无偿代理中，代理人行使代理权，必须尽与处理自己事务相同的注意；在有偿代理中，代理人应尽善良管理人的义务。

其次，在委托代理中，代理人应根据被代理人的指示进行代理活动。由于代理后果由被代理人承受，被代理人可根据客观情况随时给代理人指示，代理人具有遵守被代理人指示的义务。代理人不遵守被代理人指示，构成代理人过错，由此给被代理人造成损失的，代理人应承担赔偿责任。

再次，代理人应尽报告与保密义务。倘若代理人未尽到职责，给被代理人造成损害的，代理人应承担民事责任。

我认为，代理人应从维护被代理人的合法权益出发，争取在对被代理人最为有利的情况下完成代理行为。判断代理人行使代理权是否维护被代理人利益的标准，因代理种类不同而不同。对于委托代理，其标准为是否符合被代理人的主观利益；对于法定代理，其标准为是否符合被代理人的客观利益。

（五）防止滥用代理权

所谓滥用代理权，是指代理人行使代理权时，违背代理权的设定宗旨和代理行为的基本准则，有损害被代理人利益的行为。滥用代理权是违背诚实信用原则的行为，世界各国法律一般予以禁止。

通常构成滥用代理权应具备如下三个条件：（1）代理人有代理权。这一要件使滥用代理权的行为与无权代理行为区别开来；（2）代理人行使代理权的行为违背了诚实信用原则，违反了代理权的设定宗旨和基本行为准则；（3）代理人的代理行为有损害被代理人的利益。

滥用代理权的主要类型有三种：

（1）自己代理。自己代理是指代理人以被代理人名义与自己进行民事行为。在这种情况下，代理人同时为代理关系中的代理人和第三人，双方的行为实际上只由一个人实施。比如，自然人甲委托乙购买生产设备，乙以甲的名义与自己订立合同，把自己的生产设备卖给甲。一般情况下，由于交易双方都追求自身利益的最大化，因此很难避免代理人为自己利益而牺牲被代理人利益的情况。

（2）双方代理人。双方代理人称同时代理，指一人同时担任双方的代理人。比如，甲受乙的委托购买电视机，又受丙的委托销售电视机，甲此时以乙丙双方的名义订立购销电视机合同。在一般情况下，双方代理由于没有第三人参加进来，交易由一人包办，一个人同时代表双方利益，难免顾此失彼。

（3）代理人和第三人恶意串通，进行损害被代理人利益的行为。我们知道，代理人的职责是为被代理人进行一定的民事法律行为，维护被代理人的利益。代理人与第三人恶意串通损害被代理人的利益，显然与其职责不相称，违背了代理关系中被代理人对代理人的信任，属于滥用代理权的极端表现，与代理制度的宗旨不符。比如，甲代理乙购买计算机，甲与丙订立合同，私下约定提高价格，丙将提价所得的额外收入分给甲一部分，从而使乙受损失。

必须指出，代理人和第三人恶意串通，损害被代理人利益的行为是无效的民事行为，其代理行为的后果被代理人不予承受。所说恶意串通，是指代理人和第三人之间存在通谋；所说损害被代理人的利益，是指实际造成了被代理人财产利益的损失。是否造成了被代理人的损失，应依客观标准确定。

第四节　律师在民事诉讼中的地位、代理范围和无权代理

一、律师在民事诉讼中的地位

在民事诉讼中，律师的地位比较特殊。律师在民事诉讼代理中具有双重身份：一方面，他接受当事人的委托，以委托代理人的身份参加诉讼；另一方面，他又是专门为社会提供法律服务的执业人员。因此，律师作为诉讼法律关系的主体一方，并未超出委托代理人的范围。但律师又不同于一般的委托代理人，律师的特殊身份决定其享有法律赋予的特殊权利，同时应承担相应的义务。

律师作为诉讼代理人，其诉讼权限倘若属特别代理，即律师享有代为承认、放弃或者变更诉讼请求，进行和解，提起反诉和上诉的权利，则律师的诉讼行为能够产生使诉讼法律关系发生、变更和消灭的诉讼后果，律师就可以成为诉讼主体；但律师代理权限倘若属于一般代理，律师不能成为诉讼主体。但一般而言，律师在民事诉讼中不是独立的诉讼主体，这与刑事诉讼辩护代理是有区别的。

二、律师在民事诉讼中的代理范围

民事诉讼代理范围是指律师作为诉讼代理人参加诉讼的活动时间范围和案件范围。

（一）时间范围

时间范围是指律师代理进行民事诉讼的时间。律师是专门为社会提供法律服务的执业人员，只要是能够依法通过民事诉讼得以实施或调整的法律关系，律师都可以进行代理。民事诉讼过程包括接受委托后起诉前的诉前代理和法院受理案件以后的代理。它具体包括以下几个阶段：（1）接受委托；（2）准备起诉应诉；（3）参加法庭审理的代理；（4）上诉代理；（5）申请再审代理；（6）申请执行代理等。

（二）案件范围

依据我国《民事诉讼法》和《律师法》的规定，律师在民事诉讼中代理案件的范围相当广泛，主要包括：（1）《民法典》调整的财产关系的案件；（2）《民法典》调整的人身关系的案件；（3）《民法典》调整的知识产权关系案件；（4）《继承法》调整的继承关系案件；（5）《婚姻法》调整的婚姻家庭关系案件；（6）《经济法》调整的经济纠纷案件；（7）《劳动法》调整的因劳动问题引起的纠纷案件；（8）《国土法》调整的土地纠纷案件；（9）其他与财产关系和人身关系有关的案件等。总之，即凡是公民、法人或其他组织主张权利并有授权委托的，凡是属于人民法院立案的民事案件（包含经济纠纷案件），都可以由律师代理进行诉讼。

三、律师无权代理的情形

（一）无权代理的基本内容

代理人不具有代理权，但以本人的名义与第三人进行民事活动的，称为无权代理。无权代理是比较普遍的现象，又分为狭义的无权代理和表见代理。

（二）无权代理的主要特征

无权代理具有以下特征：（1）行为人所实施的民事法律行为，符合代理行为的表面特征，即以本人的名义独立对第三人为意思表示，并将其行为的法律后果直接归属于他人。倘若不具备代理行为的表面特征，则属于代理行为以外的行为，当然也不为无权代理。（2）行为人实施的代理行为不具有代理权。没有代理权包括未经授权、超越代理权和代理权终止的三种情况。（3）无权代理行为并非绝对不能产生代理的法律效果。由于无权代理的行为未必对本人或相对人不利，同时为了维护交易安全和保护善意第三人的利益，狭义的无权代理行为应属效力未定的民事行为，在经本人追认情况下，无权代理可变成有权代理，能产生代理的法律效果；表见代理直接发生代理的法律效果。

（三）狭义无权代理

1. 狭义无权代理的观念及构成要件

所谓狭义无权代理，是指行为人既没有代理权，也没有令第三人相信其有代理权的事实或理由，而以本人的名义所为的代理。

狭义无权代理的构成要件是：（1）行为人既没有法定的或意定的代理权，也没有令人相信其有代理权的事实或理由；（2）行为人以本人的名义与第三人为民事行为；（3）第三人须为善意；（4）行为人与第三人所为的行为不是违法行为；（5）行为人与第三人具有相应的民事行为能力。

2. 狭义无权代理的原因

（1）行为人没有代理权。行为人既未基于授权行为取得意定代理权（委托代理权），也未基于法律的直接规定或人民法院、有关机关的指定取得法定代理权，但行为人都以本人的名义与第三人实施民事法律行为。（2）行为人超越代理权，即行为人享有代理权，但他超越代理与第三人实施民事行为。行为人超越代理权与授权不明不同。在超越代理权中，委托人授权是明确的，但行为人不顾委托人明确的授权与第三人进行授权范围以外的民事行为。因此授权不明的法律后果应由委托人承担，而超越代理权的行为除委托人承认或追认的以外，应由行为人承担。（3）代理权终止后的代理。在委托代理中，倘若代理权期限届满或委托事务已完成或委托人取消委托或代理人辞去委托等，委托代理权都终止；在法定代理中，倘若本人成年或恢复民事行为能力等，法定代理权终止。在代理权终止以后，行为人仍以代理人的名义与第三人进行民事行为则属于代理权终止以后的代理。这种代理因行为人无代理权而成为无权代理。

3. 狭义无权代理的效力

狭义的无权代理处于效力不确定状态。这种不确定状态表现为：首先，本人要作出追认。其次在本人追认之前，相对第三人可以撤回与行为人所为的意思表示，也可以催告本人予以追认；倘若得不到本人的追认，第三人也不撤回其意思表示，行为人则应承担相应的民事责任。

（1）本人的追认。无权代理行为，只有经过本人追认，无权代理的后果才对本人发生效力。本人的追认具有以下特征：①这种追认是本人关于代理权的单方意思表示，因而应具备单方行为的一般要件。②追认可以采取多种形式，追认的意思表示可以向行为人为之，也可以向第三人为之或者公告为之。本人倘若接受第三人履行的义务或者接受行为人转移的合同利益，应推定其追认代理权。③追认的后果是使无权代理行为的后果由不确定状态发生有权代理的效力。该无权代理行为因追认而自始有效，而不是从追认时起发生效力。④行为人实施了多项无权代理行为，本人可以追认其中的一项或数项，但对某一无权代理行为的追认应当是概括的，不能只追认利益的方面而不追认其不利的方面。此外，本人应在第三人行使撤回权以前追认。倘若第三人已经撤回，则本人的追认不发生法律效力。

（2）第三人的催告和撤销。第三人具有催告权和撤销权是与本人的追认权相对应的，是为了维护善意相对人的利益。根据权利与义务相一致、对等的原则，无权代理行为的相对人（即第三人）在本人对无权代理行为做出追认之前，应享有催告权和撤销权。为了积极主动有效地保护第三人的利益，应赋予第三人催告本人在一定期限内做出是否追认意思表示或者主动撤销其与无权代理人所为的法律行为的权利，而不是仅仅被动地等待本人的追认。

第三人行使催告权应具备以下条件：①行使催告权应在本人行使追认权之前；②行使催告权应当有相当的期限，催告本人于期限内作出是否确认的答复，倘若本人在该期间内未作出确答，则视为拒绝追认；③行使催告权的意思应向本人或其法定代理人或其法定代表人表示。

第三人行使撤销权的条件是：①应在本人行使追认权之前；②第三人在缔结契约的当时应不知行为人无代理权的情事；③第三人撤销的意思表示一般应向无权代理人为之。

4. 无权代理人的责任

（1）无权代理人对第三人的责任。在有权代理中，代理行为的后果直接对被代理人发生效力，因此被代理人对第三人负责任。而在无权代理中，因行为人的行为不能直接对本人发生效力，善意第三人难免遭受损害，故存在无权代理人对第三人的责任。这里的无权代理为狭义无权代理。

无权代理对于第三人的责任，通常认为，在于保护善意第三人的利益，维护交易的安全。无权代理人对第三人承担责任的条件是：①无权代理人应具有相应的民事行为能力，否则行为自始无效，也不产生法律上的任何效力；②须本人未行使追认权，且第三人未行使撤销权；③无权代理行为应为合法行为，否则行为自始无效；④须第三人为善意，不知行为人无代理权。无权代理人对于第三人所负责任的内容，应根据第三人的选择，或履行无权代理行为所产生的义务，或承担损害赔偿的责任而定。

（2）无权代理人对本人的责任。无权代理人对本人的责任，不为合同责任。本人拒绝追认代理权，则无权代理人与本人之间不存在实质上的代理关系，也无合同关系或合同的责任。无权代理人对于本人的责任为侵权责任。倘若因为无权代理人的行为造成了本人的损失，由无权代理人对本人承担赔偿责任。比如甲多次假借乙的名义向丙借款，事后又不予归还，造成乙的名誉受损，对此，甲应对乙的名誉损害承担责任。倘若第三人明知行为人无权代理仍与其实施民事行为，造成本人损失的，行为人与第三人对本人负连带责任。

（四）表见代理

1. 表见代理的概念

所谓表见代理，本属于无权代理，但因本人与无权代理人之间的关系，具有外表授权的特征，致使相对人有理由相信行为人有代理权而与其进行民事行为，法律使之发生与有权代理相同的法律效果。

表见代理与狭义无权代理都属于广义无权代理，但二者有明显的区别：（1）表见代理行为人虽未被实际授权，但在表面上有足够的理由使人相信其有代理权；而狭义的无权代理行为人不仅实质上没有代理权，而且表面上也没有令人相信其有代理权的理由。（2）法律后果不同。表见代理发生有权代理的后果，其法律效力是确定的；狭义的无权代理发生效力未定。

2. 表见代理的构成要件

（1）必须是行为人无权代理。表见代理成立的第一要件是行为人无代理权。所说无代理权是指实施代理行为时无代理权或对于所实施的代理行为无代理权。倘若代理人拥有代理权，则属于有权代理，不发生表见代理的问题。

（2）必须是相对人相信行为人具有代理权的事实或理由。这是表见代理成立的客观要件。这一要件是以行为人与本人之间存在某种事实上或法律上的联系为基础的。这种联系是否存在或是否足以使相对人相信行为人有代理权，应依一般交易而定。一般情况下，行为人持有本人发出的证明文件，例如本人的介绍信、盖有合同专用章或盖有公章的空白合同书，或者有本人向相对人所作的授予其代理权的通知或公告，这些证明文件构成认定表见代理的客观依据。行为人与本人之间的亲属关系或劳动雇佣关系也常构成认定表见代理成立的客观依据。在我国司法实践中，盗用他人的介绍信、合同专用章或盖有公章的空白合同书签订合同的，一般不认定为表见代理，但本人有举证责任，倘若不能举证则构成表见代理。对于借用他人介绍信、合同专用章或盖有公章的空白合同书签订合同的，一般不认定为表见代理，出借人与借用人对无效合同的法律后果负连带责任。

（3）必须是相对人善意。这是表见代理成立的主观要件，即相对人不知行为人所为的行为系无权代理行为。倘若相对人出于恶意，即明知他人为无权代理，仍与其实施民事行为，或者相对人知道他人为无权代理却因过失而不知，并与其实施民事行为的，就失去了法律保护的必要，故表见代理不能成立。

（4）必须是行为人与相对人之间的民事行为具备民事法律效力，这是表见代理成立的有效要件。表见代理发生有权代理的法律效力，因此，表见代理应具备民事法律行为成立的有效要件，即不得违反法律或者社会公德等。倘若不具备民事法律行为的有效要件，则表见代理不成立。

在构成表见代理的情形中，相对人相信行为人有代理权，常常与本人过失有关，但表见代理的成立不以本人主观上有过失为必要条件，即使本人没有过失，只要客观上有使相对人相信行为人有代理权的依据，就可以构成表见代理。

3. 表见代理的认定

表见代理对本人产生有权代理的效力，即在相对人与本人之间产生民事法律关系，本人应受表见代理人与相对人之间实施的民事法律行为的约束，享有该行为设定的权利和履行该行为约定的义务。本人不得以无权代理为抗辩，不得以行为人具有故意过失为理由而拒绝承担表见代理的后果，也不得以自己没有过失作为抗辩。

表见代理对相对人来说，既可主张狭义无权代理，也可主张成立表见代理。倘若相对人认为向无权代理人追究责任更不利，则可以主张成立表见代理，向本人追究责任。相对人对此享有选择权。

第五节　律师民事代理权的成立、变更和消灭

一、民事诉讼代理权的成立

所谓律师诉讼代理权，是指诉讼案件当事人为了实现以及保护自身利益，以授权委托的方式，授予律师在约定的范围内，从事特定的具有法律意义的诉讼行为的权利。律师诉讼代理权的成立不同于律师非诉讼代理权，其成立不仅需要委托人签名盖章的授权，而且需由委托人向人民法院出具其签名或盖章的授权委托书。律师诉讼代理权解决的是代理律师有关实施诉讼行为的资格和权利的问题，而对于代理律师在什么范围内为何种诉讼代理行为的规定和约束，则属于代理权限的范围。代理权限由代理律师和委托人商定，而且委托人的意志占主导地位，除法律规定或另有约定的情形外，代理律师无权擅自变更和超越约定的代理权限。律师诉讼代理权限，一般包括两个方面内容：一是委托人对律师在实体权益上的授权，二是委托人对律师在诉讼程序上的权利义务的授权，即明确律师在诉讼程序上可以行使哪些诉讼权利和应当承担哪些诉讼义务。

律师接受诉讼的代理权限，可以分为一般代理和特别代理两种。一般代理是指代理律师没有处分被代理人实体权利义务的诉讼权利，而仅为程序上的代理。如代理起诉、应诉；参加法庭审理；代为陈述或补充陈述某些事实；提供有关证据；按照法律规定案件的实体问题和程序问题发表代理意见等。特别代理，是代理律师享有处分被代理人实体权利和义务的诉讼权利，例如有权代为承认、放弃、变更诉讼请求，有权进行和解、提起反诉或者上诉等，因为这些行为都是对实体问题的处分，只能由被代理人亲自作出决定或由其特别授权，法律后果才能由其承担，不然，代理律师将承担越权之法律后果。

二、民事诉讼代理权的变更

律师的代理权限不是固定不变的。客观情况的变化，会导致代理权限的规定在律师代理活动的整个过程中不断变更。律师代理权的变更，就是律师取得诉讼代理权后，由于出现某些具体情况，原来的诉讼代理权不适于继续进行诉讼，经委托人与诉讼代理律师相互协商，改变原来的代理权范围，通常表现为代理权限的扩大或缩小，代理期限的延长或缩短及代理事项的增减。为了保证人民法院诉讼活动的正常进行，维护当事人的合法权益，律师对诉讼代理权限的变更，应由委托人书面通知人民法院，并由人民法院通知对方当事人。

三、民事诉讼代理权的消灭

代理权的消灭，又称代理权的终止，指代理人（律师）与被代理人之间的代理关系消灭，代理人（律师）不再具有以被代理人名义进行民事活动的资格。

（一）委托代理权的消灭原因

（1）代理期限届满或者代理事务完成。期限届满或事务完成的时间，有代理证书依代理证书，无代理证书或代理证书记载不明的，依委托合同。代理权授予时未明确代理期限或者代理事务范围的，被代理人有权随时以单方面的意思表示加以确定。

（2）被代理人取消委托或者代理人辞去委托。委托关系存在的基础是代理人和本人的相互信任，一旦这一基础消灭，亦应允许当事人双方解除代理关系。取消或辞去委托行为均属单方法律行为，一方当事人一旦作出这种意思表示并通知对方当事人，就可以使代理关系终止。代理权的取消或辞去都应事先通知对方，不然将承担由此造成他方损失的赔偿责任。

（3）代理人死亡。代理人关系是一种具有严格人身属性的民事法律关系，代理人死亡，使代理关系失去了一方主体，失去了代理关系中双方彼此信赖的主体要素。故代理人死亡，代理权随之消失，而不能以继承方式转移给继承人。

（4）代理人丧失民事行为能力。代理人的任务是代替本人很好地实施法律行为，倘若代理人丧失民事行为能力，也就丧失了代理他人实施法律行为的能力，其代理权自应随之消灭。

（5）作为被代理人或者代理人的法人终止。代理权存在的基础是代理人和被代理人双方主体的存在，法人一经撤销或解散，便丧失了作为民事主体的资格。故此，法人不论作为代理人还是被代理人，一旦自身消灭，其代理权亦归于消灭。

（二）法定代理权的消灭原因

（1）被代理人取得或者恢复民事行为能力。在被代理人取得或者恢复民事行为能力的情况下，代理权自动消灭。比如，未成年人满 18 岁或精神病人恢复精神健康等。

（2）被代理人死亡或者代理人死亡或者代理人丧失民事行为能力。法定代理人与被代理人之间存在一定的身份关系，具有严格的人身属性，一旦这种关系不存在或出现代理人自己丧失代理能力，则代理关系终止，代理权消灭。

（3）其他原因。比如，监护人不履行监护职责或者侵害被监护人合法权益，人民法院可根据有关机关或有关人员的申请，取消监护人资格，则代理权亦消灭。再比如收养关系的解除，收养人与被收养人之间的监护关系亦随之消灭，则代理资格丧失，代理权消灭。

第六节　律师要主动代理当事人以准确的案由起诉

民事案件的案由是案件内容的提要，是法律关系的集中表现。在起诉时，律师要主动代理当事人以准确的案由起诉，有利于法院对纠纷迅速正确地进行审查，及时受理案件。在确定案由时，应当根据民法理论和民事法律规范的规定，用精练的语句、简明的形式将案件所反映的民事法律关系性质揭示出来。确定案由必须达到三个标准：一是"划分类别明确"，能够反映某一类民事法律关系的性质和案件的外部特征；二是"反映争议确切"，能抓住诉讼核心问题，揭示民事主体之间争议的内容；三是"判断性质准确"，能揭示出具体的法律关系的性质，这是最重要的标准。

司法实践证明，民事法律关系是纷繁复杂的，要准确地确定案由应从三方面入手：首先，当事人的诉讼请求，这是确定案由的首要依据。通过审查当事人所提出的诉讼请求是否符合其诉讼目的，是否确切地反映了该诉讼的具体民事法律关系，从而把握案件的本质，赋予它确切的案由。其次，民事法律关系主体的具体性质。民事主体的性质不同，直接影响着案件的法律关系性质。比如离婚案件只能发生在取得法律承认的有特定身份的夫妻之间，倘若不具备配偶身份，则不能提起离婚诉讼。第三，当事人双方权利义务的内容和客体。只有了解当事人之间的权利义务和权利义务所指向的具体对象，才能划清各种不同性质的法律关系之间的区别，从而正确地确立案由。必须强调上述三条确定案由的依据缺一不可，互相作用，互为补充。但就确立某个具体案件的案由而言，三者的作用不是相等的，总要突出其中的一条。

第七节　律师如何做好代理民事诉讼

在新的历史条件下律师代理民事诉讼必须做好"五个坚持"。

一、必须坚持做好应诉准备工作

（一）调查了解案情

代理律师可以通过听取委托人对案情的详细叙述，查阅案卷材料，向有关单位和个人调查了解，向对方当事人口头了解情况等方式自行调查，还可以采取代理人协助调查、申请法院调查和配合法院调查等方式了解案情，掌握案件中确凿的证据，为应诉制作代理词打下基础。

（二）收集、审查和运用证据

代理律师在掌握事实证据的基础上，对其进行全面去伪存真的分析研究，对案情做进一初步判断，依照有关法律衡量当事人的主张应否予以支持。

（三）开庭前的和解

在代理律师调查取证的基础上，对双方当事人有和解可能的民事纠纷进行调解，促成双方达成和解协议，免受诉累。庭前和解并不是律师代理民事诉讼的必经阶段。律师只是对当事人有和解可能的案件，才在自愿合法的原则基础上主持调解，且和解后果要经当事人认可。

（四）撰写答辩状、代理词，并做好开庭准备

律师掌握了案件事实和证据后，倘若认为双方当事人无和解可能的，应当就委托人答辩有理部分，撰写答辩状、代理词。并且全面审查，分析案情，预测法庭审理中可能出现的问题，与被代理人深入交换意见，全面充分做好

开庭前的准备，做到胸有成竹。

二、必须坚持做好法庭调查阶段的工作

法庭调查是开庭审理的中心环节，代理律师在此阶段的主要任务是：通过行使法定的诉讼权利，协助法庭查明案件事实，以便分清是非，划分责任，维护当事人的合法权益。在此阶段，代理律师主要有以下权利：（1）提出新的证据；（2）向证人、鉴定人员、勘验人发问；（3）要求重新进行鉴定、调查或勘验；（4）增加诉讼请求；（5）提起反诉；（6）根据具体情况或新发现问题，申请财产保全或先予执行。同时，要注意帮助被代理人行使诉讼权利，包括替被代理人回答法庭的询问，实事求是地陈述事实，以维护当事人的合法权益。

在法庭调查阶段，代理律师的主要工作可归纳为听、说、问、看和记五个字。

"听"主要是认真注意听审判人员的询问、对方当事人的陈述、各方证人的证言、鉴定人员的鉴定结论、勘验人的勘验过程及结果。着重点放在判断证据的真实性、相关性、证明力方面，对于有矛盾、与案件无关或关系一般、证明力较弱的证据，要揭露其缺陷或错误所在。

"说"主要帮助或代理被代理人作当庭陈述。通常有三种情况：一是被代理人自己参加法庭调查，且表达无困难的应由被代理人陈述事实，代理律师只是帮助被代理人补充说明重点问题；二是被代理人虽出庭，但由于某种原因，陈述事实确有困难的，可以由代理律师为主，被代理人为辅的方式进行；三是被代理人不出庭时，代理律师应代为陈述事实。

"问"主要指依据法律规定，向对方当事人、证人、鉴定人员、勘验人发问，这既是律师的一项权利，也是一种特殊的调查方式。在发问时应注意，已经调查核实的内容不宜再问，并且发问要有针对性。对证人发问应针对证言进行。对鉴定人员、勘验人发问，应当有充分的准备，针对鉴定、勘验的

内容进行；主要询问鉴定结论是否有充分可靠的科学根据，勘验笔录的内容是否全面等。倘若证人、鉴定人员、勘验人不能做出满意的回答，代理律师有权要求重新调查、勘验或鉴定，是否允许由人民法院决定。同时，对审判人员遗漏的，应通过发问，予以弥补。发问应注意时机和技巧，不能诱导，也不得故意刁难，不得贬低对方。

"看"主要是指对在法庭上出示的书证、物证、视听资料等，结合其他证据，辨别其真实性、关联性、合法性。另外，还要观察当事人在法庭真实的反应，在婚姻、继承等民事案件中尤为重要。

"记"主要是指在法庭上记录主要活动情况，根据记录所得材料对法庭调查阶段的情况做出判断，对不足或遗漏之处进行补正，为进行下一阶段诉讼活动提供有益的材料根据。

三、必须坚持做好法庭辩论阶段的工作

法庭辩论是民事诉讼活动的重要环节，律师在这个阶段的主要任务是发表好代理词，充分论证自己所代理的一方当事人的诉讼请求，反驳对方的主张和意见，协助法庭判明是非，做出公正的判决，维护委托人的合法权益。

首先，律师应根据法庭查明的事实和证据，及时修改和补充原先已拟好的民事诉讼代理词，并当庭发言。

其次，要把握影响案件判决的关键事实，准备好第二轮或更多的发言，但应以使审判人员辨明的是非为限，不可缠讼，以便诉讼活动顺利进行。

再次，在当事人一方或双方提出对于解决本案有意义的事实和证据时，代理律师应建议恢复法庭调查，待调查完毕后，再继续进行法庭辩论。

在辩论过程中，代理律师应始终坚持以事实为根据、以法律为准绳的诉讼根本原则，对不同意见应及时记录分析，然后以事实和法律为依据，旗帜鲜明予以有力的反驳，不能骑墙和稀泥。

律师在法庭辩论中必须注意的问题有：

（1）既要维护被代理人的利益，又要做好被代理人的思想工作，消除对立情绪，防止矛盾激化，以利于纠纷的合理解决。

（2）既要与对方进行针锋相对的辩论，又不与对方势不两立，意气用事。律师发表代理词和辩论发言时，要庄重大方、语言清晰，切忌态度蛮横、语含挖苦，伤害对方人格尊严。反驳对方论点（论据）时，应抓住对方的错误和矛盾，从事实和法律两个方面加以辩驳，不做无理辩论。

（3）律师与审判人员要坚持相互配合和彼此制约的原则。从正确处理案件的总要求来看，律师与审判人员应当相互配合、彼此支持、相互信任和相互尊重，共同保证审判工作的质量，以维护当事人合法权益，制裁违法行为，以示司法公正。

四、必须坚持做好法庭调解工作

所谓法庭调解，是指在审判人员的主持下，就当事人双方争议的民事权益或法律关系，通过自愿平等协商，互谅互让达成协议，终结诉讼所进行的活动。调解贯穿于整个民事诉讼之中，律师在法庭调解中需要做好哪些工作呢？

（1）抓住时机，积极促成双方当事人达成调解协议。对于事实已基本明确，双方权利义务已定的案件，代理律师要从事实和法律的角度，给委托人讲明其在本案中应享有的权利和承担的义务，从而促成双当事人达成调解协议。

（2）要坚持自愿、合法的调解原则。调解必须双方当事人完全自愿，律师不可强迫被代理人，更不可自行代被代理人达成调解协议。并且，调解必须以事实为根据、以法律为准绳，违反法律的调解协议无效。

（3）给被代理人讲清调解的法律效力。调解协议书一经送达双方当事人，与生效判决具有同等法律效力，当事人应当履行，不得反悔。任何一方当事人均不得以同一事实和理由，再向人民法院提起诉讼。

（4）还应当告知委托人，对于不需要制作调解书的协议，双方当事人、审判人员、书记员在笔录上签名或盖章后，即时生效。同时，还应说明，调解书应直接送达当事人本人，倘若当事人拒收，即视为调解不成立。

（5）代理律师接受调解方案的，应当在委托授权范围内。倘若调解方案超出了委托权限的，律师则需与委托人协商是否接受。委托人出庭的，由委托人自己表示，代理律师不宜包办代替。

五、必须坚持做好民事代理的善后工作

人民法院对于调解不成的案件，应当及时判决。在法院宣判后，第一审程序的委托任务即告完成，律师不再享有诉讼代理人的资格。但本着对当事人负责的精神，律师在接到裁判后，应当向当事人解释裁判的内容和意义，就是否上诉等问题向当事人提供咨询意见。倘若判决确有错误，则应该根据当事人的要求，再办委托手续，代理上诉。倘若判决确有错误，当事人由于某种原因不愿意上诉，律师应从维护当事人利益、维护法律正确实施的角度出发，解除当事人的顾虑，支持当事人上诉，在取得同意后，继续代理上诉。倘若判决正确，当事人不服，要求律师继续帮助上诉，律师应劝告当事人服从判决；倘若当事人坚持上诉，律师不应阻拦，但依法可以拒绝代理上诉的委托。

第八节　民事纠纷产生的条件和民事心理纠葛

一、民事纠纷产生的条件

民事纠纷是客观存在的社会矛盾、人际关系矛盾的一种反映。但并不是说，凡有矛盾的地方，都会产生民事纠纷。社会矛盾、人际关系矛盾是客观普遍存在的，而民事纠纷的产生和出现需要具备两个条件：一是社会矛盾、人际关系矛盾发展到一定阶段，在某些当事人身上开始激化，达到亟须解决

的程度；二是当事人主观上意识到解决这一问题的紧迫性。这两个条件，前者是矛盾存在的客观性，后者是当事人对这一矛盾的主观感受，两者缺一不可。我们把当事人感受矛盾存在的主观性称为民事纠纷产生的主观心理条件或民事心理纠葛。

二、什么是民事心理纠葛

民事诉讼的起因是民事纠纷，民事纠纷又源于客观上矛盾的激化和当事人主观上存在着民事心理纠葛。换言之，民事纠纷反映在当事人头脑中就是围绕着诉讼标的而产生的民事心理纠葛。

所谓民事心理纠葛，就是民事案件当事人之间围绕着诉讼标的而发生的心理联系和心理冲突的总和。

在此，试举一起遗产纠纷案为例说明。某甲因遭受迫害离家在外多年，后返回故里，父亲已经去世。其父房屋被其弟某乙全部占用，不允许某甲使用，两人发生纠纷。协商解决不成，某甲遂向人民法院提起民事诉讼，要求人民法院确认他对于父亲房屋遗产的合法继承权。不难看出，原告人某甲与被告人某乙围绕其父的房屋遗产继承权问题发生了心理上的联系和冲突，产生了特定的民事心理纠葛。

三、民事心理纠葛的基本内涵

还是以上面提到的房屋遗产继承纠纷案为例，其中的民事心理纠葛包含着以下内容。

（一）认识上的冲突

这是当事人之间由于对某些权利与义务认识上的不一致而产生的心理冲突。通常，经济纠纷案件中关于权利与义务之争，往往是从认识上的冲突开始的。

比如，在上述案例中，某乙认为，自己多年来对父亲恪尽赡养之责，其兄离家杳无音讯，未尽到赡养责任，已失去继承的资格；更何况，其父临终时将房屋产权交给自己，已通过有关部门将房屋所有者更换为自己的姓名，应视为合法有效；另者，其父临终时曾口头表示要与长子划清界限，房屋全部交由次子继承。因此，某甲已无权使用该房屋。某甲则认为，父亲的遗产，兄弟二人有平等的继承权，应将一半交由自己继承；至于未尽到赡养责任，是在特殊历史条件下发生的，自己不应承担责任；关于父亲的口头遗嘱，其弟不能提供证据予以证实；即使其父亲说过类似的话，也不能视为其父的真实意思表示，更不能以此为据。

这就在同一房屋的继承权问题上发生了认识上的冲突，在双方各执己见、互不相让的情况下，遗产继承问题上的民事心理纠葛转化为民事纠纷，一方或双方要求付诸诉讼，交由司法机关公断就很自然了。

（二）权益上的互相排斥

当事人认识上的互相冲突，是基于利益上的互相排斥。原告人和被告人围绕着诉讼标的权益是相互对立的。

倘若确认某甲对房屋享有与某乙平等的继承权，则某乙一直占用房屋就至少有一部分要改归某甲所有；倘若确认某乙单独享有继承权，则某甲的继承权将被剥夺和排斥。如此，就形成了互不相让的利益上的对峙。利益上的相互对峙和权益上以互相排斥，是造成心理纠葛的内在原因。

（三）感情上的尖锐对立

双方当事人由于认识上的分歧和权益上的相互排斥，常常导致情感上的冲突和尖锐对立。比如曾经有一对夫妻，由于价值取向的不一致和观念上的冲突，导致感情上的不睦；又因为家庭收支等利益上的冲突，双方均不肯让步，导致感情上出现水火不能相容的矛盾，从而产生了婚姻家庭关系上的裂痕，即民事心理纠葛，又因为未得到及时调解，最终导致婚姻破裂。

上述房屋遗产继承权案例中，由于认识上的矛盾冲突和权益上的互相排斥，某甲和某乙在感情上也趋于尖锐对立。这种因矛盾、对立和冲突所形成的心理纠葛，导致兄弟反目、激烈争吵，倘若不能及时调解或通过民事诉讼解决，便有可能演化为斗殴、伤害，甚至造成流血事件和惨剧的发生。

（四）意志上的决断

我们知道，认识、情感、权益上的冲突和对立，是民事心理纠葛的主要内容。然而，这一心理纠葛向何处发展，是强化还是淡化，是官了还是私了，还取决于当事人意志上的决断。倘若决定在权益上妥协退让，民事心理纠葛就会随之化解；倘若决心诉诸法律，仍不失为对民事心理纠葛寻求一个合法的解决途径；倘若决心私下报复，那就很可能产生刑事犯罪动机。所以，民事心理纠葛是否发展到民事诉讼，仍取决于当事人意志上的决断，或者说意志上的决断是民事心理纠葛走向民事诉讼的一个关键性的心理环节。

总之，民事心理纠葛一般包含着认识上的矛盾冲突、权益上的互相排斥、情感上的尖锐对立和意志上的决断四个组成部分。诸如此类的民事心理纠葛就构成了民事心理纠葛的心理背景，作为民事诉讼的代理律师是须悉心研究的。

四、民事心理纠葛的特征

正如前面所述，民事心理纠葛既然是当事人因民事权利与义务的纠纷而导致的认识、情感、意志、需要、动机等方面的心理冲突，就必然表现出一定的特殊性，呈现出区别于其他心理纠葛的显著特征。

（一）民事心理纠葛的复杂性

（1）客观刺激因素的复杂性。民事心理纠葛是当事人对客观环境刺激因素的主观反映，对当事人心理产生刺激的因素是复杂多样的。若从形式上分，有语言刺激和行为刺激；若从强度上分，有严重刺激和一般刺激、一次性刺激和反复多次刺激；若从内容上分，有精神权益方面的刺激和物质权益方面的刺激。当事人心理刺激客观上的复杂性，决定了民事心理纠葛主观上的复杂性。

（2）主体因素的复杂性。在社会交往中，主体对客观刺激因素的反映，不仅与刺激因素的形式、内容和强度有关，而且同主体自身的年龄、性别、民族、职业、文化水平、道德修养、心理状态，特别是个性特点等主观因素密切相关。不同主体对同样的客观刺激会做出不同的反应。在不同时间和不同的心理背景下，同一主体对不同客观刺激也会产生不同的反应。比如，一个性格温和、宽容且具修养的人，不会因为邻居偶尔出言不逊引起邻里纠纷，而一个心胸狭窄、争强好胜、缺乏道德修养的人，就可能因为一点鸡毛蒜皮的小事与别人纠缠不休。当自己合法权益受侵害时，一个缺乏法律知识的人或逆来顺受，或进行私人报复；而懂得法律知识的人则可能拿起法律武器维护自己的合法权益。同一主体心情愉快时，对邻里和家庭纠纷可能表现得大度和宽容；反之，倘若心情焦虑抑郁，则可能难以容忍甚至大动肝火。

（3）内容的复杂性。民事纠纷复杂多样，决定了民事心理纠葛内容的复杂性。不仅不同类型民事纠纷的心理纠葛内容不同，即使同一类型的民事纠纷，其心理纠葛的内容也不尽相同。比如，同样是夫妻感情不和，不同当事人之间的心理纠葛内容有可能不尽相同，如一方可能着重感情上的忠诚度，而另一方可能着眼于经济利益上的矛盾。

（二）民事心理纠葛的感染性

有些民事心理纠葛，一开始只是在纠纷的双方当事人之间发生，但由于双方当事人各自有着广泛的社会关系和社会利益上的同情者，从而使心理纠葛很快传给与其关系密切的人和处境相同的人，使这些人卷入到纠纷中来。比如夫妻之间的矛盾纠纷，可能演变为婆家与娘家心理上的隔阂与冲突；妇女受歧视的民事案件，经媒体传播，可能会引起妇女界、法律界的不同的反响；等等。

（三）民事心理纠葛的冲动性

产生民事心理纠葛的当事人，除了少数人十分冷静、沉着外，由于利益攸关，许多人常常伴随着情绪激动、难以自制的心理状态。这种纠纷倘若不能及时化解，双方当事人之间每发生一次新的矛盾冲突，其心理纠葛就会逐步升级。在这种情况下，当事人常常不能正确地评价自己和对方的态度及行为，彼此之间缺少最起码的信任，有时还难以自我控制，用言语和行为激怒对方，从而增加了解决问题、处理矛盾纠纷的难度。

（四）民事心理纠葛的动态性

民事心理纠葛具有动态性，是指原有的心理纠葛既有可能朝恶化的方向发展，也有可能逐步化解而趋于消失。随着双方当事人之间因问题得不到解决，恶性刺激增多并且相互反馈和强化，心理冲突会不断升级，甚至有可能演化为伤人、毁物之类的刑事案件。倘若通过司法人员及时而有效的调解，矛盾获得妥善解决，其心理冲突也会逐渐趋于缓和以至于消除。

摸准当事人心理纠葛的特征及其发展规律，对民事代理律师完成委托代理任务是很有裨益的。

第九节 民事诉讼动机产生的心理过程

一、民事诉讼动机的概念

前面说过，民事心理纠葛是民事诉讼的心理基础，但是仅凭这一点还不足以引起民事诉讼。当事人（原告、被告、第三人）一般要经历明确标的、权衡利弊、研究相关法律、收集有关证据、找准民事诉讼的切入点或突破口、产生民事诉讼动机等有关环节，才能把民事心理纠葛转化为民事诉讼行为。而其中一个重要环节，就是民事诉讼动机。

心理学研究表明，动机是人的活动的直接发动者。它是以人的需要作基础，为满足一定的需要服务，并将需要引向一定目标的行为动因。

可见，同需要相比较，动机更接近行为。但是，动机并不是由需要简单决定的，它还同外在客观因素、个体主观因素以及行为人对实现需要可能性的估量相联系。故此，动机比需要有着更为丰富的内容，动机水平如何，决定着活动性质。

由此可见，民事诉讼动机就是当事人向人民法院提起民事诉讼的内心起因。它源于民事心理纠葛，以实现一定的诉讼标的为动因，为满足其特定的物质或精神需要服务，并和当事人对实现诉讼标的可能性估量（即胜诉和败诉的估量与权衡）紧密相连的。

二、民事诉讼动机产生的心理过程

（一）认准民事心理纠葛的存在

须知民事心理纠葛的存在是民事诉讼动机产生的基础。当民事心理纠葛表现出一定强度时，当事人就会出现心理上的紧张、焦虑状态，感受到解决问题、满足需要的紧迫性。当行为人萌生通过法律途径满足需要的意向时，民事心理纠葛就开始向民事诉讼动机转化。

（二）确定诉讼标的

所谓确定诉讼标的，就是当事人在思想上明确"打官司"所要达到的目的。诉讼标的的确定取决于两个条件：一是该标的能够满足产生心理纠葛的内在需要；二是估量实现这种需要的可能性。所以，诉讼标的并不是越高越好。作为当事人，还要考虑所提出的诉讼标的能否得到法院的支持认可。

（三）权衡利弊

既然要打官司，便要想到胜诉与败诉两种可能性，以及胜诉与败诉之后可能产生的积极与消极后果。比如，官司打赢了，关系却搞僵了，抬头不见低头见，赢了钱财却丢掉了亲情，是否值得？倘若官司打输了，更是"人财两空"。此外，诉讼标的与诉讼成本（诉讼费用和精力消耗等）之间的比较、衡量，也常常在许多诉讼当事人头脑中盘旋。官司到底打与不打，需要权衡利弊得失，才能最后下定决心。

（四）研究相关法律

倘若下决心要提起民事诉讼，首先要解决的一个问题是，是否"于法有据"，即找到提起诉讼的法律依据。倘若缺乏法律依据，只有"事理"而无"法理"，官司很难打赢。因而，很多当事人需要寻求律师的帮助，或者自行查阅、学习相关法律，为即将到来的民事诉讼做好准备。

（五）收集有关证据

当今很多人都懂得"打官司就是打证据"的道理。证据是当事人进行诉讼的必要条件；"谁主张，谁举证""谁过错，谁负责"成为人们打官司的共识。因此，在提起诉讼时，无论是原告还是被告，都知道收集能证明本方所提出诉求的证据的重要性，从而积极地收集相关证据，以求得胜诉。

（六）找准诉讼的切入点

作为民事诉讼代理律师，帮助当事人找准诉讼的切入点及时确定诉讼的策略是不能忽视的。为了在民事诉讼中获胜，当事人往往非常重视以何种方式和何种案由提起诉讼，也就是找准诉讼的切入点和突破口。比如，在婚姻家庭纠纷案件中，原告的诉讼标的本来是家庭财产分割问题，但是，出于诉讼策略的考虑，原告没有直接提出家庭财产分割的问题，而选择了"被告在家庭破裂中有过错"作为突破口。倘若被告的过错得到法庭确认，原告在家庭财产分割上便处于主动地位，从而有利于诉讼标的实现。

当事人经历以上过程并一一作出决断后，诉讼动机便随之产生；反之，倘若在某个心理环节的思考上发生困难，难以决断，就有可能半途而废，放弃民事诉讼。

三、民事诉讼动机的主要类型

当事人向人民法院提起民事诉讼，他们的诉讼动机是各不相同的。概括起来说，是为了通过诉讼维护合法的物质利益和精神权益，或者使受损害的物质利益或精神权益获得赔偿。从对大量案例的分析可以看出，大致上存在着下列主要动机类型。

（一）获得物质赔偿或物质利益的动机

这是民事诉讼中最常见的一种动机，也称为钱财动机。比如，当事人因交通事故、医疗事故受到损害，著作权或名誉权受到侵害，因债权、债务纠纷，继承权、赡养、抚养权纠纷，或者在离婚案件中对有过错一方提出赔偿要求，以及在刑事案件中提出附带民事诉讼，其目的多为获得物质上的赔偿、补偿或偿还，以挽回因对方的过错所带来的物质伤害，促使其承担应负的民事责任。

（二）挽回名誉损失和抚慰精神损害的动机

在当今的民事诉讼案件中，维护精神权益的案件日渐增多。这类案件大体上分为两种：一种是直接损害其名誉权的，如利用散布流言蜚语，散发、张贴大字报、小字报，或采用投递匿名信或不良短信等方式，捏造事实、毁人名誉等。另一种是侵犯其合法权益、间接造成精神伤害的。比如未经同意以营利为目的，使用他人肖像，侵犯其肖像权；用新闻报道、报告文学等形式，进行不符合事实的报道，或用影射的方式误导读者，损害当事人声誉；未经同意滥用他人姓名，侵犯其姓名权，造成精神损害；盗用他人作品、研究成果，据为己有，或者非法复制、使用、出版（盗版）他人作品，侵犯其著作权；盗取商业机密、技术机密，盗用他人商标，非法生产产品，侵犯专利权等。前一类案件，当事人为了挽回名誉损失，恢复自己的真实形象，要求人民法院责令被告停止侵害，赔礼道歉；后一类案件，虽非直接损害其名誉，但侵犯了其合法的精神权益，在一定程度上造成了精神损害，故提出诉讼，要求人民法院责令被告停止侵害、赔礼道歉。这两类案件中，有些案件的原告还要求被告给予一定的物质赔偿。

（三）争是非、讨说法的动机

有些民事纠纷案件，原告起诉的起因并不在于或主要不在于取得钱财，而在于通过诉讼或调解讨说法、求公道，使对方认错服输，达到平息愤懑、弄清是非的目的。比如，有些家庭婚姻纠纷或邻里纠纷案件，原告并不是非离婚不可，也不是一定要把对方怎么样，而是希望法院说句公道话，分清是非曲直。倘若对方认错改错，还能家庭和好如初，邻里和睦相处。像这类案件，矛盾已积累到一定程度，但并未到达家庭破裂、邻里反目成仇的程度，倘若能及时调解，据以往经验，多数当事人之间的矛盾能予以化解，达到"化干戈为玉帛"的目的。也有一些经济纠纷案件，因原告或被告认为行政机关或司法机关处理不公，由原来的经济纠纷动机转化为争是非、讨说法的诉讼动机，于是，出现旷日持久的"缠诉"。这类案件，往往矛盾积累很深，要平息当事人的情绪性诉讼动机，单靠做思想工作是很难达到目的的，必须伴随着实质性问题的解决，准确判明是非，公平合理地予以处理，才能化解矛盾，树立法律公正的形象。

（四）婚姻关系中解除痛苦或另图新欢的动机

在民事诉讼案件中，家庭婚姻关系案件占了相当大的比例。事实上，家庭婚姻案件是以感情为纽带的较为特殊的民事案件，主要可以分为两类：一类是原告提起诉讼是为了解除痛苦、结束已经死亡的婚姻关系，有些人由于婚前缺乏充分了解和感情基础，婚后又没有建立起夫妻感情，致使家庭生活不和睦，导致很大的精神痛苦，在矛盾无法缓和的情况下，一方为结束痛苦而提起离婚诉讼。另一类离婚案件，原告提起诉讼的起因是喜新厌旧，另图新欢。对前一类案件，在调解无效的情况下，法院应准予离婚。对后一类案件，则应在分清是非的前提下酌情处理，不能和稀泥。

（五）有意掩盖自己错误的动机

在民事纠纷中，有些权益受损者尚未提起诉讼，而侵权一方明显有错误，非但不认错，反而采取"恶人先告状"的手法，歪曲事实，状告受侵害的一方，以掩盖自己的错误，达到其不可告人的目的。

（六）其他的动机

民事案件的复杂性决定了民事诉讼动机的复杂性、多样性。除以上划分的动机类型之外，尚有难以归类的其他动机。比如，因为疾病等原因导致夫妻性生活不协调而提出离婚，因为涉嫌经济案件或其他原因而提出假离婚，因为本单位利益而提出假破产申请等，不一而足。我认为，对具体案件需要做具体分析，搞清诉讼动机，才能有利于判明是非，作出公正的裁决。

第十节 民事代理律师怎样化解民事心理纠葛

一、化解民事心理纠葛的积极意义

其一，化解民事心理纠葛是处理民事纠纷的重要组成部分。

处理民事纠纷，无论是通过调解还是通过审判，都包含两方面问题的解决，一方面是民事法律关系实质性问题的解决，另一方面是民事心理纠葛的化解。公平、合理地依法处理实质性问题，有助于心理纠葛的化解；当事人心理隔阂的消除——认识上的接近、情感上的相容，有利于促使双方当事人相互妥协、退让，推进实质性问题的解决。两个方面密不可分。特别是通过民事调解处理民事纠纷，更要着重于民事心理纠葛的化解。因为，无论是诉讼前的人民调解还是诉讼过程中的庭外调解，其前提都是双方当事人自愿接受非强制性的调解方案。这同通过民事审判作出强制性裁决后再做当事人（尤其是败诉一方）的思想工作是很不同的。以往司法实践表明，当事人接受民事裁决，有时可能只是"口服"；只有在民事心理纠葛得到化解后，才能真正做到"心服"。司法机关的目标应当是，力争当事人实现"口服心服"。只有这样，民事案件的审理和裁决才得以顺利执行，进而起到缓解与消除人际关系矛盾的作用，民事纠纷的处理才算圆满地画上了句号。

其二，民事心理纠葛的化解对促进社会稳定和谐具有重要意义。

随着改革开放的进一步深入，各种利益关系不断调整变动，人民内部矛盾成为当今社会的主要矛盾。而人民内部矛盾中，相对激化、需要通过法律手段予以解决的民事纠纷，又成为正确处理人民内部矛盾的一个重点。根据事实和法律来处理民事纠纷，是正确处理人民内部矛盾的重要前提，但是民事案件的审结并不等于人民内部矛盾已得到解决。只有在对双方当事人利益关系进行调整的同时，其民事心理纠葛也同时得到化解，激化的人民内部矛盾才能够趋于缓和。民事心理纠葛的产生，不仅因为利益上的冲突，而且还因为存在着认识上的分歧、情感上的对立，所以，民事代理律师（尤其是全权代理律师）应当着力于消除当事人的心理隔阂，使其认识上得到统一、情绪上趋于缓和，使问题最终得到解决。社会也正是在矛盾的不断产生又不断解决的过程中保持和谐，并持续发展和前进的。因此，大量的民事心理纠葛的化解无疑将有助于和谐幸福社会的建立。

二、化解民事心理纠葛的方法

一是坚持依法办事，公正处理民事纠纷的原则。要使民事心理纠葛得到真正的化解，首先必须查清事实，分清是非和责任，在此基础上以事实为根据，以法律为准绳，公正处理民事纠纷。我们所说的化解民事心理纠葛，并不是放弃原则"和稀泥"，也不是偏袒一方的"抹平"纠纷，因为双方当事人既然把纠纷诉诸政法机关，目的就是弄清是非曲直，讨回公道。政法机关只有做到合法、合理、公正地处理问题，在此基础上做调解、说服工作，说话才有人听；败诉一方也会因司法机关公正、无私而"输"得口服、心服，心悦诚服地执行民事裁决或调解协议。如是，随着民事纠纷的妥善处理，民事心理纠葛也会随之化解。

二是采取非对抗、妥协、退让的方法处理非原则性的民事纠纷。前面所说依法办事，公正处理民事纠纷，主要是指在原则问题上不含糊、不敷衍，而是要分清问题是非，使无理侵权一方受到指责，受害一方得到应有的补偿。这并不是说不论任何问题都要"较真"，都要判个输赢不可。在民事纠纷中，还有一些矛盾出自认识上、情感上的分歧，性格上的不和或者由于看问题的角度不一，日积月累而产生的纠纷。在这类问题上，并没有严格的是非界线和责任，当然不能无限"上纲上线"。对于非原则问题，要积极劝导双方当事人各自多做自我批评，俗话说"退一步海阔天空"，即采取妥协、退让的非对抗的方法化解矛盾，使双方当事人坐下来，心平气和地寻求解决问题的方法，进而重归于好或和睦相处。

三是从情感疏导入手，调整当事人的认识分歧。执业实践告诉我们，当双方当事人因存在民事心理纠葛，产生民事纠纷，而诉诸法律的时候，情感上的对立已十分明显，这种非理性的心理状态极不利于问题的解决和矛盾的化解。所以，民事代理律师首先要做好情感疏导工作，帮助双方当事人冷静下来，不说伤害对方感情的话，在陈述事实经过时不要给对方扣"帽子"，在申述理由时也要设身处地想到自己有哪些责任，以利于问题的解决，在查明事实和情感疏导的基础上，应当调整双方认识分歧的重点，使其由严重对立趋于弥合和接近。

三、调整认识分歧的方法

调整认识分歧的方法概括起来有几种：

（1）宣传、讲解法治，使双方当事人明白"法理"。结合案件审理，说明当事人享有的权利与应尽的义务；在案件事实已经查清，双方没有争议的前提下，剖析在本案中哪些权利受到了侵害及侵害者的责任，哪些义务没有尽到和应如何弥补。通过举案释法、辨法析理，使双方当事人明白"法理"和处理本案的法律依据；通过剖析相关法律条款，为调整认识分歧奠定依法办事的心理基础。

（2）弄清事实真相，使双方当事人明白"事理"。通过询问、法庭调查及辩论，把案件事实搞清楚，明确当事人双方在本案中有无过错及应负的责任。只有把事实经过搞清楚，明确是非责任，才有利于当事人明白"事理"。不然案件事实含混不清、"事理"不明，双方当事人的认识分歧就无法统一，存在的问题得不到解决。

（3）要讲清为人道德，使双方当事人明白"情理"。在弄清案件事实、找到相关法律依据的同时，要向当事人宣讲社会道德，讲清为人处世的"情理"，提高当事人执行调解协议或民事裁决的自觉性。对于有过错的一方，要给予适当的批评，使其懂得为人处事不能只从一己私利出发看问题、想问题，要多从对方角度"换位思考"，告诫他们今后怎样合情、合理、合法地行事和做人。

（4）针对当事人的个性和心理纠葛特点，予以化解。律师在对当事人进行思想教育和心理疏导的过程中，必须掌握当事人的个性特点，分析心理纠葛的性质和矛盾焦点，有针对性地做好心理纠葛的化解工作。当事人的个性多种多样，尤其是有过错一方当事人的不良性格，常常是心理纠葛形成的主导性因素。倘若当事人无责任感、狭隘、嫉妒、粗暴、冲动、争强好胜可能是引发矛盾的导火线，应当指出他们性格上的缺陷与造成双方之间矛盾纠纷的因果关系，善意促其改正。对于双方当事人心理纠葛的性质和特点也要很好地把握，才能避免处理问题时犯"南辕北辙"的错误。比如，原告虽然提出"离婚"要求，实际上并非真正下决心离婚，只是借此向法庭说明对方当事人"问题的严重性"，希望法庭给予训诫、批评；同时也是为了向对方进行试探，看看对方是否会在"离婚"的压力下认错和改正，其内心还是盼望"和好如初"。倘若代理律师误以为原告"真心"离婚，那就有可能让法庭出错误的裁决。

第十一节　民事代理律师要着力把握诉讼当事人的心理动向

在民事诉讼过程中，诉讼当事人——原告、被告（包括第三人）是诉讼主体，双方当事人之间的纠纷和恩怨是诉讼的起点。随着法院审判的进行及纠纷的化解或判决，诉讼也随之终结。故此，当事人的心理特点和活动规律，对民事诉讼必然产生重大影响，把握研究诉讼当事人在各个阶段的心理动向，就成为民事代理律师切实有效完成诉讼代理任务的工作之一！

一、民事诉讼当事人及类型

（一）什么是民事诉讼当事人

所谓民事诉讼当事人，主要是指民事案件的原告、被告，包括有独立请求权和无独立请求权的第三人。在民事诉讼中，当事人是指因民事权利义务关系发生纠纷，以自己的名义进行诉讼，案件审理结果与其有法律上的利害关系并受人民法院裁判约束的人。就是说，民事诉讼当事人应当符合下列条件：（1）当事人必须是因民事权利义务关系与他人发生纠纷的人；（2）当事人以自己的名义进行的诉讼；（3）当事人与案件处理结果有直接的或法律上的利害关系；（4）当事人必须受人民法院裁判的约束。

诚然，民事诉讼当事人并非只有一种类型。因此，仍应对其作进一步划分，以明确他们在诉讼中的法律地位。

（二）民事诉讼当事人的主要类型

1. 原告

原告是认为自己的民事权益或受其管理支配的民事权益受到侵害，或者与他人发生争议，为维护其合法权益而向人民法院提起诉讼，引起诉讼程序发生的人。

原告必须符合以下条件：

（1）原告的诉讼动机应是为了维护本人的合法权益。倘若某甲认为自己的合法权益受到损害，但他本人并未提起诉讼，而某甲的朋友某乙为"打抱不平"，为维护某甲的利益以乙方名义向法院起诉，而他本人并不存在利益关系，那就不是为了维护本人的合法利益，人民法院不应承认某乙的原告地位。

（2）原告认为本人或受其管理支配的民事利益受到侵犯或与他人发生纠纷。原告提起诉讼的动机是基于他的认识，原告的认识也可能与实际情况有出入或不正确。但在审判前，尚不能对他的权益是否受到侵犯作出准确判断。所以，只要原告基于其认识与意愿提起诉讼，并能提供相应的证据，人民法院就应承认其原告地位。

倘若不符合上列条件，法院应与起诉人协商，更换原告或不受理案件，即使受理后，也要驳回起诉。

2. 被告

被告是被诉侵犯原告民事权益或与原告发生权益争议，被人民法院传唤应诉的人。人民法院是根据原告的起诉，判断和确定应传唤哪一个人应诉，即被告。

通常，被诉人无法选择是否作被告。倘若某人自己认为侵犯了他人的民事权益，而被侵权人并不起诉，某人就进入不到诉讼程序中来，即不可能成为被告。倘若原告选择某人为被告，或某人被人民法院确定为被告，即使他不应诉，被诉人也将处于被告的地位，被人民法院强制传唤或接受缺席审判的结果。

但是，倘若被告认为法院所列被告有误，例如把见证人列为被告，可向法院请求更换被告。

3. 有独立请求权的第三人

通常情况下，一个民事案件有原告、被告双方，但倘若双方争议牵涉到第三方的利益，将第三方排除在诉讼之外是不合适的。所谓有独立请求权的第三人，是指对原被告之间争议的诉讼标的，认为有不依附于原告或被告任何一方的独立的权利，而请求参加到原被告已经开始的诉讼中进行诉讼的人。

比如：甲、乙、丙、丁为兄妹，其父母去世时留有房屋三间，甲未经他人同意，将房屋卖与戊。住在外地的乙知道后，以甲为被告向法院起诉，要求分割遗产。法院立案后，通知丙、丁参加诉讼。丁在接通知后，称有其父的遗嘱，房产应归其一人所有。戊害怕房产判归他人，也要求参加诉讼。

在上述案件中，丁认为房产所有权依遗嘱应归自己，他对原被告争议的权益有不依附于原告或被告任何一方的独立的权利（请求权），他在诉讼中的地位就是有独立请求权的第三人。在诉讼中，有独立请求权的第三人的地位相当于原告，因为他实际上是以原告和被告为被告的。但可以肯定的是，有独立请求权的第三人没有主动起诉，这是其与原告的主要区别。

4. 无独立请求权的第三人

无独立请求权的第三人是指对原告与被告双方争议的诉讼标的没有独立的请求权，但案件的审理结果可能与其有法律上的利害关系，为维护自己合法权益而参加到原告、被告已经开始的诉讼中进行诉讼的人。

上述案例中的戊并未与他们直接发生纠纷，乙也未将其列为被告，但倘若房产最终被判归非甲所有，戊取得房产的合法根据也就没有了。因此，他自然要关心诉讼结果。但是，他在这个继承权纠纷案件中并非继承人，自然不可能是原告或被告，又不能像丁那样提出独立的权利要求（因为他的权利依附于甲），所以，他的地位就是无独立请求权的第三人。无独立请求权的第三人也可以主动请求参加到诉讼中来。在这种情况下，他的处理动机是维护自己的合法权益。人民法院为了查明案件事实，避免作出相互矛盾的裁判，也可能通知无独立请求权的第三人参加诉讼。

5. 必要的共同诉讼人

当事人一方或双方为两人以上，因为诉讼标的是共同的而必须进行共同诉讼的人，是必要的共同诉讼人。共同诉讼人指的是共同原告和共同被告。

在必要的共同诉讼中，诉讼标的必须共同的，或者这些共同诉讼人有共同的诉讼权利与义务，或者案件是基于同一事实或同一法律原因。

在上述案例中，乙作为原告起诉。但事实上，丙也是继承人之一，对乙的权益的侵犯也是对他的权益的侵犯，丙参加到诉讼中来，也应处于原告的地位，与乙有相同的诉讼权利与义务。倘若他们共同起诉，就成为共同诉讼人。但是，有时应作为共同原告的人没有起诉，人民法院就要通知其作为共同原告参加诉讼，除非其放弃权利。

必要的共同诉讼人作为一方当事人，有着共同的诉讼动机，那就是维护自己的合法权益。但是，他们相互之间也可能存在冲突。如作为要求享受权利一方的各共同诉讼人，有可能排斥他人的权利要求；作为被要求承担义务的一方各共同诉讼人，有可能相互推诿自己应承担的义务。因此，所谓共同诉讼人，只是对对方当事人而言，其内部仍可能有冲突，也可能其中一人的诉讼行为不能得到他人的承认。

6. 普通的共同诉讼人

普通的共同诉讼人是指当事人一方或双方为两人以上，诉讼标的为同一类，人民法院认为可以合并审理并经当事人同意而一同在人民法院起诉或在人民法院应诉的当事人。

普通的共同诉讼与必要的共同诉讼的区别主要在于，前者的诉讼标的仅仅是同一种类而非利益相关的同一案件。比如张某、王某、李某分别租住了赵某的房屋，三人均因房屋质量起诉赵某。在这种情况下，实际上是三个不同的诉讼。因此，要共同诉讼，应当由法院裁定认为可以合并审理，且要各共同诉讼人同意合并审理。人民法院之所以将多个案件合并审理，是为了简化诉讼程序，避免作出相互矛盾的判断。

7. 诉讼代表人

诉讼代表人是在当事人人数众多的时候，为了便于诉讼，推举出来代表众人进行诉讼的一人或数人。例如：1992年2月，某镇505户农民从镇供种站分别购买了稻种，后出现抽穗不齐和早熟减产。505 户农民以供种站为被告，提出了损害赔偿诉讼。倘若这 505 户原告均出席参加诉讼，会给案件审理造成诸多不便。为此，他们推出了三人为代表进行诉讼。

二、把握原告诉讼心理

（一）原告提起诉讼的心理

起诉是指当事人依法向人民法院提出诉讼请求的诉讼行为。人民法院受理案件后，起诉人被称为原告。原告的目的是希望人民法院运用国家强制力让对方满足自己的请求。起诉是一项能引起一系列法律后果的行为。我国《民事诉讼法》对起诉的实质要件提出了要求：（1）原告是与本案有直接利害关系的公民、法人或其他组织；（2）有明确的被告；（3）有具体的诉讼请求和事实、理由；（4）属于人民法院受理民事诉讼的范围和受诉人民法院管辖。

整个诉讼活动是以原告的起诉发动的。起诉是在人的意志支配下进行的，需要一定的内心起因（即动机）发动。据此，有必要认真考察原告提起诉讼的动机。

（二）原告起诉的动机

首先是维护合法的物质利益。民事诉讼的设计原本是为了维护合法的民事权益，是保障实体权益的一种武器。维护合法利益的动机，决定了当事人是否提起诉讼。在提起诉讼前，有协商、调解、仲裁等各种解决纠纷的方式。在这些方式中，倘若当事人认为皆不能保护其合法利益，就会选择诉讼。在选择了诉讼后，维护物质利益的动机将对以下诉讼环节发生影响。

（1）对被告选择的影响。在被告可以选择的情况下，原告倾向于选择较为符合其诉讼利益的一方作为被告。比如，我国《消费者权益保护法》规定，"消费者或者其他受害人因商品缺陷造成人身、财产损害的，可以向销售者要求赔偿，也可以向生产者要求赔偿。"这就说明在产品质量案件中，受害人可以选择商家或厂家之一作被告。影响当事人选择厂家还是商家的主要因素就是利益。倘若选择厂家作被告，原告需考虑调查取证的困难和在厂家所在地（异地）进行诉讼的诸多不便，由此可能使受害人选择商家作被告。倘若考虑到厂家赔偿和补偿损失的金额较商家大，则可能选择厂家作被告。在这里，原告和被告无任何感情上的纠葛，影响其选择被告的就是利益。在有保证人的债权债务纠纷中也是如此。我国《担保法》规定，"连带责任保证的债务人在主合同规定的债务履行期届满没有履行债务的，债权人可以要求债务人履行债务，也可以要求保证人在其保证范围内承担保证责任。"这就规定了债权人可以选择债务人或保证人作承担债务人，在选择谁为被告时，债权人主要考虑哪一方有能力履行人民法院的归还债务判决，从而选择其中一方为被告。但有时，原告认为将保证人和被保证人一并列为被告是最符合利益的做法。

（2）对诉讼请求的影响。诉讼请求是当事人通过人民法院向对方当事人提出的具体权利要求。从心理学上看，诉讼请求属于目的层次，但它和诉讼动机相联系。在起诉状中，诉讼请求专列一项，比如"要求给付（或赔付）人民币若干元"，"要求被告停止侵害"，"请求法院依法判决原告与被告离婚"，等等。诉讼请求不限于一项，可以是若干项。

（3）对诉讼理由的影响。诉讼理由是当事人向人民法院提起诉讼的根据。动机不同则诉讼请求不同，诉讼理由也不尽相同。

案件中倘若兼具物质利益动机和精神抚慰动机，则在诉讼理由中两方面的事实和理由可能都要提到。但是，精神损失的赔偿常常又转化为物质和金钱利益，在诉讼理由和诉讼请求中予以体现。

（4）对受诉法院选择的影响。在以保护物质利益为动机的诉讼中，受诉人民法院的选择也很重要。按我国《民事诉讼法》的规定，当事人选择受诉法院既受到限制，又有一定自由。倘若从诉讼方便和排除地方保护主义的影响考虑，原告可能更愿意选择本人住所地法院作为受诉法院。

在以保护精神利益为动机的诉讼中，精神利益一般体现为人身权利。这种权利是与人不可分离、不可转让的。所以，精神利益发生冲突的原因不可能是因约定不能履行，而只能是侵权。起诉人的精神利益受损不像物质利益（如欠债还钱）那样明显。故此，其诉讼动机一般比较隐蔽。

司法实践表明，维护精神利益的诉讼动机对法院的选择并无太大影响。因为法院管辖地的区别一般来说有可能影响到人们的物质利益，而不会影响其精神利益，虽然地域有异，但人们的道德观念、价值观念不会有太大的差别。跨国诉讼则不尽然。

（三）其他动机

人的需求分为物质需要和精神需要，与之相适应，起诉动机也不外是保护物质利益和保护精神利益。但是，社会生活的复杂性决定了人们起诉动机的复杂性、多样性。诉讼可能不仅仅是源于保障合法利益的动机，还有可能被用作达到某种目的的手段或策略，概括起来主要有：

1. 名人诉讼——所谓轰动效应

回顾 20 世纪 90 年代，我国出现了不少以名人为当事人的诉讼。在这些诉讼中，有的是名人作原告，有的是名人被告上法庭，被列为被告。名人从演艺界逐渐扩展到整个文化界乃至政界和社会各界，从国内扩展到国外。虽然名人侵权或被侵权也属正常，但其中某些诉讼不乏追求轰动效应的动机，为从中获取利益。

应当严肃指出，只为追求轰动效应的名人诉讼实际上扭曲了国家司法机关的作用。在这时，诉讼不是保障合法权益的武器，而成为实现个人目的、获得不正当利益的工具。尽管如是，无论当事人起诉的动机如何，只要符合《民事诉讼法》的起诉条件，人民法院均应受理。另一方面，我国《宪法》规定，在法律面前人人平等，无论是否名人，均不影响他们参与诉讼的权利。

2. 经济纠纷诉讼——所谓经营策略

在金融机构作为原告追讨欠款的诉讼中，诉状一般写得都非常简单。列出欠款额，附上借款合同，就可以是一份诉状。固然金融机构的合法债权应受法律保护，但经营信贷业务，仍难免有呆账、坏账的发生。在这种情况下，诉讼有可能只是金融机构销账的一个手续。因为，对金融机构的侵权，仅靠一纸判决有时很难得到补偿，倘若债务人已破产或在执行阶段无力偿还，法院也就无法强制执行，债权仍然实现不了。

还有一些企业因身负巨款债务，为了"起死回生"，希望通过法院宣告"破产"，摆脱债务，之后改头换面重新申请营业执照，继续经营。这也是某些企业利用诉讼达到不合法目的的动机。总之，法律的价值在于保护法律关系和维护社会稳定，并没有能力改变企业经营中存在的问题。所以，在解决债权债务尤其金融纠纷问题时，往往不能挽回局面，起到"点石成金""起死回生"的效果。

3. 消除纷争——化解民间纠纷

民间纠纷的原因是利益冲突，这种冲突可能会因种种原因长期延续，困扰双方当事人，影响当事人的正常生产、生活。在这种情况下，也许当事人提起诉讼的动机不在于争取某种利益，而是希冀用一个权威的判决作为化解双方纠纷的标准，比如农村的宅基地纠纷（目前已划归行政机关解决）、房产所有权属纠纷，等等。

一些变更之诉也是如此。比如离婚诉讼、解除收养关系诉讼等，尽管双方当事人可能因为原有法律关系的解除损失一些利益，而提起变更之诉，肯定是原来的关系并不和谐（至少原告方这样认为），无法维持，诉讼解除关系也是消除纷争的一种途径。

4. 打击他人获取非法利益

诉讼程序是为了公正地保障利益而设计的，自然不应成为当事人获取非法利益的工具。诉讼需要有诉讼成本，包括诉讼费用、时间、精力的投入等。依据我国法律，虽然诉讼费用由败诉人承担，但诉讼成本并不完全由败诉人负担，比如时间的拖延、当事人精力的投入、调查取证的费用、聘用律师的费用等，仍需要当事人自行负担。因此，诉讼本身就是一种损失（尽管有时是必不可少的)。

在不允许私力救济的情况下,耗费诉讼成本就成了某些居心叵测者打击对手的"合法途径"。使对方败诉是给对方的重大打击,但是在达不到这一目的时,使其消耗诉讼成本,也是一种可供选择的退而求其次的诉讼动机。在这种动机支配下,保护合法利益就成了借口。

此外,政治斗争、权力斗争、要求社会尊重和自我实现等,无不可以成为提起诉讼的动机。

必须指出的是,虽然诉讼动机只能通过当事人的诉讼请求、诉讼标的以及诉讼方式、诉讼理由加以推论,但它又是客观存在的,可以作为法官或诉讼参与者形成其认识和判断的参考,以便其采取相应的调解措施和庭审方式、方法。作为双方当事人,也可以依据对方的诉讼动机制定相关的诉讼策略。诉讼动机又是无须证明的,完全没有必要通过举证来证明某种诉讼动机的存在。司法机关并不因为诉讼动机的不同,作出立案或不立案的决定,或者对诉讼结果产生积极或消极的影响。

(四)影响当事人起诉动机的心理因素

如前所述,动机是在需求的基础上产生的,推动人们进行活动的心理原因和内部动力。在起诉前,诉讼动机的强度及其指向性影响着当事人是否提起诉讼。但提起诉讼这种社会行为是很复杂的,倘若仅仅考虑到当事人出于维护物质、精神利益等诉讼动机而起诉,就很难解释为什么在同样情况下有人起诉,而有人不起诉?

1. 认识因素对起诉动机的影响

认识是一种基础性的心理过程。当事人对案件事实及对诉讼成功率的判断等认识过程,必然影响包括起诉动机在内的各种心理因素。

当实际存在的利益冲突未被主体认识到时,当事人就不会提起诉讼。但有时也会出现双方确实没有利益冲突,而被误认为存在利益冲突的情况,这样一来,认识上的偏差扭曲了起诉的动机,增加了无由诉讼和缠讼,徒然耗费诉讼成本，不利于社会秩序的稳定。

2. 情感因素对起诉动机的影响

就提起诉讼而言，情绪情感有放大和强化的作用，即推动起诉动机的产生；另一方面，情绪情感有缩小和弱化的作用，即干扰起诉动机的产生，比如念及亲情、友情而不予起诉。

3. 意志因素对起诉动机的影响

司法实践证明，是否选择民事诉讼作为处理社会纷争和民事纠纷的一种手段和途径，同样受到起诉人意志的支配。作为一种意志活动，在决定是否提起诉讼时，一方面，维护自身利益的动机驱使当事人提起诉讼；另一方面，诉讼成本、败诉的风险、社会舆论评价、精神物质利益损耗又可能使人放弃诉讼。那么，当事人如何在动机冲突中决意进行诉讼呢？就不能不作出如下选择：

（1）诉讼请求的选择。诉讼目的在诉讼中是以诉讼请求的方式表现出来的。当事人对诉讼请求的选择，一方面由维护本人利益这一主导动机决定，另一方面又是动机冲突的结果，因为当事人要考虑到以下的若干因素。

①诉讼费用。在财产案件和经济纠纷案件中，诉讼费用的多少是由诉讼标的决定的。由于胜负难以预料，为了节省诉讼费用，作为一种策略考虑，起诉人有时不得不降低诉讼标的。在实际案例中，有的当事人在诉讼请求中专列一项：诉讼费用由对方承担。通常来说，诉讼费用的负担是由胜诉、败诉来确定的，当事人无须写上这一项。但在诉讼请求中，写明这一点，至少表明了当事人降低诉讼成本的愿望。

②放弃某项诉讼请求或作出更合理的解释。有些名人在进行名誉权诉讼中，仅要求赔礼道歉，而放弃经济赔偿的诉求。因为名人在名誉权诉讼中常常受到舆论界"为钱打官司"的指责，为此，有些人干脆不要精神抚慰金。也有人事前就公平表明，胜诉后获得赔偿款将捐给某基金会，以此减弱外界舆论和内在某种辅助性反对动机的影响等。

（2）诉讼手段的选择。

①对受诉法院的选择。从法理上讲，无论哪一级、哪一地法院进行诉讼，都要适用中国法律，并无利弊之分。但实际上不同法院对当事人有不同影响，一般当事人认为在本地诉讼，法院判决可能更符合自己的利益。

②对法官和律师的选择。在法律允许的范围内，当事人常常选择倾向于自己的法官（要求对自己"有恶感"的法官回避）、胜诉率高的律师，或有特殊关系的律师。在决定民事诉讼后，以上选择在一定程度上也是动机冲突的结果。

③其他诉讼策略的选择。比如要求延期开庭、不公开答辩、要求实证，均可以作为谋求己方胜诉，给对方设置障碍的策略。

④被告的选择。当前，在社会中存在着一定数量的学校伤害案，如中小学生在学校与同学嬉戏中受伤害，有的当事人认为，出于利益考虑，应选择学校为第一被告或共同被告，因为学校承担责任优于个人。而不少被害人的监护人却选择了加害人而非学校作为被告，因为以学校为被告的诉讼在学校中取证困难，另外也可能存在着学校在法律上无须承担全部责任的风险。总之，倘若选择被告并非以获取最大利益为标准，就有可能存在对其他策略方面的考量。

（五）当事人上诉的心理

上诉是当事人不服第一审人民法院作出的未生效裁判，在法定期间内，要求上级人民法院对上诉请求的有关事实和法律适用进行审理的诉讼行为。上诉行为引起二审程序。从立法设计意图看，是为了让上级法院监督下级法院，以纠正下级法院的错误。对当事人来说，上诉与否是一种诉讼权利。如何处分这一权利，同样受制于多种心理因素。

1. 当事人同审判机关的认识分歧

上诉人常常在上诉书中提出一审认定事实错误（或不清），适用法律不当，程序违法。这就说明当事人同审判机关的认识存有分歧。例如：某学生因录取通知书在邮寄过程中丢失，痛失升学机会，起诉县邮政局及另一转信人损害赔偿案。一审判决邮政局不负责任，另一被告给付原告人民币5元，而案件受理费610元由原告负担410元，另一被告负担200元。

对上述判决，原告持强烈反对意见。原告认为，其在寻找档案遗失过程中，物质上的损失和精神上的损失肯定不止5元人民币；尤其是失去上学机会，更是无法用赔偿来弥补。同时，一审法院和原告在邮局是否承担责任、原告损失到底是多少上有不同认识。这种认识分歧越大，当事人提出上诉的意志越坚定。

2. 当事人上诉的宣泄作用

一审判决后，倘若判决结果与诉讼请求不符，会引起原告不同程度的情绪反应。判决与诉讼请求差距愈大，情绪反应就愈强烈。诉讼请求与判决结果的反差，在心理上产生的反应或表现为愤怒、不满，或表现为挫折感。基于强烈的情绪体验，当事人可能选择上诉，以合法的诉求形式，宣泄心中的不满。诉讼说到底是一种对抗，故此，可以说上诉是挫折感导致的侵犯动机在现实生活中合法的表现形式。

（六）当事人申诉与申请再审的心理

在法理上，申诉与申请再审有区别，但在心理学上，都可以看作是当事人（包括法定代理人）认为生效的民事判决、裁定和调解书存在错误，请求人民法院对案件重新进行审理的行为。

我国实行两审终审制，指一个案件经两级法院审理即告终结，其判决发生法律效力。对已生效的判决再审，不过是一种对错案的补救措施。倘若允许众多生效判决再审，民事法律关系将长期处于不确定状态，徒耗人力、物力。故此，对当事人申请再审或申诉，法律有诸多限制。但当事人为何不惜倾家荡产也要反复申诉和缠讼呢？

1. 追求公正的信念

民事纠纷是私人利益冲突的表现。但是，一旦通过诉讼途径解决就不仅仅是私权利的问题，必然牵涉到公权力的行使是否公正，是对司法公正的现实考验。

虽然在诉讼活动中，当事人的诉讼行为要受制于认识、情感、意志等心理因素，但仅以这些因素难以解释当事人对申诉活动的执着，只能用信念来解释。

信念是一种高层次的社会意识。在诉讼活动中，当事人坚持自己的信念，不仅是一项诉讼权利，也是一种民主权利，只要当事人在法律规定的范围之内行使权利，就应当给予肯定性的评价。虽然从功利的角度看，申诉往往可能是"得不偿失"的，但当事人有支配自己行为和财产的自由，不能单纯以功利标准为由横加阻拦干涉。作为国家司法机关，应当更多地考虑反复申诉的合理内核，力争使多年缠诉得到公平、合理的解决。

一桩案件，发动之初，当事人是基于维护自己的利益的功利动机。后来，功利动机反而退居次要地位，追求公正的动机为何在当事人头脑里成为一种信念呢？

（1）当事人认识的合理性。人作为一种高级动物，应当以理智支配行为。当事人对法律知识的了解促使其信念的形成。有些申诉中，当事人因其执着的追求，对某些相关法律条文熟悉的程度及其意义的理解可能超过了专业人员。他们能够对相关条文倒背如流，并能结合自己的案情，作出有说服力的解释。当然，由于思维方式的不同和对法律条文理解上的偏差，某些当事人也可能用一种错误的信念支撑着他们的申诉行为。

（2）当事人的愿望、需求的强烈程度。当事人在申诉中要求保护的民事权利，常常对其生活有重大影响。通常说，仅一般的经济纠纷，不会造成长期的申诉。而住房、宅基地、人身权利等对人生有重大影响的利益要求是申诉的中心内容，应予以理解和重视。当事人的需求、愿望强烈与否，是其反复申诉或放弃申诉的决定因素。

（3）社会定势的影响。在我国传统文化中，常有反映追求正义、公正而不断抗争的艺术形象，比如杨三姐、秦香莲等。对这种行为，社会毫无例外地给予肯定性评价。当事人一旦发现自己的角色是一个申诉者，很可能产生对上述艺术形象的角色认同，并模仿其行为。

2. 思维定式中的合理化倾向

当事人对案件处理结果的认识并不都是正确或全面的。有时当事人自己也意识到了这一点。比如，为获得区区数千元的赔偿是否值得耗费毕生的精力？一、二审法院都作出了否定自己诉讼请求的判决，难道两级法院都错了吗？这些思维肯定要影响当事人的认识，进而动摇其自信心。而自我心理防卫机制促使当事人否认自己行为的不正当性，有些当事人总要找出一种自己能够接受的虚幻理由来代替真实理由，以免除精神上的痛苦，即产生合理化倾向。

尽管合理化中理性成分不多，但它对当事人的影响仍不能小觑。即使当事人具有坚定的信念，合理化仍然是支撑其申诉活动的重要心理因素之一。

三、被告应诉与反诉的心理特点

（一）何谓应诉和反诉

1. 应诉

被告接到原告起诉书副本或接受人民法院传唤后，采取的答辩、管辖权异议及收集证据、准备参与庭审等一系列诉讼活动，称为应诉。从法律上讲，应诉是被告的义务。当事人必须接受这一诉讼角色。被告的应诉行为概括起来主要包括如下三种：

（1）制作答辩状。辩论是民事诉讼的一项重要原则。它要求双方当事人提出自己的主张和意见，相互进行批驳或辩驳。制作答辩状是被告在应诉阶段行使辩论权的体现。通常情况下，被告需针对原告的诉状写出答辩状，但提交答辩状与否是被告的权利。在某些情况下，当事人可能拒绝答辩。无论作出何种决定，均出于维护被告自身利益的考虑，旁人不能干涉。

（2）提出更换诉讼当事人或要求驳回诉讼请求。我国《民事诉讼法》规定了原告起诉的条件。一般情况下，人民法院在受理案件时已经对原告的起诉是否符合条件进行了审查，但不排除被告就有关诉讼主体问题提出意见，具体包括：一是原告同案件无利害关系；二是原告的起诉不符合人民法院受理民事诉讼的范围；三是原告提出的诉讼请求无法律依据，应依法驳回；四是被告与案件无牵连，要求更换被告等。此类应诉行为也是一种诉讼策略，即被告考虑到本案件尚未进入实质性诉讼程序，率先取得主动地位。

（3）提出管辖权异议。管辖权是指各级人民法院和同级人民法院之间受理一审民事案的分工和权限。确定法院对案件的管辖权，可防止法院间相互推诿案件和争夺管辖权，也有利于避免当事人告状无门。我国法律对管辖权作了比较明确的规定。但一般在各类民事案件中，有管辖权的法院不是唯一的，向哪一个法院起诉，原告有很大选择余地。为防止因管辖不当而损害被告利益，民事诉讼法规定了被告可在答辩期内提出管辖权异议，即对受诉法院有无管辖权提出不同意见，以期改变管辖。提出管辖权异议，主要是考虑诉讼管辖对案件审理结果的影响以及诉讼成本等因素。

2. 反诉

所谓反诉是指在已经开始的诉讼程序中，本诉的被告通过法院向本诉的原告提出的一种独立的请求，即被告依据其提出的诉讼请求，将原告置于被告地位。反诉虽是在原告起诉后提出的，但一经提出就独立存在，实际上是人民法院将互为原被告的两起诉讼合并为一起。反诉是一种指向性极强的诉讼活动，被告反诉的目的在于抵消或者吞并原告的起诉，令原告败诉。比如，原告向被告提出离婚，被告提出反诉原告隐匿财产，要求法院查明，以利财产分割。反诉是被告的一项诉讼权利，是否行使该项权利，被告有权自由选择。他人是不能干涉的。

（二）被告应诉心理

1. 抗拒与服从

抗拒首先是受被告认识因素的影响。倘若被告并没有认识到与原告存在冲突，或认为与原告的冲突无须通过诉讼途径解决，往往在收到法院的应诉通知时，感到突然。这种认识有时往往给当事人带来某种情绪体验。原被告关系从心理学上看，实际是攻防关系。尽管诉讼行为具有合法性，但在许多人的眼中，仍会被看成是一种攻击行为。因为这种攻击是通过法院这个中介依法进行的，对原告攻击的抗拒往往被转移到对审判机关的抗拒。其具体表现为：一是拒绝接受法律文书包括送达的起诉状副本、应诉通知书等；二是拒绝答辩；三是拒绝接受传唤出庭；四是拒绝接受受诉法院管辖而提出管辖权异议。

服从是大多数人的选择。在当代社会中，诉讼是人们依靠国家强制力处理纠纷的一种手段，大部分人对此有正确的认识。此外，还有其他因素影响着被告的服从。其一是被告的性质。作为法人和社会组织的被告一般容易服从。因为社会群体作为人与人的组合，其本身就是依靠国家力量来维持的，法定代表人较少个人情绪的干扰，但有时也因自视甚高或鄙视原告而拒绝应诉。其二是被告的地位。一般被告地位越低，越倾向于服从。一方面因为他感到没有力量与法院抗衡，另一方面被告可能通过法律援助认识到，法律从设计目的上是通过抑强扶弱来实现社会公正的。故此，社会地位较低的被告常出庭应诉。其三是人们的法律意识。倘若依法办事形成风气，人们更易于顺从国家审判机关的权威性指挥。

2. 应诉策略选择

诉讼无论对原告还是被告，都是一种意志活动。被告的角色地位虽不能主动选择，但仍可以选择不同的诉讼策略进行应诉。

（1）积极主动应诉。倘若认识到诉讼是理性解决纠纷的手段，被告会积极配合，并尽可能预先消除诉讼可能引起的不良后果。

（2）不予答辩。倘若积极主动应诉，被告往往要制作答辩状以表明己方的观点，但也有不予答辩的情形。如某知识产权案中，原告起诉后，开记者招待会大造舆论，但被告既不答辩也不发表任何意见，而在开庭后，突然提出法院所列被告不当，要求驳回原告起诉。这种策略倘若运用得好，能收到出奇制胜的效果。尽管答辩与否是当事人的诉讼权利，当事人不答辩并不影响案件的开庭审理，但一般来说，应当积极配合法院审理，以求案件公正解决。笔者认为，采用上述策略似不足取。

（3）适时提出管辖权异议。管辖权问题是程序问题，通常不影响被告的实体权利。但如前所述，倘能改变原告起诉时选择的异地受诉法院，一则可以减少诉讼成本，二则也可以小挫原告锐气，考验原告的意志，迫使其知难而退。提出管辖权异议、聘请合适律师、诉讼过程中区分涉诉与非涉诉的财产等，均为积极的防御手段和应诉措施。当然，采取诉讼策略应以法律允许为限。

（三）被告反诉心理

从理论上讲，反诉与原告起诉的本诉是两个独立的诉求。是否提起反诉，是被告的权利，并非只要符合反诉条件就必须提出。在诉讼实践中，是什么原因促使被告提出反诉呢？

（1）维护合法利益的需要。反诉与本诉从诉讼程序上讲，无实质差别；是否进行反诉，一般说来，也不会改变诉讼的实体性质、影响诉讼的最终结果。法律允许反诉，是为了从不同层面上揭示案件事实，通过反诉更好地维护当事人的合法利益。

（2）反诉是对起诉的强烈情绪反应。倘若仅仅将反诉归结为维护自己合法利益的需要，就难以解释为什么当事人不在原告起诉前提起诉讼；为何不在另案中起诉，而是针对原告的诉讼请求提出反诉。除利益动机外，提出反诉必有其他心理因素影响。除维护合法利益以反诉吞并原告诉讼请求等动机外，可能还存在另一个潜在的动机——因挫折感而产生的强烈情绪反应引起的侵犯性动机。

依照立法者的理性设计，起诉并不是用来打击对方的，而是一种解决问题的途径。但就个体而言，原告的起诉常常被看作有敌意。这种行为极容易使人产生挫折感甚至引起强烈的情绪体验。反诉不同于反驳。反诉是以被告承认本诉的存在为前提——被告对原告提出的诉讼请求并不加以否定，而提起另一种诉讼。原告诉讼请求的难以反驳甚至无法反驳，加剧了被告的挫折感。在这种情况下，为使攻击转向，以吞并原告诉讼请求为目的反诉的提出，自然是顺理成章了。对起诉反应的反诉，为当事人在法律允许范围内的宣泄提供了途径。故此，即使并非出于维护合法利益目的的反诉，法律也不禁止，而是将反诉与否的权利交给被告人自行决定。

四、代表人诉讼与诉讼代表人心理

代表人诉讼的特点是一方人数众多，由代表人代表其他当事人进行诉讼。代表人诉讼，有人数确定的代表人诉讼与人数不确定的代表人诉讼两种。后者在起诉时人数尚未确定。人数确定的代表人诉讼多出自非正式群体的活动。倘若群体有正式组织结构的话，那就不再作为代表人诉讼，可以由其法定代表人参加诉讼。人数不确定的代表人诉讼多出自集群行为，在偶然发生事件的诉讼行为中，临时推举代表人参与诉讼。在代表人诉讼中，人数众多的一方每一个人都可以单独提起诉讼，那么，他们为何集中起来并成一案呢？

在人数确定的代表人诉讼中，构成群体凝聚力的因素有以下几点：

首先，共同的利益和目标。

其次，共同的外界压力。要进行诉讼，需要克服诸多困难，如是否起诉、起诉谁、能否胜诉，这些都使许多当事人感到为难、焦虑，需要斟酌，这就形成了一种外界压力，促使每一个人产生大体相同的心理体验。

第三，心理相容。为寻求解决方法，必然使有共同利益和压力的人频繁交往与磋商。这种交往和磋商增加了他们的互相吸引，以至于作出共同的选择。

人数不确定的代表人诉讼的发动并不是事先有计划的，而是众人在受到一定刺激后产生的一种自发行为。比如航空公司延误航班引起的诉讼案。误机时在狭窄的候机大楼中，乘客在焦急等待时产生频繁的互动，而大家的注意力都集中在飞机误点这一共同关心的问题上，一名或数名乘客的愤怒情绪借助互动迅速传播，并经过多次循环往复得到强化，成为众多乘客的共同舆论和集体感受，最终因一位同样作为乘客的法律界人士在场，从法律方面作出解释，使人们自觉地接受其意见，产生共同的行为——提起诉讼。虽然从社会心理学的角度看，集群行为因具有盲目性和破坏性一般受到否定性的评价，但当集群行为所反映的大众愿望有其合理性时，这种行为所指向的往往是社会长期存在而又难以依靠个人力量改变的不合理现象。倘若纳入法律轨道，通过诉讼将大众的不满以合法的方式宣泄出来，达到实现社会变革的目的，也许是人数不确定的代表人诉讼的价值之所在。

无论是人数确定的代表人诉讼还是人数不确认的代表人诉讼，都需要诉讼代表人。诉讼代表人集当事人与诉讼代理人两种身份于一体，其心理品质应符合以下特点：（1）要有一定的法律知识；（2）在互动中形成的一定的威信；（3）具有一定的社会责任感；（4）具有驾驭群体的能力；（5）本人愿意作为诉讼案的代表人等。

五、共同诉讼人与第三人心理

共同诉讼人包括共同原告和共同被告。在对外关系上，共同诉讼人与普通的原告和被告并无不同之处。第三人尽管在具体利益上与原、被告均有所不同，但他的利益与其中一方的利益密切相关，总是同其中一方合作，希望一方胜诉，因而在心理状态上与一般共同诉讼人并无不同。在这里，我们着重分析共同诉讼人及第三人的心理。

共同诉讼人及第三人在诉讼中的各种诉讼行为，比如共同起诉、共同变更诉讼请求、共同上诉、共同答辩、共同承认、共同放弃诉讼请求等，都有着相同或相似的心理基础。有的共同诉讼人有共同的维护合法利益的动机；基于共同动机，在心理上产生共同的认识和情绪体验。加之共同诉讼人在诉讼前有大体相同的生活经历，发生民事纠纷会有频繁的交往，使共同诉讼人不仅在法律上而且在心理上相互接近，即使他们在个性方面有差异，也可以通过态度相似性、需求互补性而得到协调。故此，共同诉讼人合作进行诉讼并不奇怪。

但是，在诉讼中也可能出现共同诉讼人采取不同诉讼行为的现象，其原因有以下几点：

（1）共同原告并未参加共同起诉，系被法院追加为共同原告。在多数的情况下，共同原告经过周密磋商后共同提起诉讼，但也有例外。比如，某一当事人可能不愿起诉，认为与被告并无利害冲突或虽有利害冲突但不需要通过诉讼途径解决。例如前述案例中甲、乙、丙、丁继承遗产一案，某个不起诉的当事人认为被告应占有共同财产的一定份额，或者并不愿将财产归于起诉的原告。故此，并不主动起诉被告，而在第一原告起诉后，法院为查明事实，责令其参加到诉讼中，但其并不希望第一原告独自取得财产，因此在诉讼中可能采取不同的诉讼行为。

（2）共同被告及无独立请求权的第三人相互推诿责任。共同原告一般容易采取一致的诉讼行为，因为其利益是一致的，而共同被告则不然。在很多情况下，这些人之所以被列为共同被告，只是因为他们在法律上应共同对原告承担法律责任，而这些人之间并不一定有经常的社会联系。比如在一起交通肇事侵权案件中，司机、货主、车主及其他负有责任者等几个侵权人可能并无社会交往，只不过是偶然的侵权事件将这些人联系在一起，在法律上作为共同被告。此时，倘若原被告责任不明确时，各共同被告可能采取共同的诉讼行为；倘若责任分明在被告一方，以致共同被告感到无法与原告抗衡时，各共同被告可能会相互推诿责任。

（3）共同诉讼人内部由合作转向竞争。在一审判决后，在共同诉讼人中，一部分人利益得到满足而另一部分人的利益未得到保护，甚至某些共同诉讼人成为被上诉人，引起相互间的纷争。这是共同诉讼人由合作转向竞争的典型。归根到底，是因为利益的不同所引起的纷争。但倘若一审判决已充分考虑到原被告双方和共同诉讼人各方的利益，解决民事纠纷比较合理，再引起纷争，那就是因为各共同诉讼人的心理期待不同、对对方当事人的态度不同，或者是由于共同诉讼人的个性不同所引起的纷争，导致采取不同的诉讼行为。

以往的执业实践经验证明，民事代理律师只要着力把握民事诉讼当事人在各个不同诉讼阶段的心理动向，就能有的放矢地提供有效的法律服务，维护其合法权益不受侵犯。

第十二节　律师参加民事诉讼的形式、程序和常见案件的代理

一、律师参加民诉的范围和形式

律师参加诉讼的法律形式就是担任民事诉讼代理人。根据当事人的委托，以被代理人的名义，为维护被代理人的合法权益，在约定的代理权限内，代表被代理人参加诉讼。

律师代理民诉案件的范围：凡是符合我国民事诉讼立案标准的民事诉讼、经济案件、涉外民事案件等都属于律师接受诉讼代理的范围。

民事诉讼代理的几种具体形式：

（1）委托代理（约定代理）：指根据代理人与被代理人双方的协议而产生的代理。

（2）法定代理：指直接根据法律的规定而发生的代理，法定代理人可以委托律师担任诉讼代理人。

（3）共同代理：委托二人或二人以上共同代理一个当事人、法定代表人。

委托诉讼代理的成立、变更和消灭：

（1）民事诉讼代理权的成立：法定代理权，根据身份关系证件成立；委托代理权，根据委托书成立。

（2）民事诉讼代理的变更和消灭：代理事项或权限扩大缩小、代理期限的缩短或延长，都属于代理权的变更。委托人撤销委托，委托人或被委托人死亡或丧失诉讼行为等则会导致代理权的解除或消灭。

二、律师参加民事诉讼的程序

（一）代理一审案件原告起诉

1. 立案标准

（1）起诉要符合法定条件；

（2）起诉状要符合要求；

（3）要按照诉讼需要的份数及时将诉状正、副本呈交法院，作为审查立案的根据。

2. 起诉条件

（1）原告是与本案有直接利害关系的公民、法人或其他组织；

（2）有明确的被告；

（3）有具体的诉讼请求和事实、理由；

（4）属于人民法院受理民事诉讼的范围和受诉人民法院管辖。

（二）代理被告答辩

（1）答辩状的准备与撰写。应会同被代理人一起研究原告的起诉状，针对其起诉的要求、根据和理由，全面了解起诉的案情和有关问题，进行必要的访问和调查，依据法律（法规）、政策，撰写答辩状。

（2）答辩的范围与反诉。一般只应涉及本案原告提出的诉讼请求、根据和理由，实事求是对其从事实上、法律上、程序上全部或部分提出承认或反驳；还可依据规定提出反诉。

（3）向人民法院提出答辩状。律师写好答辩状，征求委托人的意见后，经过集体讨论或领导核稿，再根据需要的份数，按期送交人民法院。

（三）律师出庭前的准备

（1）建立诉讼代理档案；

（2）收集掌握与本案有关的法律（法规）、政策资料；

（3）明确举证责任，做好调查，收集诉讼证据；

（4）主动与法院联系阅卷，查阅、摘抄、复制本案材料；

（5）撰写诉讼代理词；

（6）拟制参加法庭调查阶段的询问和质证发言提纲等。

三、律师在法庭审理阶段的诉讼代理

在审理前的准备和调解阶段，最重要的工作是法庭调查。因为法庭调查是开庭审理的中心环节。正确的调查，是正确审判的基础。为了维护法律的正确实施，律师有义务协助法院做好法庭调查工作。同时，应当协助法院做好调解工作。

1. 法庭调查中的任务

协助法院判断证言、物证的真伪，揭露当事人不真实的陈述和证人的虚伪证言，以利于查明全部事实，为法庭做出正确判决奠定基础；

2. 活动方法

听：倾听审判员的审问和有关人员的陈述和证实，分析判断有关证据的"三性"（关联性、合法性、真实性）。

看：统观全局；辨别其真伪；看当事人的态度。

记：将需查明及要反驳的事项记下便于处理。

3. 法庭辩论

（1）辩论顺序。①原告及其诉讼代理人发言；②被告及其诉讼代理人答辩；③双方互相辩论。

（2）注意事项：①要冷静沉着机敏，从容不迫，口齿清晰，快慢适度地发表代理词；②要做好反驳论点，抓住焦点，准备反驳；③以理服人，切忌讽刺挖苦及人身攻击；④要抓住主题、围绕中心，不要纠缠枝节，丢掉西瓜，去捡芝麻；⑤用词准确，有理、有利、有节地发挥语言的积极效果。

4. 法庭调解

解决民事纠纷、争议应着重调解，律师在调解中，应采取积极主动态度，力促当事人互相谅解退让，达成协议，以利息诉。

四、律师对民事诉讼常见案件的代理

（一）离婚案件的诉讼代理

1. 代理的必要性

律师接受离婚当事人的委托，担任诉讼代理人参与诉讼，既可代理被告一方反对原告的离婚之诉讼，也可以代理原告一方支持解除名存实亡的婚姻关系。律师此举对于促进社会稳定和谐及家庭安定团结大有好处。

2. 注意事项

（1）不做全权代理。全权代理既违背婚姻自主原则，同时将使律师处于被动地位；

（2）根据离婚案件的特点，积极进行或参与调解；

（3）注意情况变化。对那些感情尚未完全破裂的夫妻，要及时做好和好的工作；

（4）积极宣传社会主义婚姻观点等。

（二）经济案件的诉讼代理

1. 把握特点

经济纠纷案件的主要特点是：涉及面广、情况复杂、争执的标的种类繁多、专业性和政策性很强。

2. 代理范围

经济纠纷包括经济合同纠纷和非经济合同纠纷。此外，还有当事人不经仲裁程序，直接向有管辖权的人民法院起诉的案件，以及当事人直接向人民法院起诉的案件，以及当事人对仲裁不服，向仲裁机构所在地同级人民法院起诉的案件。

3. 注意事项

（1）查明当事人的诉讼请求有无根据，合同本身是否合法，再根据具体情况予以受理；

（2）签订正式诉讼代理合同，办妥诉讼代理手续；

（3）着眼于为中国特色社会主义事业服务，坚持以国家利益为主，兼顾集体、个人利益的原则；

（4）坚持依法办事，维护经济法律法规和经济合同的严肃性；

（5）分清是非，明确责任，主持公道，不能厚此薄彼；

（6）积极主动进行调解，力促达成协议；

（7）做好思想工作，认真协助法院公正解决纠纷。

（三）涉外民事案件的诉讼代理

1. 代理范围

涉外所有权关系；对外贸易的买卖、运输、结算、保险、合资（合作）经营关系；一般涉外债务债权关系；公民间涉外婚姻、家庭和财产、继承关系；发明权、专利权、商标权、著作权等智力成果的国际保护等民事纠纷。经我国保护等民事纠纷。

2. 特别程序和一般原则

外国人、无国籍人、外国企业和组织在人民法院起诉、应诉，委托律师代理诉讼的，必须委托我国律师。授权委托书必须经所在国公证机关证明，并经我国驻该国使、领馆认证，才具有法律效力。

3. 原则立场

坚持独立自主、平等互利和照顾国际惯例，是我国律师参与涉外诉讼的原则立场。

（四）民事上诉案件的代理

主要涉及两方面的工作：

一是律师无论是否参与了第一审诉讼代理活动，只要在法定上诉期限内，均可接受委托诉讼代理人，以当事人的名义提出上诉。

二是律师无论是出庭前的准备和参加第二审法庭中的代理活动，仍应根据具体案件与第二审法院主动联系，参照第一审诉讼代理的做法，认真做好上诉工作，不得怠慢。

第八章　律师代理行政诉讼应当具备的素质

第一节　律师行政诉讼代理

行政诉讼是俗称"民告官"一类的官司，属于我国三大诉讼之一。行政诉讼是解决政府与人民群众之间争议的重要途径，目的是保护公民、法人和其他组织的合法权益，维护和监督行政机关依法行使行政职权。

律师的行政诉讼代理，是指律师接受认为自己的合法权益受到行政机关及其工作人员的具体行政行为侵犯的公民、法人或其他组织的委托，代其向人民法院提起行政诉讼，并参加法院审查和裁判的代理业务活动。律师代理行政诉讼，具有以下特征：（1）律师作为向社会提供法律服务的执业人员，因其特定的身份及其所享的特有权利，由其代理行政诉讼，能比其他代理人和当事人自己提起行政诉讼更好地维护当事人的合法权益。如律师较其他代理人熟悉法律，业务经验丰富，享有直接调查取证权，可与被限制人身自由的人会见和通信等，这些都使律师在诉讼中居于较为有利的地位。（2）律师代理行政诉讼，只能以被代理人的名义参与诉讼，其一切所为不能超越委托人的授权范围，必须基于维护当事人合法权益，维护国家法律正确实施而为。（3）律师代理行政诉讼所产生的法律后果直接由委托人承担。律师作为诉讼代理人，只能代理委托人进行诉讼行为，而对诉讼标的一般不享有实体权利，也不承担相应义务。但律师违法执业或者因过错给委托人造成损失的，应当承担相应的责任。

代理律师要把握行政诉讼的特点和要求，行政诉讼或称"行政官司"，虽然反映的是"民"与"官"之间的纠纷，但是也属于人民内部矛盾，与民事诉讼性质相同，二者连诉状的写法以及当事人交纳诉讼费等也很相似。只是由于行政案件当事人之间关系有一定特殊性，诉讼内容有某些特定性，故此，行政诉讼也有自己的特点和要求。

一、行政诉讼的主要特点

（一）行政案件受理范围的法定性

我国《行政诉讼法》第十一条和第十二条明确规定了受理的八种案件和不受理的四种案件。依法受理的八类案件包括：

（1）对拘留、罚款、吊销许可证和执照、责令停产停业、没收财产等行政处罚不服的案件；

（2）对限制人身自由或者财产查封、扣押、冻结等行政强制措施不服的案件；

（3）认为行政机关侵犯法律规定的经营自主权的案件；

（4）认为符合法定条件申请行政机关颁发许可证和执照，行政机关拒绝颁发或者不予答复的案件；

（5）申请行政机关履行保护人身权、财产权的法定职责，行政机关拒绝履行或者不予答复的案件；

（6）认为行政机关没有依法发给抚恤金的案件；

（7）认为行政机关违法要求履行义务的案件；

（8）认为行政机关侵犯其他人身权、财产权的案件。

除前款规定外，人民法院受理法律、法规规定可以提起诉讼的其他行政案件。

凡是符合上述八种案情的被侵权人，都可以向人民法院提起行政诉讼，人民法院应依法受理。除以上规定之外，律师还可以在由具体法律、法规规定可以起诉的行政案件中充当委托代理人。

人民法院依法不受理公民、法人或者其他组织对下列事项提起的诉讼：

（1）国防、外交等国家行为；

（2）行政法规、规章或者行政机关制定、发布的具有普遍约束力的决定、命令；

（3）行政机关对行政机关工作人员的奖惩、任免等决定；

（4）法律规定由行政机关最终裁决的具体行政行为。

最高人民法院关于执行《中华人民共和国行政诉讼法》若干问题的解释，又补充规定了六种不属于人民法院行政诉讼的受案范围的情况：

（1）行政诉讼法第十二条规定的行为；

（2）公安、国家安全等机关依照刑事诉讼法的明确授权实施的行为；

（3）调解行为以及法律规定的仲裁行为；

（4）不具有强制力的行政指导行为；

（5）驳回当事人对行政行为提起申诉的重复处理行为；

（6）对公民、法人或者其他组织权利义务不产生实际影响的行为。

（二）行政诉讼被告身份具有特定性

这是行政诉讼的基本特点之一。提起行政诉讼的当事人是老百姓，包括非政府机关的所有公民、法人或其他组织；被告一方当事人，法定是行政执法机关，包括乡（镇）及其以上的政府部门，这些政府部门，以单位名义为被告，而不是以具体行政人员的名义为被告。尤其应强调的一点是，由于行政诉讼的"被告"固定是行政机关，因此，不适用"反诉"，即行政机关不能够在被起诉之后，来个"官告民"。这是与民事诉讼的重要区别之一。

（三）行政诉讼当事人地位的平等性

在日常工作和生活中，行政机关与老百姓之间是管理者（政府）与被管理者（相对人为老百姓）的关系。但是一旦"对簿公堂"，与民事诉讼当事人之间的关系便没有两样。《行政诉讼法》第七条规定："当事人在行政诉讼中的法律地位平等。"因此，通常处于弱势地位的"民"（老百姓），在行政诉讼中完全不必"怕官"，要敢于据理力争。

（四）提起诉讼程序的前置性和多样性

向人民法院提起行政诉讼，有的应当先向作出具体行政行为的行政机关申请复议；有的可以先经过向上一级行政机关申请复议；有的则可以直接向人民法院起诉。

（五）举证责任的倒置性

我国《行政诉讼法》第三十二条规定："被告对作出的具体行政行为负有举证责任，应当提供作出该具体行政行为的证据和所依据的规范性文件。"这说明行政诉讼实行的是被告举证制，或者说实行的举证责任"倒置"原则，与民事诉讼所实行的"谁主张，谁举证"的举证责任分担制不同。最高人民法院《关于行政诉讼证据若干问题的规定》又进一步强调了被告即政府机关的举证责任，要求被告应当在收到起诉状副本之日起10日内，提出据以作出被诉具体行政行为的全部证据和所依据的规范性文件。被告不提供或者无正当理由逾期提供证据的，视为被诉具体行政行为没有相应的证据；"被告认为原告起诉超过法定期限的，由被告承担举证责任"；并规定"被告及其诉讼代理人不得自行向原告和证人收集证据"。总之，作为被告的政府机关有义务向法院提供证据来证明其行政行为的合法性。

我认为，法律这样规定的目的有两点：一是促使政府依法行政，二是严格保护普通老百姓的正当权益。不过话说回来，作为原告的一方，也应当积极提供有利于自己的证据材料。是故，最高人民法院又规定：原告"向人民法院起诉时，应当提供其符合起诉条件的相应的证据材料"，比如：起诉被告不作为的，应当提供原告曾经向被告提出申请的证据材料；起诉要求被告予以赔偿的，原告应当对具体行政行为造成损害的事实提供证据。

（六）行政诉讼一般不适用调解

我国《行政诉讼法》第五十条规定："人民法院审理行政案件，不适用调解。"因为行政诉讼涉及的争议内容一般都是有法可依、有章可循的，因此强调依法裁判，而不采取民事诉讼中的调解方式。倘若纯属损害赔偿的争议，依照《行政诉讼法》第六十七条第三款，"赔偿诉讼可以适用调解"的规定，可以通过法院主持调解来解决。

行政诉讼的上述特点，是当事人提起行政诉讼，尤其是律师代理行政诉讼（或代书起诉状）之前必须了解和关注的。

二、行政诉讼的基本要求

（一）公民应当据理依法提起行政诉讼

提起行政诉讼是老百姓的权利。我国《行政诉讼法》第二条和最高人民法院关于执行《中华人民共和国行政诉讼法》若干问题的解释第一条分别规定："公民、法人或者其他组织认为行政机关和行政机关工作人员的具体行政行为侵犯其合法权益，有权依照本法向人民法院提起诉讼"；"公民、法人或者其他组织对具有国家行政职权的机关和组织及其工作人员的行政行为不服，依法提起诉讼的，属于人民法院行政诉讼的受案范围"。根据这两条规定，当公民的合法权益受到政府或其行政执法人员侵犯的时候，就可以依法打"民告官"的行政官司。

（二）行政机关应当树立与原告平等的意识

平等是社会主义法律的基本属性。任何组织和个人都必须尊重《宪法》和法律权威，都必须在法律规定的范围内活动，都必须依照法律行使权力或权利、履行职责或义务，都不得有超越法律的特权。全面依法行政是"依法治国"的核心，而行政诉讼是督促依法行政的重要手段。可以说，我们国家的政府机关和大多数行政人员是依法办事的，是执政为民的人民公仆。他们对国家的行政诉讼制度、与普通老百姓一样是真心拥护的。这样的行政机关和工作人员，很少会引起行政诉讼，即使偶尔引发了也不会认为"丢面子"，更不会认为与老百姓"对簿公堂"有失身份。可是，也有一些基层政府和行政人员的违纪违法案件。作为"当然被告"的政府机关，必须遵守"法律面前人人平等"的原则，与原告平等对话是很重要的。

（三）法官必须刚正不阿地公正审判

我国《行政诉讼法》第三条明确规定："人民法院依法对行政案件独立行使审判权，不受行政机关、社会团体和个人的干涉。人民法院设行政审判庭，审理行政案件。"第四条规定："人民法院审理行政案件，以事实为根据，以法律为准绳"。第五条规定："人民法院审理行政案件，对具体行政行为是否合法进行审查。"国家法律对法院审理行政案件作了明确规定和要求，强调一要"独立"，二要坚持诉讼原则。

法官的综合素质首先应当强调"思想素质"和"业务素质"，即清正廉明、刚正不阿、精通业务，否则，就会"司法违法""执法犯法"。作为人民的法官，必须忠于法律，刚正不阿，不畏权势，公正断案，取信于民。

第二节　律师可以接受哪些人委托的行政诉讼

一、作为行政诉讼原告的行政相对人

通常认为行政相对人是行政主体的具体行政行为侵犯其合法权益，而依法向人民法院提起诉讼的公民、法人或其他组织。其中，公民既包括中国公民，也包括外国公民和无国籍人士。法人作为诉讼当事人的身份出现时，由其法定代表人来实现其诉讼行为能力。其他组织包括个体工商户、农村承包经营户或者筹建阶段的企业、单位等。

二、作为行政诉讼被告的行政人

包括行政机关、经行政机关授权的组织。

三、共同诉讼人

《行政诉讼法》第二十六条规定："当事人一方或双方为二人以上，因同一具体行政行为发生的行政案件，或者因同样的具体行政行为发生的行政案件、人民法院认为可以合并审理的，为共同诉讼。"共同诉讼中的原告或被告，即为共同诉讼人。共同诉讼人可共同委托律师代为诉讼。

四、第三人

《行政诉讼法》第二十七条规定："同提起诉讼的具体行政行为有利害关系的其他公民、法人或者其他组织，可以作为第三人申请参加诉讼，或者由人民法院通知参加诉讼。"行政诉讼中的第三人主要包括：（1）行政处罚案件中的受害人或者被处罚相对一方；（2）行政处罚案件中的共同被处罚人；（3）行政确权案件中的被确权人；（4）在征用土地或房屋拆迁行政案件中的建设单位；（5）两个以上的行政机关；（6）越权之诉中的被越权机关。第三人可以自己参加诉讼，也可以委托律师代理诉讼。

律师可以参与《行政诉讼法》规定的四种案件：一审行政案件；二审行政案件；引起再审程序的行政申诉案件和再审案件；申请强制执行人民法院行政判决和行政裁定案件等。上述案件中，律师都可以接受当事人的委托，代其参加诉讼。

第三节　律师怎样判断具体行政行为和确认行政诉讼的被告

一、具体行政行为

具体行政行为是相对于抽象行政行为，即行政主体制定和发布普遍性行为规范的行政行为而言的。它是指行政主体对特定人或特定事件作特定处理的一种行政行为。具体、合法的行政行为必须符合下列条件：

第一，该行政行为必须是行使行政职权的行为。不是行使行政职权的行为，即使是该行政机关的行为也不是具体的行政行为。

第二，该行政行为必须是针对特定的公民、法人或者其他组织，并针对特定而具体的事项的行为。人民法院不受理不服抽象行政行为的争议。

第三，该行政行为必须是影响公民、法人或者其他组织人身权和财产权的行为。也就是说，该行政行为首先是一种外部行为，是针对行政机关以外的管理相对人的行为。因此，行政机关基于行政隶属关系而作出的行政行为，不属于"具体行政行为"范围。其次，具体行政行为是影响相对人的人身权、财产权的行为。故此，对于行政机关所为的虽然"具体"，但不影响相对人的人身权、财产权的行为，人民法院不予受理。比如：行政机关收集材料、调查等行为，本身不影响相对人的人身权、财产权，所以相对人不能单独就此提起诉讼。

第四，该行政行为是行政机关的单方行为。倘若一具体行政行为是由行政机关与相对人协商作出的，表达双方意愿的行为，由于不是行政机关的单方行为，不属于人民法院受理行政案件的范围。比如：行政机关同相对人协商后签订行政合同，而后引起纠纷，应按经济合同由仲裁机关或人民法院处理。

第五，依据我国《行政诉讼法》第五十四条的规定，具体行政行为必须同时具备三个条件，即证据确凿，适用法律、法规正确，符合法定程序。因此，律师判断一具体行政行为是否合法，就应审查具体行政行为是否具备这三个条件。依据该条的规定，只要有下列情况之一的，就是违法的具体行政行为：（1）主要证据不足的；（2）适用法律、法规错误的；（3）违反法定程序的；（4）超越职权的；（5）滥用职权的。

二、律师如何确认行政诉讼的被告

依据我国《行政诉讼法》第二十五条的规定，行政机关成为行政诉讼被告的情况有如下几种：

第一，公民、法人或者其他组织直接向人民法院起诉的，作出具体行政行为的行政机关是被告。

第二，经复议的案件，复议机关决定维持原具体行政行为的，作出原具体行政行为的行政机关是被告；复议机关改变原具体行政行为的，复议机关是被告。

第三，两个以上行政机关作出同一具体行政行为的，共同作出具体行政行为的行政机关是共同被告。

第四，由行政机关委托的组织所作的具体行政行为，委托的行政机关是被告。

第五，行政机关被撤销的，继续行使其职权的行政机关是被告。

此外，行政机关的内设机构、派出机构作出行政行为的，该行政机关是被告。被告资格的构成要件包括：（1）必须是行政机关或者法律、法规授权的组织，不能是行政机关或经法律、法规授权的组织内的工作人员，也不能是国家；（2）必须是被诉具体行政行为的作出者；（3）必须是具有诉讼权利能力的行政机关或组织，以自己的名义应诉；（4）必须经人民法院通知应诉。

律师在确认行政诉讼的被告时须注意，不能以行政机关或受其委托、授权组织的工作人员作为被告。因为这些单位的工作人员所作出的一切影响公民、法人或其他组织权利义务的行政行为，都是代表行政机关执行职务，这种行为产生的法律后果，理应由行政机关承担。即使行政机关工作人员因故意或重大过失的违法行为而侵害行政相对人的合法权益，其法律后果仍由行政机关承担。至于行政机关承担责任后向其工作人员的追偿以及对工作人员的处理，则是行政机关的内部问题，不在行政诉讼范围之内。

第四节　律师接受行政诉讼委托前应审查哪些内容

根据以往的执业实践，我以为，律师接受委托前应审查的内容主要包括以下几个方面。

一、审查委托人的当事人资格是否适格

委托人必须具备有当事人资格，这是律师接受委托的前提条件之一。因为只有委托人具有当事人的资格，才能聘请律师担任其诉讼代理人。《行政诉讼法》第二十九条规定，"当事人、法定代理人，可以委托一至二人代为诉讼。律师、社会团体、提起诉讼的公民的近亲属或者所在单位推荐的人，以及经人民法院许可的其他公民，可以受委托为诉讼代理人。"也就是说，只有行政诉讼的原告、被告、第三人、法定代理人才有资格委托律师担任诉讼代理人。除此之外的其他诉讼参与人都没有资格委托律师担任诉讼代理人。

二、审查此案是否为行政调解或行政仲裁后的案件

行政调解、行政仲裁，是指特定的行政主体以裁判者的身份，依照法定程序行使裁判权，对已经产生的与行政管理密切相关的民事纠纷进行裁定和处理的行为。这种行为是准司法行为，当事人之间的民事纠纷并不因行政机关的调解、仲裁而改变性质。当事人如误认为此案为行政案件，要求律师代理行政诉讼时，律师应当告知当事人，并可以作为其民事纠纷的代理人。

三、审查此案是否属于人民法院受理行政案件的范围

当事人所委托的行政案件必须属于人民法院受理行政案件的范围，这是法院受理的前提，也是律师接受委托代理当事人提起行政诉讼的前提。此外

还应注意，有些案件行政诉讼法并未规定能否受理，但一直由人民法院受理，而又难于对这类案件定性。

四、审查此案是否属法律、法规规定的必须先行复议的案件

对于必须先行复议的案件，律师应当告知当事人必须先向法定机关申请复议，对复议决定不服的，才能向人民法院起诉。不论是先行复议，还是行政诉讼，律师均可以接受当事人委托。

五、审查此案是否在诉讼期限内

关于行政诉讼的期限，《行政诉讼法》规定了四种情况：（1）公民、法人或者其他组织向行政机关申请复议的，复议机关应当在收到申请书之日起两个月内作出决定。法律、法规另有规定的除外。申请人不服复议决定的，可以在收到复议决定书之日起十五日内向人民法院起诉。复议机关逾期不作决定的，申请人可以在复议期满之日起十五日内向人民法院提起诉讼。法律另有规定的除外（见《行政诉讼法》第三十八条）。（2）公民、法人或者其他组织直接向人民法院提起诉讼的，应当在知道作出具体行政行为之日起三个月内提出。法律另有规定的除外（见《行政诉讼法》第三十九条）。（3）公民、法人或者其他组织因不可抗力或者其他特殊情况耽误法定期限的，在障碍消除后的十日内，可以申请延长期限，由人民法院决定（《见行政诉讼法》第四十条）。（4）其他法律另有规定的，按其他法律、法规办。律师在接受当事人委托时，应审查行政相对人的诉讼请求是否超过了诉讼期限。倘若当事人的诉讼请求逾期的，律师应审查行政机关作出具体行政行为时，是否告知当事人享有诉权及起诉期限。已经告知的，律师则应向当事人说明已逾诉讼期限，不能接受委托；倘若当事人的诉讼请求没有逾期，或者逾期是因为行政机关作出具体行政行为时没有告知诉权及起诉期限而造成的，则律师可以接受委托。

第五节　律师代理行政诉讼的条件、步骤和方法

一、行政案代理律师必须具备的条件

依据我国《行政诉讼法》的规定，律师所代理的行政案必须具备下列条件：

第一，原告是认为具体行政行为侵犯其合法权益的公民、法人或者其他组织。即原告的主体资格适格。这一条件包括以下三种含义：（1）侵犯原告合法权益的行为必须是具体行政行为；（2）原告必须是受具体行政行为侵犯的公民、法人或其他组织；（3）原告认为行政机关的违法具体行政行为侵犯的合法权益，只是一种"认为"，原告的合法权益是否被侵犯以及被诉具体行政行为是否确实违法，并不影响当事人起诉。

第二，有明确的被告。律师代理起诉时需要明确指出实施具体行政行为的行政机关，法律、法规授权组织的名称；也就是要明确与委托人发生行政争议的机关的名称。

第三，有具体的诉讼请求和事实根据。律师代理起诉时应提出请人民法院司法保护的实体权利要求，即可代理委托人提出确认之诉、撤销之诉、变更之诉、赔偿之诉和履行之诉等具体诉讼请求。律师代委托人提供的事实根据，一般只要求能够证明争议存在即可，一般只要提出行政机关作出的针对当事人的具体行政行为的法律文书即可。

第四，属于人民法院受案范围和受诉人民法院管辖。律师代理委托人提起诉讼的行政案件，既要属于人民法院受理行政案件的范围，同时也依法属于接受起诉状的人民法院管辖。

二、律师代理行政诉讼的步骤和方法

第一，要取得诉讼代理权。律师接受委托前，应先对当事人的行政案件进行全面的审查，看是否具备向法院提起行政诉讼的条件。经审查合格后，由当事人和律师事务所签订委托合同，说明委托事项和权限，并由委托人签名或盖章。这样，在律师事务所执业并被当事人指定或被律所推荐的律师，便取得了行政诉讼代理权。

第二，开庭前的准备。在这阶段，律师的工作，除在委托前对案件初步审查的基础上进一步熟悉案情外，主要有两项：一是收集证据，二是撰写起诉状。在收集证据时，应注意在证据可能灭失或以后难以取得的情况下，应及时向法院提出证据保全申请，以保证以后的诉讼顺利进行。律师经过调查，对案件进行分析、判断，以及对证据进行核实之后，认为委托人的诉讼请求有理，就可以为委托人撰写起诉状。起诉状草拟完毕后，经委托人阅读同意后打印，并连同证据材料一起送交有管辖权的法院。

第三，代理律师参加法庭审理阶段。律师参加行政诉讼中的法庭审理，其职责与民事诉讼大体相同。但应注意的问题是：

（1）律师应当注意法庭所收集的证据、被告所提供的证据是否真实、可靠、合法。如对法庭证据有疑问的，经法庭获准后可向证人、鉴定人员等发问。律师应特别注意：鉴定所得的证据是否由法定的鉴定部门作出，倘若不是，律师可向法庭提出异议。

（2）律师应注意与适用法律有关的事实问题。尤其要注意行政机关作出具体行政行为的主体是否合法，是否超越权限，行为程序是否合法，作出的具体行政行为是否考虑法律、法规规定的其他与相对人权益有关的规定等情况。

（3）律师还应注意行政机关作出具体行政行为适用的法律是否适当，并进而考察对某一特定行政对象所适用的具体的条款是否适当。

（4）人民法院只审理具体行政行为的合法性，即只审查行政机关所作出的具体行政行为所适用的法律是否适当，而不审查具体行政行为是否合理。但如果行政机关的具体行政行为显失公正，则法院可以干预，最终判决变更。因此，代理律师认为原行政机关所作出的具体行政行为显失公正的，可以积极收集有关证据材料，在法庭上严密地论证具体行政行为失当，以帮助法院审查案件事实，支持原告的诉讼请求，树立律师的公正形象。

第六节　律师代理涉外诉讼的原则及应注意的问题

一、什么是律师代理涉外行政诉讼

我们所说的律师代理涉外行政诉讼，是指律师受不服我国行政机关作出的具体行政行为的外国人、无国籍人、外国组织的委托，按照我国《行政诉讼法》的规定，代其向人民法院提起诉讼，并参加法庭审理的代理活动。律师代理的涉外行政诉讼具有以下特点：

第一，主体的涉外性。涉外行政诉讼的根本特征是诉讼当事人中的原告一方或第三人必须是外国人、无国籍人或外国组织等。原告是为维护自己的合法权益而起诉的人，第三人虽未起诉，但是行政诉讼第三人同样是为维护自己的合法权益而参与到诉讼中来的利害关系人。所以无论原告还是第三人，只要是外国人、无国籍人或外国组织，都构成涉外行政诉讼。

第二，律师代理的涉外行政诉讼发生在我国境内。无论原告或第三人是哪个国家的公民或组织，要构成我国的涉外行政诉讼，必须具备以下三个条件：（1）行政行为发生在我国境内，属我国主权范围内之事项；（2）作出具体行政行为的管理者，应是我国行政机关，而不能是外国的下属部门；（3）基于上述两点事实，必向我国人民法院提起行政诉讼，依我国的诉讼程序法律，在我国领域内进行诉讼。

第三，法律对涉外行政诉讼有特殊规定。涉外行政诉讼作为行政诉讼的一部分，它在总则、受案范围、管辖、诉讼参加人、证据、起诉、审理和判决、执行、侵权赔偿等方面，原则上都适用《行政诉讼法》的一般规定。但由于涉外诉讼含有涉外因素，涉及我国与外国及我国缔结和参加的国际条约等问题，所以《行政诉讼法》第十章对涉外行政诉讼作了特别规定，以便有效地维护我国的主权和外国人、无国籍人、外国组织的合法权益。第七十条规定："外国人、无国籍人、外国组织在中华人民共和国进行行政诉讼，适用本法。法律另有规定的除外。"

第四，涉外行政诉讼的原告或第三人，即外国人、无国籍人或外国组织所委托的律师必须是中国律师。我国《行政诉讼法》第七十三条规定："外国人、无国籍人、外国组织在中华人民共和国进行行政诉讼，委托律师代理诉讼的，应当委托中华人民共和国律师机构的律师"。从该条规定可知：（1）外国当事人在中国进行行政诉讼，委托律师代理诉讼的，必须委托中国律师；（2）外国律师在我国不得以律师的名义代理诉讼。因此，外国当事人只能委托中国律师代理行政诉讼。

二、充分发挥律师在涉外法律服务中的作用

十八届四中全会决定指出：建设通晓国际法规则、善于处理涉外法律事务的涉外法治人才队伍。

律师涉外法律服务的主要内容，一是为"引进来"服务；二是为"走出去"服务。特别是第二块，为中国企业"走出去"提供服务。防范风险在当前尤为重要，尤为迫切。中央经济工作会议把"高水平引进来、大规模走出去正同步发生"作为经济发展新常态之一。律师工作要把为"引进来""走出去"提供法律服务作为新常态，放在更加突出的位置。一是加强涉外法律业务培训，如全国律协先后组织两期"涉外领军人才"培训，都是为培养高层次涉外人才；二是加强与金融、商务、国资委、经信委、贸促会等部门的沟通协调，为律师拓展涉外业务搭建平台；三是建议司法部、全国律协，鼓励国内高层次律师事务所在境外设立分支机构，搭建境外法律服务网络；等等。

经济发展新常态为法律服务尤其涉外法律服务带来了前所未有的机遇，自然也提出了前所未有的挑战。涉外法律服务应该以自己的新常态适应这一态势，引领这一形势，并提供优质高效的法律服务。涉外法律服务新常态首先应强调"适应性"，中国律师一定要牢固树立服务于经济发展，充分认识法律服务的"从属性"、"适应性"和"能动性"。涉外法律服务新常态之所以强调"能动性"，因为律师战斗在涉外法律服务第一线，不仅要满足涉外商事主体及各类其他主体的法律服务需求，而且应了解与理解主体的商务及其他各类需求与诉求。律师的价值不仅体现在保驾护航的"规范性"上，而且可以体现在推波助澜的"引领性"上。

中国涉外律师必将与时代同行，成为涉外法律服务领航者，彰显中国同世界共商共建共享的信念与担当。

三、律师办理涉外业务的工作原则

总结三十多年来的经验，律师办理涉外业务的基本原则有三条，即：平等互利原则；主权原则；国际惯例原则。

（一）平等互利原则

平等互利原则，是著名的"和平共处五项原则"的重要内容。这项原则既是政治概念，又是经济概念。其基本含义是：在国家交往中，国家不分大小，各方都居于平等的地位，在经济关系中，双方的权利相同、义务对等，互相尊重并维护对方的正当利益。在涉外的律师事务中要贯彻这条原则，必须做到。

首先，双方的权利、义务应当对等。有三点值得注意：（1）有的经济合同条款，我方义务具体，对方权利突出，其中无"互利"可言；（2）有的片面追求我方利益，使对方"无利可图"，也谈不上"互利"，并且可能因此而失去国外的"合作者"；（3）互利必须是实际上的，而不是表面上的，更不能受表面文章的蒙蔽而实际吃亏上当。涉外律师对这类问题应严格把关，避免失误。

其次，根据双方的需要和可能，互相尊重、互通信息，公平地承担风险，协商一致，防止违约被罚。

第三，合法的利润和其他正当权益，受我国法律保护。当遇不可抗力时，将根据约定依照公平合理的原则，对受损客商给予合理的补偿。

（二）国家主权原则

这条原则的基本要求是，签订经济合同，不得损害国家的主权和尊严，不准违反我国的法律，不能有悖于社会公益和我国的道德准则。

这项原则涉及两大内容：

一是我国的领域（海、陆、空）都是国家主权，任何单位都不得以任何形式转移；外商、客户也不能以任何形式损害我国主权。即任何单位都无权与外商、客户签订开发、经营土地合同（土地使用权合法转让除外），无权承诺增设口岸、码头等。

二是司法和行政管辖权也是国家不容侵犯的主权。

（三）遵守国际惯例原则

《中华人民共和国合同法》的涉外经济合同，对此已经确认，并有具体条款规定，因此不再详述。

就涉外行政诉讼而言，应着重实行同等与对等原则。"外国人、无国籍人、外国组织在中华人民共和国进行行政诉讼，同中华人民共和国公民、组织有同等的行政诉讼权利和义务。外国法院对中华人民共和国公民、组织的行政诉讼权利加以限制的，人民法院对该国公民、组织的行政诉讼权利，实行对等原则（《行政诉讼法》第七十一条）"。

四、律师代理涉外行政诉讼应注意的问题

（一）代理律师应注意涉外行政诉讼所适用的法律范围

依据我国《行政诉讼法》的规定，涉外行政诉讼所适用的法律规范主要

有：（1）《中华人民共和国行政诉讼法》。第七十条明确规定：涉外行政诉讼适用本法。法律另有规定的除外。（2）《中华人民共和国民事诉讼法》中有关的规定。（3）有关的行政法律文件。如《中华人民共和国海关法》《中华人民共和国出境入境管理法》等，这些以实体为主的行政管理法律文件，其内容也涉及外国人的诉讼程序方面的规定。（4）有关国际条约。在我国缔结或参加的国际条约中，内容涉及涉外行政诉讼的，也属于涉外行政诉讼所适用的范围。但倘若我国对该国际条约的部分条款声明保留的，则这些条款对我国没有约束力。

（二）律师还应注意涉外行政诉讼中，外国当事人聘请中国律师的程序方面的特殊规定

对于外国当事人聘请中国律师的程序问题，律师要特别注意，不在我国境内居住的外国当事人可将授权委托书寄给中国律师，但该授权委托书必须经所在国公证机关证明，并经我国驻该国使馆认证，才具有法律效力。

第七节　律师要积极代理行政诉讼中的申诉

所谓律师代理行政诉讼中的申诉，是指律师接受不服人民法院已发生法律效力的行政判决、裁定的行政案件当事人的委托，按照行政申诉法律的规定，代理当事人请求原审人民法院或者上一级人民法院重新审理，以变更原判决、裁定的代理业务活动。

律师代理行政诉讼中的申诉时应该做到：

（一）必须取得申诉的代理权

律师接受委托前，应先审查当事人提出申诉的事实和理由是否依法成立，即审查已发生法律效力的判决、裁定是否确有错误。这要求律师仔细地听取当事人的陈述，根据当事人提供的有关案件事实和证据材料，审查原审判决、裁定，再认定案件事实、提取证据、适用法律方面是否有错误，以及原审法院审理行政案件的程序是否合法等。律师审查后，认为可以提起申诉的，即可接受委托，并让当事人在律师事务所办理委托手续。

（二）做好申诉前的准备

在此阶段，律师应先进一步审查提起申诉的行政案件发生的事实及有关的证据材料，审查原审判决、裁定的错误。在此基础上，律师应为申诉人代写申诉状。申诉状中应写明申诉人及申诉代理律师的基本情况受理申诉的人民法院名称，根据人民法院生效法律文书的实际情况提出具体的申诉请求：首先应请求法院撤销生效的错误裁判或调解，然后请求撤销被申诉人（行政机关）的错误决定，最后提出请求维护申诉人的具体合法权益。行政申诉书不可完全重复行政上诉状、再审申请书内容，必须举出新的证据材料或者新的法律依据，并从不同角度分析生效法律文书的理由是错误的、不成立的，而且必须善于抓住要害。总之，理由需要新颖性、针对性和反驳性。从公民、法人或其他组织申诉的角度出发，行政申诉书（状）一般要涉及被申请人的具体行政行为和人民法院的裁判、调解两个方面的错误，应当按一定层次进行论述和辩驳。最后将写好的申诉书（状）连同原审法院已生效的判决或裁定，以及有关的证据材料，一起提交给原审人民法院或上一级人民法院，提起申诉。

（三）积极参与代理申诉有关的事务

律师作为申诉代理人，应在代理申诉期间积极协助当事人做好对原审法院已生效判决和裁定的执行事宜；应受理申诉的人民法院的要求，协助当事人调查、收集有关证据材料，参加法院的审查活动等。作为当事人的申诉代理人，律师应利用自己精熟法律、诉讼经验丰富等优势，积极公正地维护委托人的合法权益不受侵犯。

第八节　律师如何代理请求国家赔偿

一、请求国家赔偿的法律依据

律师代理当事人请求赔偿的法律依据主要有：

《中华人民共和国行政诉讼法》第六十七条第一款规定："公民、法人或者其他组织的合法权益受到行政机关或者行政机关工作人员作出的具体行政行为侵犯造成损害的，有权请求赔偿"。第六十八条规定："行政机关或者行政机关工作人员作出的具体行政行为侵犯公民、法人或者其他组织的合法权益造成损害的，由该行政机关或者该行政机关工作人员所在的行政机关负责赔偿。行政机关赔偿损失后，应当责令有故意或者重大过失的行政机关工作人员承担部分或者全部赔偿费用。"

《中华人民共和国国家赔偿法》第二条规定："国家机关和国家机关工作人员行使职权，有本法规定的侵犯公民、法人和其他组织合法权益的情形，造成损害的，受害人有依照本法取得国家赔偿权利。"该法是我国关于国家赔偿最主要，也是最全面的法律。

以及其他法律、法规中有关国家赔偿责任的规定。

二、请求国家赔偿的原则和形式

我国《国家赔偿法》的归责原则为违法原则。该原则是指国家机关及其工作人员行使职权的行为违法，而且该违法行为侵犯公民、法人或其他组织的合法权益时，国家才承担赔偿责任。倘若国家机关及其工作人员在行使职权时只是主观上有过错，但却没有违反法律规定或法律原则，则国家就不承担赔偿责任。律师在实际执业工作中接受当事人委托时，必须明晰该原则，以准确判断当事人的请求是否合法，避免律师代理的国家赔偿申请被赔偿义务机关拒绝或法院拒绝受理。同时，律师也应注意，这里的"违法"应从广义上来理解，它不仅指违反法律、法规明确规定的行为，如运用法律、法规错误，滥用职权，超越职权，不履行或拖延履行法定职责，违反法定程序等；还包括违反法律一般原则的行为，这些原则大多是指公平原则、诚实信用原则、权力不得滥用原则等。此外，"违法"所涉及的法律范围也较广，包括《宪法》、全国人民代表大会及其常务委员会制定的法律、行政法规、行政规章、地方性法规与规章，以及我国缔结或参加的国际条约等。

律师接受当事人委托，请求国家赔偿的形式有以下三种：

（1）行政赔偿。即国家行政机关及其工作人员在实施国家行政管理职权的过程中违法执行职务，侵犯公民、法人和其他组织的合法权益而由国家承担的赔偿责任。

（2）刑事赔偿。即行使侦查、检察、审判、监狱管理职权的机关及其工作人员在行使职权时侵犯公民、法人和其他组织的合法权益而由国家承担的赔偿责任。

（3）民事、行政审判赔偿。即人民法院在民事诉讼、行政诉讼过程中，违法采取对妨害诉讼的强制措施、保全措施或者对判决、裁定及其他生效法律文书执行错误，因此给公民、法人和其他组织造成损害而由国家承担的赔偿责任。

三、申请国家赔偿的范围、程序和条件

（一）申请国家赔偿的范围

公民、法人和其他组织申请国家赔偿，主要限于两类案件：一类是行政损害案件；另一类是刑事损害案件。

1. 申请行政赔偿的范围

申请行政赔偿的范围，主要包括两方面的行政侵权行为：

（1）侵犯人身权利的。《国家赔偿法》第三条规定：行政机关及其工作

人员在行使行政职权时有下列侵犯人身权情形之一的，受害人有取得赔偿的权利：

①违法拘留或者违法采取限制公民人身自由的行政强制措施的；

②非法拘禁或者以其他方法非法剥夺公民人身自由的；

③以殴打、虐待等行为或者唆使、放纵他人以殴打、虐待等行为造成公民身体伤害或者死亡的；

④违法使用武器、警械造成公民身体伤害或者死亡的；

⑤造成公民身体伤害或者死亡的其他违法行为。

行政赔偿的范围一般包括两个方面：一是赔偿的行为范围，即国家对哪些行政行为造成的损害承担赔偿责任，对哪些行政行为造成的损害不承担赔偿责任。二是赔偿的损害范围，即对于公民、法人或者其他组织的哪些损害国家承担赔偿责任，对哪些损害国家不承担赔偿责任。

行政拘留又称治安拘留，是公安机关依法对违反行政管理秩序的公民采取限制其人身自由的惩罚措施。行政拘留的决定权只有县级以上的公安机关享有。

行政强制措施，是指行政机关在行政管理过程中，为制止违法行为、防止证据损毁、避免危害发生、控制危险扩大等情形，依法对公民人身自由实施暂时性限制，或者对公民、法人或者其他组织的财物实施暂时性控制的行为。例如强制传唤，对涉嫌吸毒人员的强制检测，对吸毒成瘾人员的强制隔离戒毒，对某种恶性传染病病人的强制隔离治疗，等等。

作出行政拘留决定或者采取限制人身自由的强制措施必须有法律的明确授权，并严格依照法律规定的方式和幅度进行，超出法定行为方式和幅度的，都是违法的。如行人违反交通规则，根据法律，只能对其处以罚款或者警告，如果对其作出行政拘留决定，就属于违法。

非法拘禁或者以其他方法非法剥夺公民人身自由，是指行政机关及其工作人员在行使职权过程中，不具有行政拘留或采取限制人身自由的行政强制措施的权力，超越法律授权，采取拘禁、禁闭、隔离、关押等方法剥夺公民人身自由。例如工商行政管理机关在进行市场管理时，对违法行为人可以依法予以罚款、扣押财物、没收违法所得、吊销经营许可证等，但法律并没有赋予其行使限制人身自由的职权，如果工商行政管理机关对违反工商管理法律法规的行为人实施拘禁、关押等限制人身自由的措施，就是非法剥夺公民人身自由，是一种违法行为。

以殴打、虐待等行为或者唆使、放纵他人以殴打、虐待等行为造成公民身体伤害或者死亡的，是指行政机关及其工作人员在行使职权时，使用殴打等暴力行为或者虐待等方法造成公民身体伤害、死亡，或者虽然不是由于行政机关及其工作人员直接实施的殴打、虐待行为，而唆使、虐待受害人的行为是与其行使职权有关的行为，如果这种行为与行使职权无关，完全是个人行为，则不产生国家赔偿责任问题。例如，一名警察在饭店吃饭，因与服务员发生口角，将该服务员打伤。这种殴打是该警察的个人行为，如果产生赔偿责任，只能是由该警察承担赔偿责任，国家不承担赔偿责任。

违法使用武器、警械是指行政机关工作人员在行使职权时，违反国家法律有关武器、警械的使用规定而使用武器、警械，造成公民身体伤害或者死亡的行为。对于使用武器、警械的范围和程序，《人民警察法》和《人民警察使用警械和武器条例》有详细的规定。一般来讲，人民警察使用武器、警械，针对的都是严重的暴力犯罪分子，并且应严格遵守法律的规定；如果违反这些规定，造成公民身体伤害或者死亡的，国家应当承担赔偿责任。

"其他违法行为"包括具体行政行为和与行政机关及其工作人员行使行政职权有关的，给公民、法人或者其他组织造成损害的，违反行政职责的行为。

（2）侵犯财产权利的。《国家赔偿法》第四条规定：行政机关及其工作人员在行使行政职权时有下列侵犯财产权情形之一的，受害人有取得赔偿的权利：

①违法实施罚款、吊销许可证和执照、责令停产停业、没收财物等行政

处罚的；

②违法对财产采取查封、扣押、冻结等行政强制措施的；

③违法征收、征用财产的；

④造成财产损害的其他违法行为。

吊销许可证和执照是指行政机关对持有某种许可证或者执照，但其活动违反许可的内容和范围的公民、法人或者其他组织的处罚。

责令停产停业是行政机关命令企业在一定期限内停止经营活动的处罚形式。

没收财物是指行政机关将违法行为人的非法所得、违禁物或者违法行为工具予以没收，是对生产、保管、加工、运输、销售违禁物品或者进行其他违法经营行为的公民、法人或者其他组织实施的一种经济上的处罚。如渔政管理部门没收非法渔获物和渔具，公安部门没收赌具、赌资，海关没收违禁物品等。

根据行政处罚法的规定，行政处罚应当遵循处罚法定原则，即处罚的主体应当合法、处罚的依据应当合法、处罚的内容应当合法、处罚的程序应当合法。行政机关作出处罚决定，违反上述任何一项法定原则，给公民、法人或者其他组织财产权造成损害的，受害人有取得国家赔偿的权利。

查封是指行政机关对财产所有人的动产或者不动产就地封存，贴上封条。

扣押是指行政机关将动产置于自己的控制之下。

冻结是指有关金融单位根据行政机关的请求，不准存款人动用其存款。

对财产的行政强制措施还有强制划拨、强制销毁、强制收兑、强行退还、强行拆除、强制变卖、财产保全等。

违法对财产采取强制措施主要是指：（1）无权作出行政强制措施的机关对财产采取强制措施的；（2）公民、法人或者其他组织依法履行了法定义务，不存在应对其财产采取强制措施的法定情形，而行政机关采取了强制措施的；（3）采取对财产的强制措施没有明确的法律依据的；（4）采取对财产的强制措施违反法定程序的。

征收和征用，是依据行政机关单方面的征收命令、征用命令对被征收、被征用的当事人发生作用，无须征得被征收、被征用的公民、法人或者其他组织的同意。征收、征用必须符合三项法定条件：一是为了公共利益的需要。所谓公共利益，是指全体社会成员的直接的利益，例如公共道路交通、公共卫生、灾害防治、国防、科学及文化教育事业，以及环境保护、文物古迹及风景名胜区的保护等，均属于社会公共利益。因商业目的需要取得公民、法人的土地使用权，应当与土地使用权人平等协商，按照《合同法》的规定签订合同。二是征收、征用应符合法律规定程序。三是必须对被征收、被征用的公民、法人给予公正补偿。违反上述三项条件，对公民、法人或者其他组织的合法财产进行征收、征用的，受害人有取得国家赔偿的权利。

2. 申请刑事赔偿的范围

申请刑事赔偿的范围，也包括两个方面：

（1）侵犯人身权的。《国家赔偿法》第十七条规定，行使侦查、检察、审判职权的机关以及看守所、监狱管理机关及其工作人员在行使职权时有下列侵犯人身权情形之一的，受害人有取得赔偿的权利：

①违反《刑事诉讼法》的规定对公民采取拘留措施的，或者依照《刑事诉讼法》规定的条件和程序对公民采取拘留措施，但是拘留时间超过《刑事诉讼法》规定的时限，其后决定撤销案件、不起诉或者判决宣告无罪终止追究刑事责任的；

②对公民采取逮捕措施后，决定撤销案件、不起诉或者判决宣告无罪终止追究刑事责任的；

③依照审判监督程序再审改判无罪，原判刑罚已经执行的；

④刑讯逼供或者以殴打、虐待等行为或者唆使、放纵他人以殴打、虐待等行为造成公民身体伤害或者死亡的；

⑤违法使用武器、警械造成公民身体伤害或者死亡的。

刑事拘留赔偿的情形包括：一是对于违反《刑事诉讼法》的规定采取刑事拘留措施的；二是对公安机关虽依法采取刑事拘留措施，但超过了法律规定的拘留期限，并且其后决定撤销案件、不起诉或者判决宣告无罪终止追究刑事责任的。对于公安机关依法采取刑事拘留措施，并且在法定期间内进行侦查取证活动，没有超过权限，其后予以释放的，国家不承担赔偿责任。

刑事拘留的条件：一是正在预备犯罪、实行犯罪或者在犯罪后即时被发觉的；二是被害人或者在场亲眼看见的人指认他犯罪的；三是在身边或者住处发现有犯罪证据的；四是犯罪后企图自杀、逃跑或者在逃的；五是有毁灭、伪造证据或者串供可能的；六是不讲真实姓名、住址，身份不明的；七是有流窜作案、多次作案、结伙作案重大嫌疑的。只有在上述情形下，公安机关才能采取拘留措施。超出法律规定的情形实施刑事拘留，即构成违法拘留。

《刑事诉讼法》对刑事拘留的期限作了明确规定："公安机关对被拘留的人，认为需要逮捕的，应当在拘留后的三日以内，提请人民检察院审查批准。在特殊情况下，提请审查批准的时间可以延长一日至四日。对于流窜作案、多次作案、结伙作案的重大嫌疑分子，提请审查批准的时间可以延长至三十日。"因此，只有流窜作案、多次作案、结伙作案的重大嫌疑人，报请批捕的时间能延长至三十日。对于其他刑事案件的犯罪嫌疑人，报请批捕的时间只能是七日以内。对不属于流窜作案、多次作案、结伙作案情形，采取拘留措施，拘留期限超过法定时限的，受害人有权获得国家赔偿。

依照《刑事诉讼法》规定的条件和程序对公民采取拘留措施，但是拘留时间超过刑事诉讼法规定的时限的，国家赔偿整个拘留期间，并不是只赔偿超过规定时限的那部分期间。

撤销案件，是指侦查机关在侦查过程中，发现不应对犯罪嫌疑人追究刑事责任的，对已经立案侦查的案件依法予以撤销的处理决定。

刑事不起诉，是指人民检察院对公安机关侦查终结移送起诉的案件和直接立案侦查终结的案件进行审查后，认为犯罪嫌疑人的行为不符合起诉条件，而依法作出的不将犯罪嫌疑人提交人民法院进行审判，终止刑事程序的处理决定。

宣告无罪，是指人民法院根据查明的案件事实、证据和法律规定，确认被告人无罪，或认为证据不足，指控的犯罪不能成立、作出宣告被告无罪的判决。人民法院的一审判决、二审判决和审判监督程序的再审改判都可能产生无罪判决。

错判有多种情形，包括无罪被判有罪、有罪被判无罪、此罪被判彼罪、重罪轻判等，但根据《国家赔偿法》，上述情形并不都要进行国家赔偿，只有无罪被判有罪，并全部或者部分执行刑罚的，国家才承担赔偿责任。

这里的刑罚，指剥夺人身自由的刑罚，主要指实际羁押的有期徒刑和无期徒刑。虽被判处刑罚，但没有被羁押，不能请求国家赔偿。人民法院判处管制、有期徒刑缓刑、剥夺政治权利等刑罚被依法改判无罪的，国家不承担赔偿责任。但是，判决生效前被羁押的，依法有权取得国家赔偿。

刑讯逼供，是指司法人员在办案过程中对犯罪嫌疑人、被告人使用肉刑或者变相肉刑获取口供的行为。与刑事拘留、逮捕的国家赔偿责任不同，刑讯逼供或者殴打、虐待等行为侵犯公民身体健康权的，不以受害者无罪为前提，有罪的受害者也有权获得此项赔偿。因此，受害者在受伤后即可申请国家赔偿，不必等诉讼结束。

司法机关工作人员应当按照法律、法规规定的情形、使用方法、对象来使用武器、警械。依法不应配备武器、警械的工作人员配备或者私自携带、使用武器、警械，依法佩带武器、警械的司法机关工作人员违反规定使用武器、警械，造成公民身体伤害或者死亡的，受害人有取得国家赔偿的权利。

（2）侵犯财产权的。《国家赔偿法》第十八条规定：行使侦查、检察、审判职权的机关及看守所、监狱管理机关及其工作人员在行使职权时有下列侵犯财产权情形之一的，受害人有取得赔偿的权利：

①违法对财产采取查封、扣押、冻结、追缴等措施的；

②依照审判监督程序再审改判无罪，原判罚金、没收财产已经执行的。

查封是行使侦查、检察、审判职权的国家机关将与刑事案件有关的可以用作证据、不便提取的财物，就地封存或者责成专人保管，任何人不得擅自移动或处分，以防转移、隐匿或者毁损丢失，以待进一步查处。

扣押是指有关司法机关将与刑事案件有关的物品、文件、邮件等强制扣留，限制被采取该项措施的人占有和处分的强制措施。与案件无关的物品、文件，不得扣押。对于扣押的物品、文件，要妥善保管或者封存，不得使用或者损毁。

冻结是有关司法机关为防止嫌疑人转移、处分与案件有关的资产，通知银行或者其他金融机构暂停支付或不准提取、转让存款或股票等有价证券的强制措施。

对于扣押的物品、文件、邮件、电报或者冻结的存款、汇款，经查明确实与案件无关的，应当在三日以内解除扣押、冻结，退还原主或者原邮电机关。

追缴是有关司法机关对于犯罪工具、物品、赃物、非法所得等进行追查、收缴、退回原主或上缴国家的措施。

实践中违法查封、扣押、冻结、追缴主要有以下情形：（1）对与案件无关的财物以及被告人的合法财产采取查封、扣押、冻结、追缴等强制措施。如对案件之外的其他公民、法人的财物，被告人家属个人的合法收入、储蓄、生产资料，被告人合法继承的遗产及奖品、资金等采取查封、扣押、冻结、追缴等强制措施。（2）宣告被告人无罪后，仍继续查封、扣押或者冻结财产。（3）查封、扣押或者冻结财产后，未妥善保管封存，随意使用或者致使财产毁损，而给被告人的财产造成损害的。

如果依照审判监督程序再审改判被告人无罪，则已经执行的罚金或者没收的财产，国家应当承担赔偿责任，予以返还。

3. 国家不承担赔偿责任的情形

《国家赔偿法》第五条规定，属于下列情形之一的，国家不承担赔偿责任：

（1）行政机关工作人员与行使职权无关的个人行为；

（2）因公民、法人和其他组织自己的行为致使损害发生的；

（3）法律规定的其他情形。

区分行政机关工作人员的行为是公务行为还是个人行为，通常要综合考虑以下因素：（1）时间要素。公务员在上班和执行任务期间实施的行为，通常视为公务行为，而在下班和非执行任务期间实施的行为，通常视为个人行为。（2）名义要素。公务员的行为是以其所属的行政主体的名义作出的，通常视为公务行为；非以其所属的行政主体的名义作出的，通常视为个人行为。（3）公益要素。公务员的公务行为涉及公共利益的，同公共事务有关的，通常视为公务行为；不涉及公共利益，与公共事务无关的，通常视为个人行为。（4）职责要素。公务员的行为属于其职责范围的，通常视为公务行为；超出其职责范围的，通常视为个人行为。（5）命令要素。公务员按照法律或者行政首长的命令、指示以及委托实施的行为，通常视为公务行为；无命令和法律根据的行为，通常视为个人行为。（6）公务标志要素。公务员执行公务时佩戴或出示能表明其身份的公务标志的行为，通常视为公务行为；反之则属于个人行为。行政机关工作人员与行使职权无关的个人行为给公民、法人或者其他组织造成损害的，由该工作人员本人承担赔偿责任，国家不承担赔偿责任。

因公民、法人和其他组织自己的行为致使损害发生的，即受害人过错造成损害发生的，国家不承担赔偿责任。例如，妻子违反交通规则导致事故发生，丈夫担心妻子受苦，谎称是自己驾驶汽车导致事故发生，致使公安机关将其拘留。对此，丈夫不但无权请求国家赔偿，还应当承担伪造证据、扰乱行政执法的责任。又如，公民在被行政拘留期间，自伤、自残的，也不能请求国家赔偿。在受害人和行政机关对损害的发生都有过错时，应当根据受害人过错的程度，认定行政机关的侵权行为与损害结果之间的联系程度，确定因果关系以及赔偿责任的大小。

"法律规定的其他情形"主要有以下几种：一是不可抗力，二是紧急避险，三是意外事件，四是第三人过错，五是正当防卫。

公民、法人或者其他组织以国防、外交等国家行为或者行政机关制定发布行政法规、规章或者具有普遍约束力的决定、命令侵犯其合法权益造成损害为由，向人民法院提起行政赔偿诉讼的，人民法院不予受理。

（二）申请国家赔偿的条件、程序和时限

申请国家赔偿的条件是：

（1）申请人必须合法。申请国家赔偿的人，必须是受到国家机关违法行为直接侵害的公民、法定代理人、法人或其他组织。

（2）必须是属于法定赔偿范围的案件。比如，××省××市律师董某被错捕错押一案。但是，倘若是行政机关工作人员与行使职权无关的"个人行为"，或者因公民自己故意作虚假供述被判处刑罚的，依法不可以申请国家赔偿。

（3）必须遵守国家赔偿法定程序和时限。

具体说，申请国家赔偿的程序和时限是：

（1）行政赔偿，应当先向赔偿义务机关提出，也可以在申请行政复议或者提起行政诉讼时一并提出。赔偿义务机关应当自收到申请之日起两个月内，作出是否赔偿的决定。赔偿义务机关作出决定，应当充分听取赔偿请求人的意见，并可以与赔偿请求人就赔偿方式、赔偿项目和赔偿数额进行协商。赔偿义务机关在规定期限内未作出是否赔偿的决定，赔偿请求人可以自期限届满之日起三个月内，向人民法院提起诉讼。赔偿请求人对赔偿的方式、项目、数额有异议的，或者赔偿义务机关作出不予赔偿决定的，赔偿请求人可以自赔偿义务机关作出赔偿或者不予赔偿决定之日起三个月内，向人民法院提起诉讼。

（2）刑事赔偿，也应当先向赔偿义务机关提出，赔偿义务机关应当自收到申请之日起两个月内，作出是否赔偿的决定。赔偿义务机关作出赔偿决定，应当充分听取赔偿请求人的意见，并可以与赔偿请求人就赔偿方式、赔偿项目和赔偿数额进行协商。与行政赔偿不同的是，赔偿义务机关（除人民法院外）在规定期限内未作出是否赔偿的决定，赔偿请求人可以自期限届满之日起三十日内向赔偿义务机关的上一级机关申请复议。赔偿请求人对赔偿的方式、项目、数额有异议的，或者赔偿义务机关作出不予赔偿决定的，赔偿请求人可以自赔偿义务机关作出赔偿或者不予赔偿决定之日起三十日内，向赔偿义务机关的上一级机关申请复议。复议机关应当自收到申请之日起两个月内作出决定。赔偿请求人不服复议决定的，可以在收到复议决定之日起三十日内向复议机关所在地的同级人民法院赔偿委员会申请作出赔偿决定；复议机关逾期不作决定的，赔偿请求人可以自期限届满之日起三十日内向复议机关所在地的同级人民法院赔偿委员会申请作出赔偿决定。

赔偿义务机关是人民法院的，赔偿请求人可以向其上一级人民法院赔偿委员会申请作出赔偿决定。人民法院赔偿委员会应当自收到申请之日起三个月内作出决定；属于疑难、复杂、重大案件的，经本院院长批准，可以延长三个月。

（3）非刑事司法赔偿的程序同刑事赔偿。

申请国家赔偿，必须在国家机关侵权行为被确认两年内提出。

（4）申请国家赔偿必须递交申请书。

四、律师代理请求国家赔偿前应审查的情况

律师接受当事人委托时应审查的内容包括：

（1）赔偿义务机关是否适格。首先，侵犯当事人合法权益的必须是国家机关及其工作人员，或经其授权的组织或者个人；其次，侵权行为必须是执行职务的违法行为；最后，该侵权的违法执行职务的行为，给当事人的合法权益造成实际的损害或必然的可得利益受到损害，该损害不是假象、预料或期待的非现实损害。

（2）请求国家赔偿的当事人是否适格。提起国家赔偿请求的委托人必须是认为国家机关及其工作人员执行职务的违法行为侵犯其合法权益并造成损害的公民、法人或者其他组织，包括在中华人民共和国领域内请求中华人民共和国国家赔偿的外国人、外国企业和组织。受害的公民死亡的，其继承人和其他有抚养关系的亲属有权请求赔偿。受害的法人或者其他组织终止，承受其权利的法人和其他组织有权要求赔偿。上述公民、法人或其他组织均可委托律师，代其请求国家赔偿。

（3）请求事项是否属于我国《国家赔偿法》所规定的可以提起国家赔偿的范围。我国《国家赔偿法》对可以请求国家赔偿的侵犯人身权的情形、侵犯财产权的情形和国家不承担赔偿责任的情形三方面，对国家行政赔偿和刑事赔偿的范围作了明确的规定。律师在接受当事人委托时，应对委托事项进行审查，看是否属于可请求国家赔偿的情形。律师对属于这些范围之内的事项才能接受当事人委托。

（4）当事人的请求必须在法定期限内提出。依我国《国家赔偿法》的规定，赔偿请求人请求国家赔偿的期限为两年，自国家机关及其工作人员行使职权的行为被依法确认为违法之日起计算。因此，律师在审查时应注意当事人的请求是否超过法律规定的期限，超过法定期限的，律师不能接受当事人委托。但律师应注意以下两种情况：一是赔偿请求人被羁押期间不计算在两年之内；二是赔偿请求人在赔偿请求时效的最后六个月内，因不可抗力或者其他障碍不能行使请求权的，时效应当中止，从中止时效的原因消除之日起，赔偿请求时效期间继续计算。对于我国《国家赔偿法》规定的这两种情况，律师受案时应注意将被羁押期限和延误期限从两年中扣除。

（5）当事人是否有明确、具体的赔偿请求和事实根据。当事人请求国家赔偿，应当有明确、具体的诉讼请求，如请求支付赔偿金，返还财产，恢复原状或者在特定范围内消除影响，恢复名誉，赔礼道歉等。当事人应对自己的赔偿请求出具初步可信的事实材料，主要是能证明国家机关及其工作人员的侵权行为存在，自己受到损害的事实及前两者具有因果关系三方面的事实材料。这是作为赔偿请求的当事人应负的举证责任。

律师接受当事人委托时应重点审查以上五方面的情况，符合要求的，律师方可接受当事人的委托，代理其请求国家赔偿。

五、代理请求国家赔偿时律师怎样确定赔偿义务机关

赔偿义务机关适格，是律师接受当事人委托时必须认真审查的重要内容之一，也是律师顺利代理请求国家赔偿，及时有效地维护当事人合法权益的前提。故此，律师应当明确了解某具体侵权损害的赔偿义务机关是哪个，绝对不能张冠李戴。依照我国《国家赔偿法》的规定，赔偿义务机关因律师所代理的请求国家赔偿的形式以及具体侵犯损害事项的差异而不同。现列述如下：

1. 可作为律师所代理的请求国家行政赔偿的赔偿义务机关

（1）行政机关及其工作人员行使行政职权侵犯公民、法人和其他组织的合法权益造成损害的，该行政机关为赔偿义务机关。

（2）两个以上的行政机关共同行使职权时侵犯公民、法人和其他组织的合法权益造成损害的，共同行使行政职权的行政机关为共同赔偿义务机关。

（3）法律、法规授权的组织在行使授予的行政权力时侵犯公民、法人和其他组织的合法权益造成损害的，被授权的组织为赔偿义务机关。

（4）受行政机关委托的组织或者个人在行使受委托的行政权力时侵犯公民、法人和其他组织的合法权益造成损害的，委托的行政机关为赔偿义务机关。

（5）赔偿义务机关被撤销的，继续行使其职权的行政机关为赔偿义务机关；没有继续行使其职权的行政机关的，撤销该赔偿义务机关的行政机关为赔偿义务机关。

（6）经复议机关复议的，最初造成侵权行为的行政机关为赔偿义务机关，

但复议机关的复议决定加重损害的，复议机关对加重的部分履行赔偿义务。

2. 可作为律师所代理的请求国家刑事赔偿的赔偿义务机关

（1）行使侦查、检察、审判职权的机关以及看守所、监狱管理机关及其工作人员在行使职权时侵犯公民、法人和其他组织的合法权益造成损害的，该机关为赔偿义务机关。

（2）对公民采取拘留措施，依照本法的规定应当给予国家赔偿的，作出拘留决定的机关为赔偿义务机关。

（3）对公民采取逮捕措施后决定撤销案件、不起诉或者判决宣告无罪的，作出逮捕决定的机关为赔偿义务机关。

（4）再审改判无罪的，作出原生效判决的人民法院为赔偿义务机关。二审改判无罪的，以及二审发回重审后作无罪处理的，作出一审有罪判决的人民法院为赔偿义务机关。

3. 律师代理请求国家民事、行政审判赔偿的，在民事诉讼、行政诉讼过程中违法采取对妨害诉讼的强制措施、保全措施或者对判决、裁定及其他生效法律文书执行错误，造成当事人损害的，人民法院为赔偿义务机关。

六、律师代理请求国家行政赔偿的步骤

律师代理当事人请求国家行政赔偿，一般应按以下步骤进行：

律师对当事人委托事项进行审查，认为可以请求国家行政机关赔偿的，接受委托，并取得初步证据材料一起提交赔偿义务机关。申请书中应载明下列事项：（1）受害人的姓名、性别、年龄、工作单位和住所，受害人是法人或者其他组织的，要写明其名称、住所和法定代表人或者主要负责人的姓名、职务。赔偿请求人与受害人不一致的，应当写明赔偿请求人的详细情况及其同受害人的关系，并且必须出具相应的身份证明。（2）代理律师的姓名、职务，所在律师事务所的名称。（3）侵权损害发生的过程，受到损害的范围、程度，并附上相应的证据材料，同时还应提出具体的赔偿请求、事实根据和

理由。（4）申请的年、月、日。（5）当事人签名、盖章。（6）赔偿请求人当面递交申请书的，赔偿义务机关应当当场出具加盖本行政机关专用章，并注明收讫日期的书面凭证。申请材料不齐全的，赔偿义务机关应当当场或者在五日内一次性告知赔偿请求人需要补正的全部内容。

依我国《国家赔偿法》和《行政诉讼法》的规定，请求国家行政赔偿必须经赔偿义务机关先行处理以后，才能提起行政赔偿诉讼。因此，代理律师应先向负有赔偿义务的机关提交请求赔偿申请书。法律、法规规定必先向法定复议机关申请复议的，代理律师可在申请复议的同时向复议机关提出行政赔偿请求（请求可在复议申请书中写明，也可在递交复议申请书的同时另外提交请求赔偿申请书）。但是在申请行政复议之时提出赔偿请求的，也必须以先向赔偿义务机关提出行政赔偿请求。

七、律师向法院提起行政赔偿诉讼的方式

《国家赔偿法》第十四条规定：赔偿义务机关在规定期限内未作出是否赔偿的决定，赔偿请求人可以自期限届满之日起三个月内，向人民法院提起诉讼。赔偿请求人对赔偿的方式、项目、数额有异议的，或者赔偿义务机关作出不予赔偿决定的，赔偿请求人可以自赔偿义务机关作出赔偿或者不予赔偿决定之日起三个月内，向人民法院提起诉讼。

作为代理律师向法院提起行政诉讼的方式大致两种：一是单独式；二是附带式。两种方式的主要区别在于，前者是单独向法院提起行政赔偿诉讼，后者是向法院提起行政诉讼的同时提起赔偿诉讼。代理律师可根据实际情况选择其一而为。

1. 单独式

所谓单独式是指当事人的诉讼请求仅限于"赔偿"，对于行政行为合法与否没有具体要求。在下列的情况下，代理律师可向人民法院单独提起行政赔偿诉讼：

（1）当事人和赔偿义务机关对具体的行政行为的合法性没有争议，只是对行政赔偿问题达不成协议的。

（2）具体的行政行为已被复议机关撤销或变更，但复议机关未对行政赔偿问题作出裁决或者当事人对复议机关的赔偿裁决不服的。

（3）依据法律的规定，具体行政行为经过行政机关复议之后，行政复议机关所作出的裁定为终局裁定，行政行为的合法性已不得争议，受害人对行政赔偿仍有异议的。

（4）当事人在行政诉讼之时没有提出赔偿请求，而在行政诉讼终结之后才提出赔偿请求的。

（5）具体的行政行为已被法院的判决确认为违法行为，判决生效后，当事人提出行政赔偿请求的。

（6）当事人仅对具体行为所造成的损害提出赔偿请求，无须确认行为的合法性，只需就侵权事实成立与否及赔偿数额作出调解或裁判的。

2. 附带式

该种方式是指当事人在提起行政诉讼的同时一并提起行政赔偿诉讼。损害结果是由有争议的具体行政行为造成的，损害而致的赔偿责任同具体行政行为之间有着内在必然的联系。只有在确认其具体行政行为违法的基础上，才能解决因该行为引起的赔偿争议。为了简化程序，节省人力、物力及时间，方便当事人，也便于法院办案，避免行政诉讼判决与赔偿判决之间的矛盾，法院将行政诉讼和行政赔偿诉讼合并审理。律师也可同时提起行政诉讼和行政赔偿诉讼。

八、国家赔偿方式和计算标准——代理律师怎样计算请求国家赔偿的具体数额

（一）赔偿方式

国家赔偿以支付赔偿金为主要方式。能够返还财产或者恢复原状的，予

以返还财产或者恢复原状。

国家赔偿的方式，是指国家机关及其工作人员有《国家赔偿法》规定的情形，侵犯公民、法人或者其他组织合法权益且造成损害时，承担赔偿责任的形式，即国家对自造成损害的行为以何种责任方式承担法律后果。

支付赔偿金，是指加害人因侵权行为造成他人财产或人身损害，依法应承担的以给付金钱的形式弥补所受损害的赔偿形式。除特别情形以外，绝大部分赔偿应通过货币支付的方式进行，只有在返还财产、恢复原状更为适当时，才可以采取这两类方式。返还财产的前提是原物存在且可以被返还，倘若原物已经不存在，则无法适用这一方式，只能采取金钱赔偿；即使原物存在，但已被处理，如已被拍卖无法返还的，也无法适用这一方式。

恢复原状，是指赔偿义务机关按照受害人的愿望和要求恢复损害发生之前的原本状态。例如，将损坏的财产重新修复，解除对财产的扣押和冻结等。倘若被损坏的财产没有修复的可能，或者修复在经济效益上不合算，或者所有人不再需要，则不应适用这一方式。例如，行政机关违法强行拆迁房屋，原房屋所在地已经修建其他建筑物，一般来说就无法恢复原状。

（二）计算标准

律师接受赔偿请求人的委托后，应就当事人给付赔偿金的要求数额按法律规定的计算标准进行审查，或者帮助当事人计算要求国家金钱赔偿的数额。依据我国《国家赔偿法》及其他有关法律、法规规定，国家支付赔偿金的数额的计算标准有：

1. 侵犯公民人身自由的国家赔偿标准

侵犯公民人身自由的，每日赔偿金按照国家上年度职工日平均工资计算。侵犯人身自由的赔偿金，可以分为两部分：一是对误工损失的赔偿，二是造成严重后果的精神损害抚慰金。

本条所指"上年度"，应为赔偿义务机关、复议机关或者人民法院赔偿委员会作出赔偿决定时的上年度；复议机关或者人民法院赔偿委员会决定维持原赔偿决定的，按作出原赔偿决定时的上年度执行。国家上年度职工日平均工资数额，应当以职工年平均工资除以全年法定工作日数的方法计算。年平均工资以国家统计局公布的数字为准。

2. 侵犯公民生命健康权的国家赔偿标准

侵犯公民生命健康权的，赔偿金按照下列规定计算：

（1）造成身体伤害的，应当支付医疗费、护理费，以及赔偿因误工减少的收入。减少的收入每日的赔偿金按照国家上年度职工日平均工资计算，最高额为国家上年度职工年平均工资的五倍。

（2）造成部分或者全部丧失劳动能力的，应当支付医疗费、护理费、残疾生活辅助具费、康复费等因残疾而增加的必要支出和继续治疗所必需的费用，以及残疾赔偿金。残疾赔偿金根据丧失劳动能力的程度，按照国家规定的伤残等级确定，最高不超过国家上年度职工年平均工资的二十倍。造成全部丧失劳动能力的，对其扶养的无劳动能力的人，还应当支付生活费。

（3）造成死亡的，应当支付死亡赔偿金、丧葬费，总额为国家上年度职工年平均工资的二十倍。对死者生前扶养的无劳动能力的人，还应当支付生活费。

前款第二项、第三项规定的生活费的发放标准，参照当地最低生活保障标准执行。被扶养的人是未成年人的，生活费给付至十八周岁止；其他无劳动能力的人，生活费给付至死亡时止。

身体伤害，也称为一般伤害，是指身体受到的尚未造成残疾、未造成劳动能力受损的伤害。

医疗费是指受害人身体受到伤害后为恢复健康而进行治疗所支出的费用，包括挂号费、检查费、医药费、治疗费、住院费、康复费等。赔偿义务机关对治疗的必要性与合理性有异议的，应当承担相应的举证责任。医疗费一般包括实际已经发生的费用，以及根据医疗证明或者鉴定结论确定在将来必然发生的医疗费用等。

　　护理费是指受害人因受损害导致生活不能自理时，由专人进行护理所支出的费用。赔偿护理费的前提是，受害人受到损害，生活不能自理或者不能完全自理，需要有人进行护理。护理费一般根据护理人员的收入状况和护理人数、护理期限确定。护理人员有收入的，原则上参照其因误工而减少的收入计算；没有收入或者雇佣专门护工的，原则上参照当地护工同等级护理服务的劳动报酬来计算。护理期限原则上应计算至受害人恢复自理能力时为止。受害人因残疾不能恢复自理能力的，可以根据其年龄、残疾等级、健康状况等因素综合确定合理的护理期限。

　　因误工减少的收入，是指受害人因受到伤害而无法从事正常工作或者劳动而失去或者减少的收入，也可以称为误工费。误工费以受害人从受到伤害到恢复正常能参加工作、劳动时为止的这段时间内的损失来计算，这段时间内每天的赔偿金按国家上年度职工日平均工资计算。误工费赔偿的最高限额为国家上年度平均工资的五倍。

　　残疾赔偿金是指国家机关及其工作人员侵犯了公民的健康权，致使公民部分或者全部丧失劳动能力后，国家支付给受害人的赔偿。丧失劳动能力的程度，可由各地的劳动能力鉴定委员会进行鉴定，按照《工伤保险条例》以及《劳动能力鉴定职工工伤与职业病致残等级》的相应规定，一至四级伤残的，为全部丧失劳动能力；五级、六级伤残的，为大部分丧失劳动能力；七到十级伤残的，为部分丧失劳动能力。残疾赔偿金的支付应当根据丧失劳动能力的程度，按照国家规定的伤残等级确定，最高不超过国家上年度职工年平均工资的二十倍。

　　残疾生活辅助具费是指受害人因残疾而造成身体功能全部或者部分丧失后需要配置补偿功能的残疾辅助器具的费用。残疾生活辅助器具主要包括假肢及其零部件、义眼、助听器、盲人阅读器、助视器、矫形器等。

　　被扶养人的生活费是指国家机关及其工作人员侵犯了公民的生命健康权，致使公民全部丧失劳动能力的，对其扶养的无劳动能力的人所支付的生活费。根据有关规定，公民应扶养的人包括祖父母、外祖父母、父母、配偶、未满十八周岁的子女以及公民已经形成扶养关系的人，在特定情况下，还包括弟妹、兄姐。

公民死亡的情况下，死亡者生前的医疗救治费应单独支付。死亡赔偿金只能支付给受害人的近亲属；至于受害人的近亲属依法请求的精神损害赔偿，则是加害人对受害人近亲属因受害人死亡而产生的悲痛等精神上受伤害而应当支付的抚慰金。

3. 精神损害的国家赔偿标准

有《国家赔偿法》第三条或者第十七条规定情形之一，致人精神损害的，应当在侵权行为影响的范围内，为受害人消除影响，恢复名誉，赔礼道歉；造成严重后果的，应当支付相应的精神损害抚慰金。

精神损害赔偿是指因侵害受害人的人身权而使得受害人受到严重精神损害的，致害人对此给予的赔偿。严重精神损害是指受害人的心理上、精神上遭受的严重损害，其具体表现形式包括受害人死亡的，其近亲属的悲痛和哀伤；受害人因身体受到严重伤害乃至伤残而感受到的精神痛苦，因伤残而导致将来生活与就业困难的精神上的焦虑；受害人因受侵害，虽然身体未受到严重伤害，但心理上受到严重刺激，出现了精神病或者间歇性精神病，或者抑郁症等严重的精神障碍；受害人因其名誉权和荣誉权受到严重损害也可以请求精神赔偿。

关于精神损害赔偿的情形大体可以分为以下几类：

（1）受害人名誉权、荣誉权受到损害而请求精神损害赔偿。当国家机关及其工作人员侵害公民的人身权与财产权致使公民的名誉权、荣誉权受损时，有关的赔偿义务机关应当为其消除影响，恢复名誉，赔礼道歉。所谓消除影响，是指赔偿义务机关承担的在特定范围内消除因公民名誉权、荣誉权受侵害的不良影响，以恢复公民原有的名誉和荣誉。所谓恢复名誉，是指赔偿义务机关在公民名誉权、荣誉权受损的范围内为其恢复名誉、荣誉，使之恢复到侵害发生之前的状态。所谓赔礼道歉，是指赔偿义务机关因损害了公民的名誉权和荣誉权，通过公开的方式，以使公众广泛知晓的途径，向受害人承认错误、请求受害人谅解。

需要注意的是：第一，对于公民名誉权、荣誉权受损的事实，只要公民被国家机关及其工作人员不法侵害了其人身权、财产权的，就可以认定为其名誉权、荣誉权受损。比如，公民被错误逮捕，导致其邻居、同事等有所非议；公民开的商店错误遭到停业的处罚，也会导致该公民在同行、客户中声誉受损，这也可以认定为公民的名誉权、荣誉权遭到了损害。第二，本类国家赔偿的方式应在不良影响所达的范围内作出。比如，倘若某公民被错误逮捕，其名誉权、荣誉权受到了损害，导致在某县范围内造成了不良影响，则赔偿义务机关应在该县范围内作出本类赔偿。第三，赔偿义务机关应当负责相关的费用，如登报费用等。

（2）公民因生命健康权受损害而发生死亡的，可以请求精神损害赔偿。公民因生命健康权受侵害而受伤或者造成残疾的，应当认定其精神受到损害，赔偿义务机关或法院可根据受害人受伤以及残疾的程度，参照国家有关鉴定标准，综合考虑侵权人的过错程度，侵害的手段、场合与行为方式，侵权行为所造成的后果，侵权人的家庭经济情况，受诉法院所在地平均生活水平等因素给予受害人相应的精神损害赔偿。

对于公民因国家机关及其工作人员侵犯其生命健康权致死亡的，受害人的近亲属的精神会遭受严重的损害，赔偿义务机关或法院应当给予受害人的近亲属以一定的精神损害赔偿金，具体数额可参照当地的经济水平，侵害的手段、场合与行为方式等因素。

（3）受害人虽然身体未受严重伤害，但其心理精神严重受损，出现了精神病、间歇性精神病或者抑郁症、失眠症等严重的精神障碍、精神疾病的症状。对于这种情形，只要有医疗诊断等有关证据证明受害人心理精神状况受到严重影响和伤害的，除了有关机关需要支付相应的治疗费用外，还需要对受害人给予精神损害赔偿，具体赔偿数额，有关机关可参考上述因素确定。

4. 侵犯财产权的国家赔偿标准

侵犯公民、法人和其他组织的财产权造成损害的，按照下列规定处理：

（1）处罚款、罚金、追缴、没收财产或者违法征收、征用财产的，返还财产。

（2）查封、扣押、冻结财产的，解除对财产的查封、扣押、冻结，造成财产损坏或者灭失的，依照本条第三项、第四项的规定赔偿。

（3）应当返还的财产损坏的，能够恢复原状的恢复原状，不能恢复原状的，按照损害程度给付相应的赔偿金。

（4）应当返还的财产灭失的，给付相应的赔偿金。

（5）财产已经拍卖或者变卖的，给付拍卖或者变卖所得的价款；变卖的价款明显低于财产价值的，应当支付相应的赔偿金。

（6）吊销许可证和执照、责令停产停业的，赔偿停产停业期间必要的经常性费用开支。

（7）返还执行的罚款或者罚金、追缴或者没收的金钱，解除冻结的存款或者汇款的，应当支付银行同期存款利息。

（8）对财产权造成其他损害的，按照直接损失给予赔偿。

拍卖是指以公开竞价的形式，将特定物品或者财产权利转让给最高应价者的买卖方式。变卖是指将特定财物委托商业企业代为销售的买卖方式。赔偿义务机关违法对财产予以没收或者查封、扣押、冻结后，倘若对财产进行拍卖、变卖，原物已经不存在或者他人获得了所有权，返还财物已经不可能，只能采取给付赔偿金的方式。财产已经拍卖或者变卖的，给付拍卖或者变卖所得的价款；变卖的价款明显低于财产价值的，应当支付相应的赔偿金。

必要的经常性费用开支，是指企业、商店等停产停业期间用于维持其基本运转、运营的开支，包括水电费、房屋场地租金、仓储保管费、设备保养维护费、职工基本工资等。

"直接损失"，是指因不法侵害而致财产遭受的直接减少或消灭，主要是指既得利益的损失或现有财产的减少，不包括间接损失和可得利益的损失。直接损失包括下列情形：（1）保全、执行过程中造成财物灭失、毁损、霉变、腐烂等损坏的；（2）违法使用保全、执行的财物造成损坏的；（3）保全的财物系国家批准的金融机构贷款的，当事人应支付的该贷款借贷状态下的贷款利息。执行上述款项的，贷款本金及当事人应支付的该贷款借贷状态下的贷款利息；（4）保全、执行造成停产停业的，停产停业期间的职工工资、税金、水电费等必要的经常性费用；（5）法律规定的其他直接损失。

九、赔偿金计算公式

（一）侵犯公民人身自由赔偿金的计算公式

赔偿金 = 受害人被限制人身自由的天数 × 国家上年度职工日平均工资

（注：①国家上年度职工日平均工资 = 国家上年度年平均工资 ÷ 上年度全年法定工作天数；②上年度指作出赔偿决定时的上年度）

（二）侵犯公民生命健康权的赔偿金计算公式

（1）造成身体伤害，但未造成部分或者全部丧失劳动能力的

赔偿金 = 医疗费 + 护理费 + 因误工减少的收入

（注：减少的收入每日的赔偿金按照国家上年度职工日平均工资计算，最高额为国家上年度职工年平均工资的五倍）

（2）造成部分或者全部丧失劳动能力的

赔偿金 = 医疗费 + 护理费 + 残疾生活辅助具费 + 康复费 + 继续治疗必需费用 + 残疾赔偿金 + 扶养人的生活费

（注：①残疾赔偿金 ≤ 国家上年度职工年平均工资的二十倍；②扶养人的生活费仅在造成全部丧失劳动能力时，对其扶养的无劳动能力人支付，发放标准参照当地最低生活保障标准执行）

（3）造成死亡的

赔偿金 = 丧葬费 + 死亡赔偿金 + 扶养人生活费

（注：①丧葬费和死亡赔偿金的总额为国家上年度职工年平均工资的二十倍；②扶养人生活费仅对死者生前扶养的无劳动能力人支付，发放标准参照当地最低生活保障标准执行）

（三）精神损害抚慰金的计算公式

精神损害抚慰金在造成严重后果的前提下相应支付。

（四）违法罚款、罚金、追缴、没收财产、征收、征用财产的赔偿金计算公式

赔偿金 = 与损坏程度相应的赔偿金或与灭失财产相应的赔偿金 + 银行同期存款利息

（注：返还执行的罚款、罚金、追缴，或没收金钱的，应当支付银行的同期存款利息）

（五）违法查封、扣押、冻结财产赔偿金的计算公式

赔偿金 = 因违法查封、扣押财产而造成的直接经济损失 + 银行同期存款利息

（注：解除冻结的存款或者汇款的，应当支付银行同期存款利息）

（六）应当返还的财产损坏的赔偿计算公式

赔偿金 = 应当返还物品的损坏部分的相应价格

（注：如果物品因其部分损坏而使其全部丧失功用的，则赔偿全部价款）

（七）应当返还的财产灭失的赔偿金计算公式

赔偿金 = 与该灭失财产相应的赔偿金

（八）拍卖或者变卖财产的赔偿金的计算公式

赔偿金 = 应当返还的财产拍卖或者变卖所得的价款

（注：变卖的价款明显低于财产价值的，应当支付相应的赔偿金）

（九）违法吊销许可证和执照、责令停产停业的损害赔偿金的计算公式

赔偿金 = 必要的经常性费用开支 = 水电费 + 仓储保管费 + 职工的基本工资等直接经济损失

（十）其他财产权损害的赔偿金的计算公式

赔偿金 = 直接损失

第九章　律师担任法律顾问、代理非诉讼法律事务必备的业务素质

律师担任法律顾问和代理非诉讼法律事务的法律依据是我国《律师法》中的规定，律师可以接受自然人、法人和其他组织的委托，担任法律顾问；律师可以接受当事人的委托，参加调解、仲裁活动；接受非诉讼法律事务当事人的委托，提供法律服务。此外，其他涉及非诉讼法律事务的法律、法规，例如我国《民事诉讼法》、《仲裁法》和《继承法》等，都有有关律师可以代理相关法律事务的规定，这些法律、法规是律师代理非诉讼法律事务的法律依据。

第一节　律师担任法律顾问必需的业务素质

律师担任法律顾问的主要服务内容是提供咨询、出具法律意见书、参与重大事项研究、参与重点事件研究等。律师应如何接受公民、法人和其他组织的委托，卓有成效地担任法律顾问呢？

一、法律顾问和法律顾问合同

（一）什么是法律顾问

狭义的法律顾问，是指受法人或其他组织以及公民个人的聘请，为聘方提供法律服务，维护其合法权益的律师，即专指应聘的取得律师资格的专职律师或兼职律师。作为法律顾问，是律师业务的重要组成部分，其职责是为聘请人就有关法律问题提供意见，草拟、审查法律文书，代理参加诉讼、

调解或者仲裁活动等，维护聘请人的合法权益。律师通过与聘请人签订合同，明确双方权利、义务而担任法律顾问。但受聘律师在组织上和业务上仍须受律师事务所的管理和指导。法律顾问按聘任期限划分，可以分常年法律顾问和临时法律顾问；按法律顾问的工作范围可分为，有特定范围的法律顾问和无特定范围的法律顾问。

（二）法律顾问合同如何签订

法律顾问合同是顾问律师开展法律服务的合法依据，聘应双方都必须严格履行。聘请法律顾问的一般程序是：

（1）发聘。聘请人向律师事务所发出聘请法律顾问的约请，由律所提出应聘条件，供聘请人修改、补充。

（2）应聘。律所接到聘请人的发聘后，经过对聘方合法资格的调查，作出同意指派律师为其担任法律顾问的意思表示。

（3）协商。双方就聘请合同条款和人选等进行平等协商，明确双方的权利和义务，达成一致意见。

（4）签订合同。双方经过协商达成一致意见后，正式签订聘请顾问合同。履行完双方约定的手续后，合同即告生效。

（三）聘请法律顾问合同的基本内容

（1）明确聘应双方同意根据《律师法》建立聘请法律顾问关系。

（2）合同双方的法定名称及受聘方指派的律师姓名、职务、职称（首席法律顾问应予注明）。

（3）律师提供法律服务的工作范围。

（4）律师工作时间和工作方式。

（5）聘请为顾问律师提供必要的工作条件和物质保证。

（6）律师参与仲裁、诉讼等活动是否另行收费及另行收费的规定。

（7）收费数额和结算方式。

（8）合同的生效和有限期限。

（9）合同变更或解除条件。

（10）违约责任和处理办法。

（11）双方约定的其他必要事项。

此外，还应写明合同文本的份数、存执和效力。双方当事人签字并盖章。

二、律师担任法律顾问的权利义务及业务范围

（一）法律顾问的权利义务

律师担任法律顾问，与聘请人不但权利是平等的，义务也是平等的。根据权利义务对等原则，法律顾问享有一定的权利，同时也承担一定的义务。

1. 法律顾问的权利

（1）根据工作需要，有权列席聘方的有关会议。

（2）有权查阅聘方与法律顾问工作有关的文件、资料、数据。

（3）在代理参加诉讼或非诉讼事务时，有权取得聘方委托手续。

（4）当发现聘方有违约行为时，有权劝阻；倘若聘方不听劝阻，有权通过律师事务所提出终止聘请合同。

（5）有权获得聘方提供必要的工作条件。

（6）有权依照聘请合同的规定，从聘方取得一定的劳动报酬。

（7）因聘方违约，有权按聘请合同所规定的违约责任条款，追究聘方的违约责任。

2. 法律顾问的义务

（1）依照法律和聘请合同的规定，按时、按质、按量完成聘方委托或交办的法律事务。

（2）应邀参加会议和就某些法律事项提供法律意见和建议。

（3）依照法律和聘请合同的规定，维护聘方合法权益。

（4）保守国家秘密和聘方商业秘密。

（5）承担因违法执业或者因过错而给聘方造成损失的民事赔偿责任。

（二）法律顾问的业务范围

律师担任法律顾问的业务范围，即法律顾问的职责范围，指律师担任法律顾问为聘方提供法律服务中承担的具体业务。我国《律师法》规定："律师担任法律顾问的，应当按照约定为委托人就有关法律问题提供意见，草拟、审查法律文书，代理参加诉讼、调解或者仲裁活动，办理委托的其他法律事务，维护委托人的合法权益。"依上述规定及法律顾问实践，法律顾问业务概括起来有如下七个方面：

（1）为聘方就业务上的法律问题提供口头或书面意见；

（2）协助聘方草拟、审查法律文书（合同书、协议书、控告书、调解书、起诉状、答辩状等）；

（3）代理参加诉讼、调解、仲裁活动；

（4）以法律顾问个人身份，参与聘方决策，就所涉及的法律问题，进行可行性论证和风险预测；

（5）协助聘方建立、健全各项规章制度，帮助聘方工作纳入法治轨道；

（6）协助聘方对职工进行法治教育；

（7）培养聘方工作人员的法律知识、法律意识和运用法律手段解决问题的能力。

三、法律顾问的工作原则、工作方式以及服务形式

（一）法律顾问的工作原则

法律顾问的工作原则是指顾问律师在工作中所应遵循的根本规则和要求，也是法律顾问的行为准则。顾问律师提供法律服务，必须遵循以下原则：

（1）坚持改革开放，努力开拓创新的原则，向聘方（重点是企业）提供改革开放方面的法律帮助，坚决贯彻执行国家已经宣布的有关改革开放的各

项政策、措施，并在实践中逐步创新完善。

（2）保护聘方的合法权益，优质高效服务的原则。

（3）平等信任，不强加于人的原则，顾问律师绝不能要求聘方把自己的意见和建议当成决策去执行。

（4）独立工作，勇于负责的原则。

（5）搞好法治基础建设，预防为主的原则，并力争做到：①深入了解聘方的情况，发现管理工作上的漏洞和可能产生的问题，及时从法律上提出建议和意见，供领导决策和指导工作参考；②协助抓好合同审查、签订和管理，认真协助建立和健全有关规章制度；③结合实际进行有关法律、法规的宣传教育，提高协助律师工作的聘方人员依法办事的观念和能力。

（6）保密原则。律师应当保守在执业活动中知悉的国家秘密和聘方的商业秘密，不得泄露当事人的隐私。对于正在做的决策，正在起草或审议的决定，以及一切内部文件，应当保密的，都要严防泄密。特别是一个律师同时担任几家企业或事业单位，或有利害关系的个人的法律顾问时，更需要慎重从事，严守机密。

（7）维护国家利益，坚持法治原则。顾问律师执业必须遵守宪法和法律，必须以事实为根据，以法律为准绳。

（二）法律顾问的工作方式

一般有如下四种方式：

（1）专职式。聘方法律事务繁多，要求顾问律师长驻在聘方单位提供法律服务。

（2）值班式。由顾问律师定期到聘方安排的办公室，处理聘方日常法律事务。

（3）会晤式。顾问律师定期或不定期与聘方领导人会晤，交流情况、沟通信息，及时为聘方提供法律服务。

（4）临时约请式。顾问律师应聘方的临时通知，随叫随到，接受聘方交办的法律事务，随时提供法律服务。

（三）法律顾问的服务形式

法律顾问的服务形式指法律顾问以何种具体服务形式为聘方提供法律帮助。主要服务形式有：

（1）咨询建议式。法律顾问被动解答聘方所询问的有关法律问题，或法律顾问对聘方较为了解，对于一些具体法律事项，主动向聘方提出建议。

（2）直接参与式。法律顾问直接参与聘方某些重大决策活动和管理活动。比如协助聘方草拟、审查、审核法律文书；参与涉外的或标的较大的或条款复杂的经济合同谈判及其他重大经济合同谈判；参加聘方有法律内容的会议，就有关经济项目的法律问题进行可行性论证和风险预测等。

（3）委托代理式。顾问律师接受聘方的委托，以代理律师身份代理聘方参加诉讼、调解或者仲裁活动，或者办理聘方委托的其他法律事务。

（4）调查研究式。法律顾问应聘方要求，就业务工作中的某些法律问题进行调查，提出书面意见等。

四、法律顾问工作制度的遵守及其违法执业

（一）法律顾问工作制度的严格遵守

法律顾问的工作制度是指为实现法律顾问担任的工作任务而制定的各项制度的总称。主要有:(1)业务联系制度;(2)参加会议制度;(3)查阅文件制度;(4)委托代理制度;(5)请示汇报制度;(6)集体商洽制度;(7)定时回访和检查验收制度;(8)顾问档案制度;(9)保密制度;(10)总结制度。

所有的工作制度都要紧紧地围绕顾问律师工作的总要求，及时、主动、准确、保证效益和信誉而展开，并视工作需要建立其他有效的工作制度。最终各项制度必须为维护聘请人的合法权益、维护法律的正确实施服务，应当自觉严格遵守。

（二）法律顾问违法执业应负赔偿责任的法律依据

我国《律师法》规定："律师违法执业或因过错给当事人造成损失的，由其所在的律师事务所承担赔偿责任。律师事务所赔偿后，可以向有故意或者重大过失行为的律师追偿。"根据上述规定及权利义务相统一的原则，法律顾问如执业违反法律或者因自身过错给当事人造成损失的，应当按聘请合同有关条款承担赔偿责任。法律顾问承担赔偿责任的构成要件有两个：一是违法执业，包括违反法律禁止性、义务性规范和合同的约定，或者主观有过错，即故意过失；二是给当事人造成损失，法律顾问如违法执业或者因过错进行一定行为，但并没有给当事人造成损失的，只按合同约定承担一般违约的责任，而不负赔偿责任。

法律顾问赔偿责任的承担主体是律师事务所，而不是法律顾问本人。当然，律所赔偿后，可以向有故意或重大过失行为的律师追偿，顾问律师同时将受到律师协会按章程给予的处分和司法行政部门给予的处罚。构成犯罪的，依法追究刑事责任。

五、律师担任企业法律顾问的作用及其业务范围

（一）律师担任企业法律顾问的主要作用

律师担任企业法律顾问，是指律师接受企业聘请，与企业建立平等主体之间的民事法律关系，为企业提供法律服务、维护企业的合法权益，其作用有以下几个方面：

（1）在企业重大问题的决策中发挥参谋作用，促进企业决策民主化、科学化、法治化。

（2）在企业实现依法管理中发挥引导作用，促进企业经营管理活动纳入法治轨道。

（3）在企业合同及其他重大合同管理中，发挥助手作用，协助企业对合同全面、科学管理。

（4）在企业遇到各种法律问题时发挥咨询代书作用，保证企业依法办事。

（5）在企业发生纠纷或权益受到侵害时，发挥调解代理作用，理顺外部关系，维护企业权益。

（6）在企业法治教育中，起促进作用，增加职工法律知识，增强职工法律意识，培养职工法律能力。

（二）律师担任企业法律顾问的业务范围

律师担任企业法律顾问，其业务范围由聘应双方以合同方式约定，并不限于《律师法》的规定，一般主要有：

（1）参与企业高层次的经营决策，为使企业领导作出正确的决策提供准确的法律、政策依据和法律建议。诸如企业的合并、分立、横向联合、兼并、对外贸易、利用外资、引进技术、商标、专利、招标、投标、关闭、转产、停业、破产等经营决策，都需要顾问律师就其合法性、可行性提供必要的法律依据和建议，帮助决策机构在决策中把好法律关。

（2）协助企业建立、健全各种规章制度。比如顾问律师协助企业建立、健全厂规、厂纪、经济合同管理、专利和专有技术管理、商标和广告管理、税收、环境保护、劳动保险、资金信贷、外汇和奖惩等管理制度。

（3）解答法律询问。参加草拟、审查、修改合同及其他法律事务文书，主要包括经济合同、授权声明、协议、决定、章程、规则以及诉状、答辩状等。

（4）参加经济合同和重大经济活动的谈判并承办其他经济法律事务。其他经济法律事务包括代为调查对方资信情况或交涉有关经济诉讼的法律事务，代为办理公证、商标注册和申请专利等。

（5）代理参加调解、仲裁及其他非诉讼法律事务和诉讼活动。顾问律师在代理经济纠纷案件中，应贯彻自愿调解的原则，促进当事人双方协商解决。倘若协商调解不成，应采取仲裁或诉讼手段加以解决。顾问律师在代理涉外仲裁、诉讼时，由于适用法律方面比较复杂，应提供尽可能全面的法律服务，以维护聘请人的合法权益。

（6）宣传社会主义法治，协助企业建立法律顾问机构，为企业培养从事法律服务的人才。

六、聘请法律顾问的主体及法律顾问如何参与企业决策

（一）可以聘请法律顾问的主体

依据我国《律师法》的规定，律师可以"接受自然人、法人或者其他组织的委托，担任法律顾问"，即可以聘请法律顾问的主体有公民、法人和其他组织。

（1）公民。此处所说公民的概念并不局限于单个的公民，而是包括所有在民事活动中，以个人名义出现的一般公民和其他组织。其主要形式有一般公民、个人经营工商户、个人承包的农村承包经营户及没有起字号的个人合伙组织。顾问律师要针对公民聘请法律顾问的特殊要求提供法律服务，维护其合法权益。

（2）法人。法人是指具有民事权利能力和民事行为能力，依法独立享有民事权利和承担民事义务的组织。其主要类型有企业法人、机关法人、事业单位法人和社会团体法人。企业法人是以营利为目的，依法自主经营，独立核算，自负盈亏的组织，其主要形式有国有企业法人和私营企业法人，此外，还有依法取得中国法人资格、在中华人民共和国领域内设立的三资企业等法人形式；机关法人是指具有法人资格的中央和地方的各级行政管理部门，包括政治、经济、军事、文化等各个方面的机关；事业单位法人是指具有法人资格的事业单位，是以国家预算进行活动，以从事文化教育、科学技术、医疗卫生等方面专业活动为目的的组织；社会团体法人是指具有法人资格、由人民群众自愿组成并依其经费进行活动的各类组织，包括社会公益团体，文艺工作团体、学术研究团体和宗教团体等。

（3）其他组织。指民事诉讼中的非法人团体。但是，并非所有不具备法人条件的组织都可作为非法人团体。构成非法人团体，还应当具备以下条件：

①须由多数人组成组织体；②须设有管理人或负责人；③须有一定的名称、组织机构和住所；④须为一定目的而设立；⑤须有自己独立的财产；⑥须对外以自己的名义进行民事活动。根据上述条件，我国的非法人团体大致有家庭经营的个体工商户、家庭经营的农村承包经营户、起字号的合伙组织、法人的分支机构、外国企业和组织，经主管机关公认、尚处于筹备阶段的企业和单位等形式。

上述三种主体及其各自形式相比较，企业法人有固定、大量的国内法律事务，且涉外法律事务也不断增多。故此，企业法人对法律顾问的需求显得更为迫切，是法律顾问服务的主要对象。

（二）顾问律师如何参与企业的决策

现代企业制度的建立要求企业决策科学化、民主化、法治化。企业决策必须依据法律、法规和企业各个职能部门所提供的各种生产、经营等各方面的情况，建立在民主和科学的基础之上。顾问律师参与企业决策，主要是利用自身熟悉精通法律的优势及已发现和掌握的经济信息，从企业的全局出发，积极主动参与企业重大决策，使之实现依法经营、依法管理，并形成良性循环。

（1）运用与决策项目直接有关的法律和项目进行中可能涉及的其他法律问题，对项目进行说明解释。项目解释包括提供与决策项目有关的法律、法规及有关政策资料；就某些法律规定与该项目的关系写出说明。

（2）对决策项目从法律角度进行可行性分析，提出合法建议。企业进行决策的根本目的是在实施决策中获得经济效益和社会效益。顾问律师应综合与该项决策有关的各种法律，并联系经济与技术进行分析。可行性分析包括：国家现行法律、法规对决策项目的鼓励性条款和限制性条款规定的分析；国家宏观经济结构调整的政策依据，以及市场、贷款、外汇、质量、环保、税收等方面的法律与政策分析；在涉外经济交往中，必须联系其他国家和地区的法律进行分析，注意中外法律的冲突等。在可行性分析的基础上，结合本企业的实际，慎重考虑提出建设性意见。

（3）加强风险预测，拟定选择方案。顾问律师作为企业决策机构的重要助手，其重要职责之一就是加强风险预测，对可能发生意外损失的问题进行分析，并制定相应的对策，以备风险出现时，有减少损失和保持企业连续获利的能力。

（4）研究竞争策略，即提出在与有利害冲突的双方或多方对手竞争时的最佳策略。特别是在投标、争夺货源、争夺市场、公关等活动中，更需研究制定最佳的竞争策略。顾问律师提供意见，主要在于保证其方案的合法性。同时，顾问律师要密切注意对方，及时发现、揭露对方的不正当竞争行为。必要时，可提起诉讼维护聘请人的合法权益。

（5）注意决策信息的反馈。在决策实施过程中，客观条件总会出现一定的发展和变化。决策实施过程中的信息，法律顾问要注意搜集，及时反馈，协助企业决策机构对决策补充、修改或更换，依法使决策能够带来最大的经济效益和社会效益。

七、顾问律师如何审查合同

（一）顾问律师如何审查经济合同

顾问律师为防止经济合同出现漏洞和产生问题，应及时从法律上审查合同的每个环节，以防止不必要的偏差和失误发生，确保经济合同的真实性、合法性、可行性，从而维护聘方的合法权益，维护法律的正确实施。顾问律师怎样审查经济合同呢？主要包括两个方面的内容：

第一，着重审查经济合同的内容。顾问律师应从形式和实质两方面审查。

（1）形式审查，即针对合同的形式、程序、文字等表面内容是否符合法律的要求进行审查。具体包括格式是否规范；条款是否齐备；文字是否严谨；手续是否完备。有些合同需要特别程序或者必须具备一定的手续才能成立和生效。比如建筑工程承包合同，必须有承包工程初步设计和总概算批准书才能签订等。

（2）实质审查，指对合同的具体内容是否合法等重要问题进行审查。主要包括合同内容是否合法和合同内容是否可行两个方面。具体包括：签订经济合同的对方当事人资格是否合法，即签订合同的对方当事人是否具有法律规定的权利能力和行为能力；经济合同当事人的意思表示是否真实；经济合同内容是否合法（订立经济合同必须遵守国家法律，任何违反禁止性规范的合同都可能导致无效）；经济合同的主要条款是否完备，尤其是合同中特殊的主要条款是否明确、完备及个别性的主要条款是否准确、具体。

第二，审查经济合同的步骤。

（1）充分掌握有关合同的资料，顾问律师在审查经济合同时，应要求合同的具体起草人将与合同有关的情况及资料一并送来，以便对聘请人订立合同的意图充分了解，以利于审查工作。

（2）查找法律依据。顾问律师应就合同的内容查找、收集有关的法律、政策规定，依法审查合同。

（3）提出审查意见。顾问律师审查后，应根据不同情况提出书面审查意见；合同违法，应建议撤销该合同；有重大疑问，要求合同签订人继续调查核实；条款不完备，文字有遗漏，应将其补充完善。

（二）顾问律师如何审查技术合同

技术合同是指法人之间、法人与公民之间、公民之间，就技术开发、技术转让、技术咨询和技术服务所订立的确立民事权利义务关系的协议。审查技术合同要求顾问律师具有一定的技术专业知识，审查的要点是：

（1）双方当事人的名称或姓名、主营业所或住所。

（2）项目的具体名称。

（3）标的内容、范围和要求。

（4）履行的计划、进度、期限、地点和方式。

（5）技术情况和资料保密。

（6）风险责任的承担。

（7）技术成果的归属和分享。

（8）验收标准和方法。

（9）价款或报酬及其支付方式。

（10）违约金或者损失赔偿额的计算方法。

（11）争议的解决方法。

（12）名词和术语的解释。

此外，与履行合同有关的技术背景资料、可行性论证和技术评价报告、项目任务书和计划书、技术标准、技术规范、原始设计和工艺文件以及图纸、表格、数据和照片等，也可以根据当事人的协议作为合同的组成部分。技术合同种类很多，每一类技术合同在内容上各有特点，合同的条款也有所不同，顾问律师应注意把握各类技术合同的主要内容和审查要点，把好技术合同审查关。

（三）顾问律师如何审查涉外经济合同

顾问律师要坚持独立自主、平等互利的原则，参考国际条约和国际习惯做法，以不损害国家利益和社会公共利益及协商一致为前提，审查涉外经济合同。审查的要点是：

（1）合同当事人的名称或姓名、国籍、主营业所或者住所。

（2）合同签订的日期、地点。

（3）合同的类型和合同标的种类、范围。

（4）合同标的的技术条件、质量、标准、规格和数量。

（5）履行的期限、地点和方式。

（6）价格条件、质量、标准、规格、数量。

（7）合同能否转让或合同转让的条件。

（8）违反合同的赔偿和其他责任。

（9）合同发生争议时的解决方式。

（10）合同使用的文字及其效力。

此外，对于当事人需要在合同中约定的"约定性条款"及法律另有规定的，顾问律师也须细致审查，不要掉以轻心，务求合同条款完备合法可行。顾问律师在审查涉外经济合同时，应着重审查：①合同的名称是否确切；②合同的内容是否合法；③合同的条款（含"一般性条款"、"约定性条款"、法律规定的特别条款）是否齐备；④合同文字是否准确严密；⑤合同使用的文字效力是否明确。

总之，涉外经济合同条款要完备、内容要具体、文字要严谨、责任要明确，外商资信情况要摸底，外方代表资格要有合法证明，以维护国家和聘方的合法权益不受侵犯。

八、顾问律师参与经济合同谈判和协助经济合同管理

（一）顾问律师怎样参与企业经济合同谈判

所谓谈判，是指人们为解决问题而进行的协商活动。成功的谈判者需要广博的知识、敏锐的洞察力、严密的逻辑思维能力、高超的语言和文字表达能力。顾问律师参与经济合同的谈判，还应当具备良好的业务素质和丰富的社会经验，同时主要做好两方面的工作。

第一，谈判的准备工作。

（1）认真组成谈判班子。谈判人员应具有良好的业务素质和政治素质，其组成人员的业务结构要合理，主要应以技术、财会、法律等专家组成。谈判班子组成后，应进行分工，建立责任制，并按各自分工做好准备工作。

（2）收集情报资料。主要包括有关法律、法规；产品的市场分布大势、技术和性能的先进程度；市场需求和销售状况、经济效益的好坏、市场竞争程度及其发展趋势；谈判对手的经济状况、经营状况、信誉好坏；谈判对手的动机、目标、方略、人员构成及其年龄、能力和风格等。

（3）制定谈判目标和方略。谈判目标即谈判要达到的目的和要求；谈判

方略则指为实现谈判目标而采用的谈判方式、议程和策略。

（4）拟定合同草案。

第二，掌握经济合同谈判的技巧。首先顾问律师要本着求大同存小异的原则，有退有进，退中有进，态度积极，注重效率，尽可能找到双方都能接受的条件。其次在谈判桌上有针对性地灵活运用各种谈判技巧。比如：谈判开始时的开场阐述技巧；主动试探情况的提问技巧；回答对方提问的应答技巧；促成项目成交的语言技巧；价格谈判中的报价技巧、压价技巧；排除障碍或打破僵局的技巧等。

（二）顾问律师如何协助企业进行经济合同管理

顾问律师协助企业管理好经济合同是其业务范围和工作重点之一。其协助企业进行合同管理的主要内容概括起来有：

（1）对经济合同管理情况进行监督检查，主要是通过对法律、法规在企业中贯彻执行情况，对企业合同管理制度的执行情况，对签订和履行合同的情况进行监督检查，发现合同管理中的问题，及时采取措施，堵塞漏洞，加强管理，完善企业各项合同管理制度，提高合同的履约率，维护聘方的合法权益。

（2）建立合同管理机构，配备专、兼职合同工作人员。合同管理机构的设置和管理人员的配备应根据企业的实际需要确定。在合同管理体制上，应采取统一归口管理与分类专项管理相结合的形式，视需要设专职或兼职的合同管理人员，分管各类合同。

（3）建立健全企业各项合同管理制度，其内容主要有：①经济合同归口管理制度；②经济合同分类专项管理制度；③经济合同授权委托制度；④签订合同的审查制度；⑤考核制度；⑥合同专用章管理制度；⑦合同台账及统计报表制度；⑧合同归档制度。

（4）宣传经济合同法律知识，培训合同业务人员。

（5）对经济合同签订履行情况的数据，结合其他影响因素进行统计分析。

（6）管理经济合同授权委托书及合同专用章。

顾问律师通过上述活动，不断总结管理企业经济合同的经验，反馈给企业领导层，不断改进签订履行经济合同的技巧。

九、顾问律师要为企业招投标活动提供法律帮助

所谓招标、投标是企业签订合同的特殊形式，其基本过程是邀约 — 要约 — 承诺。由于其具有不同于其他签订合同方式的特点，尤其需要顾问律师提供法律帮助。

顾问律师参与企业招标的工作，主要是编制招标文件；审查有关招标人的主体资格；在购买物资、发包工程或其他活动时，根据公布的标准和条件，公开或书面邀请投标人前来投标，从中择优选定中标人。参与投标时，律师要审查己方是否符合招标文件规定的资格，按招标文件要求提出的报价及相应条件的书面回答是否合法。总之，无论是参与企业招标还是投标，顾问律师都要编制和审查投标招标中依法定要件和法定形式作出的文件、说明书、合同、清单表册等材料，使它能保障当事人的合法权利和促进其履行义务，预防发生纠纷。故此，要对招标、投标几个环节把好关。

（1）招标的根据要可靠，文件要齐备。招标要经上级主管部门正式批准，并符合国家法律和政策规定；招标文件编制必须真实合法，编制审查招标文件应保证投标者之间公平合理竞争，以达到择优选择承包人的目的。

（2）确立标底应正当合法。无论是公开招标、委托招标、议标和自行承包的招标方式，顾问律师都应说明其合法性，投标人必须按确定的方式参与竞标。

（3）发布招标公告和出售招标文件。要通过报刊登载招标广告，或发出不特定的邀请函，说明招标人资格和范围的限制条件，确定招标有效期，投标费用及保证金。

（4）请公证员对开标进行公证，即请公证员到开标现场监督、见证，并

发表公证词，证明开标结果真实有效，使开标结果有更强的法律效力。

（5）做好合同签订工作。确定中标后，顾问律师应直接参与和指导签订合同，合同的条款要全面、明确、合法，并且合同订立要符合法定要件和形式，并选定专职合同管理员。

第二节　律师代理非诉讼法律事务必需的业务素质

一、非诉讼法律事务及律师代理非诉讼法律事务的条件

（一）何谓非诉讼法律事务

非诉讼法律事务，是指无争议的法律事务；或是虽有争议，但不通过法院进行诉讼来解决的法律事务。它具有以下显著的特征：

（1）非诉讼法律事务都具有法律意义。非诉讼法律事务与一般事务不同，无论是有纠纷的，还是无纠纷的，无论其涉及内容的性质如何，只要这一事务合法成立，就使一定的法律关系产生、变更或消灭。例如合同一经订立，便在订立合同的双方当事人之间形成民事法律关系，表现为彼此间一定的权利义务关系。

（2）非诉讼法律事务的内容广泛，包括无争议、无纠纷的法律事务，也包括已经发生争议的法律事务。

（3）非诉讼法律事务不具有诉讼性质。该特点通常表现为两类情况：一类是事务本身不存在纠纷，根本无须人民法院解决，只通过有关行政部门、机关或个人即可办理的，比如申请办理商标注册登记、申请专利、执行遗嘱等；另一类是当事人在民事或经济活动中发生纠纷，但双方当事人认为不需要或不愿意提交司法机关审判，又不必经过法定的诉讼程序，而且通过律师提供帮助，或通过律师进行调解，提交仲裁机关仲裁来解决即可。

（二）律师代理非讼法律事务必须具备的条件

律师代理的非诉讼法律事务，必须符合下列条件：

（1）律师代理的非诉讼法律事务必须真实、合法并具有法律意义。律师代理的非诉讼法律事务，不论是已经产生纠纷的法律事务，还是无争议、无纠纷的法律事务，首先必须是真实的、清楚的，且证据确凿、可信。其次，当事人委托的非诉讼法律事务必须是合法的，即国家政策、法律允许进行的各种法律行为。再者，当事人委托的非诉讼法律事务还必须具有法律意义，即律师接受委托，为当事人办理的有关事项能够引起民事、经济法律关系的发生、变更或消灭。

（2）律师代理的非诉讼法律事务是在诉讼外开展的业务活动。律师代理的非诉讼法律事务是在诉讼外进行的，这是律师代理非诉讼法律事务的重要特点。倘若律师办理的是无争议、无纠纷的法律事务，自然不必经过诉讼程序。倘若律师办理的是有争议、有纠纷的法律事务，是通过诉讼程序解决，还是通过非诉讼途径解决，要求律师在接受委托时，一方面听取当事人的意见，另一方面慎重考虑当事人委托事项是否具备非诉讼解决的必要和可能。在一般情况下，对于双方当事人之间权益冲突尖锐、争议数额较人或当事人之间矛盾较大、解决难度大，而诉讼时效即将届满的民事、经济纠纷，律师应当建议委托人及时向人民法院起诉，通过诉讼程序解决。对于纠纷发生后，双方当事人都不愿意或不要求诉至法院解决，并且具有下列情形之一的，律师可以接受当事人的委托通过非诉讼途径解决。这些情形是：①事实清楚，证据充分，是非责任分明，比较容易解决的纠纷。②委托人主张权利合法、正当，或者委托人违约，有过错，而且愿意作一定让步或承担责任。从对方当事人来说，具有履约能力，或者对委托人主张的权利也有让步表示的。③因经济合同发生的纠纷，双方当事人在合同中订立仲裁条款或以其他书面形式在纠纷发生前或者纠纷发生后达成仲裁协议的。④双方当事人以往具有良好的关系或是共事多年的经济贸易伙伴，为不伤和气，双方当事人都有诚意通过协商、调解解决纠纷的。

与此同时，律师还应注意，如若双方当事人之间的纠纷已诉诸法院，民事、经济或者行政诉讼程序已经开始的，律师只能接受委托，以一方代理人的身份参加诉讼，依法维护当事人的合法权益。

二、非诉讼法律事务的种类及律师参与非诉讼法律事务的作用

（一）非诉讼法律事务的种类

按照不同的标准，律师可以代理的非诉讼法律事务分为不同的种类。

（1）以非诉讼法律事务所调整的法律关系的性质为标准，非诉讼法律事务可分为民事非诉讼法律事务、经济非诉讼法律事务、行政非诉讼法律事务三种。

（2）以非诉讼法律事务本身是否有争议，非诉讼法律事务可分为没有争议、无须诉讼的非诉讼法律事务和可能或者已发生争议但不通过诉讼程序解决的非诉讼法律事务，前者如商标注册、专利申请、行政事务申请、执行遗嘱、技术转让、律师见证等，后者如经济合同仲裁、行政申诉、申请复议、诉讼外调解等。

（3）按照律师在办理非诉讼法律事务过程中的地位及其所承办事务的特征，可分为①代理类非诉讼法律事务，即律师接受当事人委托以代理人身份办理的法律事务；②顾问类非诉讼法律事务，即律师接受聘请，为聘方的法律行为提供咨询、草拟法律文书、参与项目谈判等；③居间调解类法律事务，即律师根据双方当事人的意愿，居间调解纠纷；④见证类法律事务，即律师根据当事人的申请，以见证人的身份，对当事人申请事项证明其真实性、合法性。

此外，按照非诉讼法律事务中当事人的情况，可分为单方事务、双方事务和多方事务；按照非诉讼法律事务的内容，可以分为给付事务、确认事务和变更事务；按照非诉讼法律事务是否有涉外因素，可分为一般非诉讼法律

事务和涉外非诉讼法律事务等。

（二）律师参与非诉讼法律事务的重要作用

律师参与非诉讼法律事务，因其特殊的身份和特有的权利，使得其在非诉讼法律事务中具有重要作用，主要表现在以下方面：

（1）律师作为在律师事务所执业、为社会提供法律服务的执业人员，由其代理非诉讼法律事务，由于没有严格的程序约束和诉讼期限的限制，可使当事人之间的纠纷得到迅速解决，从而可节省当事人的时间和精力，保障当事人的合法权益迅速实现。

（2）律师作为中国特色社会主义法律工作者，其办理业务的方式没有严格的法律限制，由其代理非诉讼法律事务，尤其是在主持调解民事经济纠纷时，方式灵活多样，善于抓住双方当事人争执的焦点，并帮助双方在互谅互让、平等协商的基础上，使争议得到合理合法的解决。这种既和缓又不伤情面的纠纷解决方式，当事人容易接受，且消除了当事人之间的怨恨和隔阂，防止了矛盾的激化，从而有利于社会的安定团结。

（3）律师参与非诉讼法律事务，当事人除交纳代理费和其他必须费用之外，没有其他额外费用，从而节省了当事人不必要的经济开支，减轻了当事人的经济负担，有利于当事人经济活动的顺利开展。

（4）律师参与非诉讼法律事务，特别是律师代办的单项法律行为，使当事人的各种行为的真实性和合法性更为可靠，可以减少纠纷，有利于社会经济秩序的稳定。

（5）律师参与非诉讼法律事务，通过诉讼外调解、仲裁等方式，帮助当事人解决了大量的民事、经济纠纷，这既解决了当事人纠纷的顾虑和"告状难"的状况，又大大缓解了法院案件多、压力大的状况，减轻了法院负担，同时又弥补了行政调解和民间调解的不足。

此外，律师通过参与非诉讼法律事务，为当事人就具体法律事务提供相应的法律帮助，在解决纠纷的同时又宣传了法治，也是宣传社会主义法治的有效途径之一。

三、律师参与非诉讼法律事务的范围和工作方式

（一）律师参与非诉讼法律事务的具体范围

非诉讼法律事务范围的广泛性，决定了律师参与非诉讼法律事务的范围也十分广泛。根据律师的业务实践，可将律师参与的非诉讼法律事务分为以下两大类：

（1）代为办理各种无争议法律事务。律师接受非诉讼法律事务当事人的委托代理这类事务，目的不是为了解决争议，而是为当事人提供法律帮助，确定某种民事法律关系，实现某种民事权利，或者明确当事人双方在相互联系的法律事务活动中应承担的义务和享受的权利。这类事务具体包括以下两个方面：①律师协助非诉讼法律事务当事人确定某种民事法律关系或者经济法律关系。前者如代办法人登记、申请开业、申请专利等；后者如代理当事人订立或变更经济合同，参加项目谈判，办理企业租赁、招标投标、科技协作、技术转让、申请商标注册、信用调查、律师见证等。②律师代理非诉讼法律事务当事人实现某种民事权利。公民为实现某种民事权利需要履行一定的法律手续，需要律师提供一定的法律帮助，如律师接受当事人委托办理遗产继承、遗赠等事务；律师也可以在有关知识产权方面为当事人提供法律帮助，如申请专利等；在行政事务方面律师可代为进行工商登记等业务，除此之外，律师还可以代理公民个人领取养老金、子女补助金、交付保险金和股息、申请办理公证、提取存款或索取债款、财产投保、财产租赁、财物寄售等。

（2）代为调解或处理已经发生纠纷的非诉讼法律事务。这类事务主要是当事人之间发生了民事权益纠纷，或者发生了经济、贸易、运输、海事海商等方面的权利争执，或者在工商、税务、土地管理等方面发生了行政争议，以及少量的、轻微的刑事案件等时，当事人因种种原因不愿诉诸法院解决，从而委托律师帮助调处。律师可以根据当事人的委托提供咨询帮助或代理其

参加调解、仲裁活动，以维护委托人或被代理人的合法权益。

除上述两方面外，律师还可以参与一些非财产关系、非经济关系的纠纷事务的处理。如诉讼外调解婚姻纠纷，影响较坏的妨碍社会秩序和公共利益的纠纷，有充分理由的行政上的申诉和适合在诉讼外调解的轻微伤害案件。但应注意，对于非财产、非经济关系的非诉讼法律事务是否予以接受，应视具体事件的性质、情节和有无管辖上的特殊情况而定。倘若事件涉及法律又不与有关机关的管辖权发生冲突的，律师可以接受当事人委托。

（二）律师办理非诉讼法律事务的工作方式

依据《律师法》和其他法律、法规的规定及律师的业务实践，律师办理非诉讼法律事务的方式因律师承办的具体非诉讼法律事务的性质和特点，以及律师在开展业务的过程中身份的不同而表现出灵活性、多样性的特点。以律师开展业务时的不同身份为标准，通常的工作方式有六种：

（1）接受当事人的委托，以代理人的身份代办非诉讼法律事务。①代理和解。双方当事人之间的纠纷尚未提交其他部门时，律师可以代理委托人，直接与对方当事人或其代理人协商，通过磋商的形式促成双方当事人和解并达成和解协议。②代理调解。比如双方当事人之间的纠纷已提交人民调解委员会或有关的行政主管部门，则律师可以以代理人的身份参与调解活动。③代理仲裁。比如双方当事人依仲裁协议将纠纷提交仲裁机构仲裁，律师则可接受委托并以代理人的身份参加仲裁机关的仲裁活动。④代理申诉或代理申请复议。当事人不服行政主管部门的处理决定，或者不服企业、事业单位对违纪职工处分决定的，律师可以接受当事人委托并以代理人的身份向法定机关申诉或申请复议。

（2）应当事人的请求，代办单项法律事务。律师代办该类法律事务的特点在于，代办事项较为简单，当事人的权利义务关系明确且没有争议，一般不办理授权委托手续，而律师主要是为当事人实施的某项法律行为或具有法律意义的事实代为办理法律手续，或代为当事人履行一定的法律义务。

（3）接受当事人的授权，以代表人的身份参加双边或多边关于经济、贸易、技术、文化等方面的洽谈、磋商、谈判、签订合同等活动。随着国内外交往的日趋频繁及企业法律意识的增强，律师为企业提供该类法律服务的业务活动日渐增多，已成为律师参与非诉讼法律事务的主要业务之一。

（4）接受双方或者多方当事人的邀请和委托，以中间人的身份居间调解。该种方式又称为主持调解，俗称"一手托两家"。在这种情况下，律师应以中间人的身份，站在客观、公正的立场上，坚持自愿、合法的原则，公平合理地处理各方的权利义务关系，兼顾各方的合法权益。

（5）接受双方或多方当事人的邀请，以中间人的身份，提供见证法律服务。该类法律事务的特点，是律师以中间人的身份，为双方或多方当事人所需实施的某项重大的法律行为的真实性和合法性给予见证，以督促双方或多方当事人积极履行各自义务，减少纠纷的发生。

（6）为当事人提供法律咨询，代写法律文书。该类法律事务，是律师在代办非诉讼法律事务时附带而为的事务，其目的在于促使律师所代理的非诉讼法律事务顺利完成。

四、律师参与非诉讼调解的形式、原则、步骤以及调解协议的效力

（一）律师参与非诉讼调解的三种形式

我国《律师法》虽然将非诉讼调解列为律师参与非诉讼法律事务的业务之一，但并未对其内容及形式作具体规定。律师的非诉讼调解，在实践中发展并形成多种调解方式，通常有代理和解、居间调解和代理调解三种形式。

（1）代理和解，是指律师接受非诉讼法律事务一方当事人的委托，与对方当事人及其代理人协商和交涉，在公平、合理、自愿的基础上达成协议，解决纠纷。

（2）居间调解，又称主持调解，是指律师接受非诉讼法律事务当事人双

方的共同邀请或委托，以争议各方调停人的身份居中主持调解，解决纠纷。

（3）代理调解，是指律师接受非诉讼法律事务一方当事人的委托，以该方代理人的身份，参加由特定人主持的民间调解、行政调解或仲裁。

（二）律师参与非诉讼调解必须坚持的原则

（1）自愿原则。自愿原则，是指非诉讼法律事务的当事人的任何意思表示都是其内心真实意思的流露，而不是受他人意志所支配和影响的结果。这一原则，在非诉讼调解过程中具体表现在：①调解必须当事人自愿。通过调解方式解决民事纠纷，这必须出于双方当事人自愿，并且双方当事人请求调解的意思表示必须一致。倘若调解只是一方请求，另一方未作明确表示的，不能进行调解。②调解主持人应当由当事人自由选定。在非诉讼调解中，尤其是在居间调解中，主持调解的律师必须是双方当事人共同自愿邀请的，是双方当事人共同信赖的律师。一方单独邀请或委托，另一方未作同意的明确表示的律师，不得主持调解。③调解后达成和解的协议，必须完全出自当事人的自愿，是在当事人双方互谅互让的基础上所达成的。

（2）平等协商原则。在调解中，非诉讼法律事务的双方当事人的地位是平等的，享有平等的权利，承担平等的义务。双方都有权充分发表自己的意见，有权就有关具体问题向对方当事人质疑。调解后达成的协议也是双方协商、在互谅互让的基础上达成的，而不是一方强加于他方的。

（3）尊重事实，依法调解的原则。该原则是指调解主持人，尤其是主持居间调解的律师，调解前必须弄清事实，在清楚纠纷产生的原因及经过的基础上，明确当事人各自的过错和应当承担的责任。在此基础上，适用有关法律、法规进行调解，无法可依的适用有关的政策，无相应政策的尊重社会公德。主持人应站在客观、公正的立场上，促使当事人互谅互让，在法律许可的范围内主动让步，从而使纠纷得到圆满解决。

（三）律师参与非诉讼调解的一般步骤

律师承办的非诉讼调解，因具体法律事务和具体情况的不同，程序也不同。在执业实践中，律师承办非诉讼调解一般应遵循以下四个步骤：

（1）接受委托。律师接受委托前，应先对当事人委托的具体事项进行审查，只有符合条件的非诉讼法律事务，才能接受委托，并由律师事务所与当事人签订委托合同，作为律师证明其委托代理身份、执行委托事项的书面凭证。代理调解、代理和解的签订委托代理合同，并与代理律师签订授权委托书。居间调解则应由双方当事人写出调解委托书。倘若一方当事人已与律师签订委托代理合同的，应解除代理关系，才能重新建立委托调解关系。

（2）调解前的准备。为了顺利进行调解，代理律师应做好调解前的准备工作。该阶段律师的工作具体包括以下三个方面：①搞清事情真相；②熟悉有关法律规定；③做好思想工作，消除隔阂，创造良好的气氛，以利于双方的接触和协商。律师代理非诉讼调解，要搞清事实真相，就必须进行调查、了解。律师应要求被代理人如实陈述争议发生的原因、过程，并提供有关的证据材料。同时应了解对方当事人的主张及其依据，以明晰双方争执的焦点，以及其中存在的问题。对于尚无证据或存在其他问题的，律师应亲自进行调查或取证。搞清事实后，律师应认真研究法律、法规的相关规定，并确定有关对策。

（3）进行调解。该阶段，因律师参与非诉讼调解的具体方式不同，其参与调解的重点及开展工作的步骤、方法也不同。

（4）制作调解协议书。不管哪种调解方式，调解成功后，都应当制作调解协议书。不同的协议书的制作主体不同。三种调解形式的调解协议书分别由主持调解一方制作。调解协议书一般包括以下五个部分：①双方当事人的基本情况；②纠纷的起因、过程的主要事实，以及各方应承担的责任；③调解的时间、地点，调解人及其他调解参与人，调解人主持调解时所遵循的原则；④所达成协议的具体内容，双方当事人各自的主张及答应的条件，各自享有的权利和应承担的义务等；⑤协议书生效的具体时间。调解协议书拟制好后，由双方当事人过目签字、盖章。调解书一式三份，双方当事人各执一份，另一份由律师事务所存档备查。

（四）非诉讼调解协议书效力的界定和律师协助调解协议的履行

律师参与非诉讼调解所达成的协议，因调解本身属民间性调解，因此从性质上属民间契约性文书，没有法律上强制执行的效力。故此，为了达到制作调解协议书所预期的目的，律师可采用以下三种方式予以解决：

（1）协议书规定的各方履行义务的时间不宜太长，且协议短时间就能履行的，调解主持人或律师应督促各方当事人积极履行其义务，以彻底解决当事人之间的纠纷，保障当事人合法权益的实现。

（2）对于短期内不能履行或负有义务一方自达成协议之时起就有不履行其义务的意图的，调解主持人或律师可建议双方到有管辖权的公证机关申请公证，以增强协议的约束力。协议书经过公证后，便具有了法律上强制执行的效力。这样，以后义务人不履行义务时，权利人可以直接向人民法院申请强制执行。

（3）达成协议后，如一方或双方当事人反悔，拒不履行其义务，或者一方或双方不愿去公证的，调解主持人或律师应建议双方当事人通过诉讼方式解决纠纷。

五、律师代理仲裁事务必需的业务素质

（一）仲裁的概念

仲裁，亦称公断，是指民事经济纠纷当事人按事先或事后达成的仲裁协议，自愿将有关争议提交仲裁机构，仲裁机构以第三者的身份对争议的事实和权利义务作出判断和裁决，以解决争议的一种方式。仲裁作为与调解、诉讼并列的解决纠纷的特定方式，具有以下四个特点。

（1）仲裁的概念具有准司法性。仲裁的准司法性，是指仲裁既具有民间性调解的特点，又具有司法性。①仲裁的民间性主要表现在仲裁属于民间裁判行为，而不是国家的裁判行为。首先，仲裁机构是民间组织，而不属于国家机关，它以公断人的身份居间裁判。其次，仲裁机构的仲裁权来自双方当事人的授权，而不是法律或者党政机关授予。最后，仲裁机构作为解决争议的民间机构，因其仲裁权来自仲裁协议，因而具有一定的契约性质，这使得仲裁机构对其作出的决定和裁决，既无强制执行的义务，更无强制执行的权力和手段。②仲裁具有司法性是因为：仲裁机构因其自身属民间组织这一特性所限，其在仲裁活动中所作出的命令、决定和裁决等本身不具有法律上的约束力。倘若裁决得不到法律的有效保障，则会使仲裁制度形同虚设，没有任何意义。为了发挥仲裁在解决纠纷上的优点，法律承认仲裁裁决具有相似于法院判决的效力，并规定由法院对仲裁机构的裁判行为予以司法支持，从而使仲裁又具有了司法的特性。

（2）仲裁以当事人自愿为前提。这主要表现在：当事人双方自愿达成的仲裁协议是仲裁机构受理争议的依据，即当事人有权决定是否通过仲裁解决纠纷，自愿决定解决争议的事项，自愿选择仲裁机构、仲裁员，涉外仲裁的当事人还可自愿决定采用哪些仲裁规则和适用的法律。

（3）仲裁程序简便，解决纠纷迅速有效。与人民法院通过司法审判解决纠纷的方式相比，仲裁具有程序简便、节省费用的优点。同时，仲裁裁决又有通过人民法院强制执行为保障，从而能够迅速有效地解决纠纷。

（4）仲裁一般不公开审理。仲裁一般开庭审理但不公开进行，这有利于保守当事人的商业秘密。

（二）律师代理仲裁时必须遵循的原则

仲裁的基本原则，是所有仲裁参与者包括代理律师在内，参加仲裁所必须遵守的基本准则。根据我国《仲裁法》的规定，仲裁的基本原则主要有以下几项：

（1）当事人自愿原则。该原则是指合法当事人有权协议选择是否采用仲裁方式解决争议。该原则的内容主要包括：①当事人采用仲裁方式解决纠纷，必须出于双方自愿并以书面表示；②仲裁地点和仲裁机构均由双方当事人共同选定，不再实行法定管辖；③仲裁事项由当事人协议选定；④仲裁员由当事人选定或委托仲裁委员会主任指定；⑤仲裁是否开庭与公开进行，由当事人协议；⑥在仲裁过程中，当事人可以自行和解和自愿调解；⑦裁决书是否写明争议事实和裁决理由，由当事人协议。此外，《仲裁法》还明确了当事人其他若干重要权利，如仲裁申请人有权放弃或变更仲裁请求；被申请人有权承认或者反驳仲裁请求，并有权提出反请求；当事人有权申请财产保全和证据保全；当事人可以委托律师及其他代理人进行仲裁活动；当事人有权申请仲裁员回避等。所有这些都是反映和尊重当事人意愿和权利的内容。作为受当事人委托而参加仲裁的律师，参与仲裁前应重点了解该原则及其所包含的内容，明晰当事人双方所享有的权利，和自己在代理仲裁过程中所享有的代理权限，这样，才能保证代理工作的顺利进行，最大限度地维护当事人的合法权益。

（2）独立公正原则。该原则是指仲裁机构的仲裁依法独立进行，不受行政机关、社会团体和个人的干涉。独立是公正的前提，也是公正的保障。公正则是仲裁理应达到的效果，也是仲裁所追求的最高目标，要求仲裁机构尊重事实，依法做出公正的裁决。显然，该原则主要是对仲裁机构的仲裁权的保障和制约。该原则主要体现在：①仲裁机构不隶属于行政机关。从根本上说，仲裁机构必须是非行政性机构，否则，它无法摆脱行政机关的干预。②仲裁不受社会团体和个人干涉。③仲裁机构之间，即仲裁协会、仲裁委员会、仲裁庭三者之间是相对独立的。三者之间除必要的业务监督和约束之外，相互不能干预他方事务。④仲裁法律及仲裁规则有关规定上。公正的裁决取决于仲裁员本身的素质和拥有一整套有效而完善的监督和约束机制。我国《仲裁法》和《中国国际经济贸易仲裁委员会仲裁规则》等对仲裁员的行为规范，对仲裁员的监督及仲裁员的责任等作了较为详细的规定。

（3）或裁或审和一裁终局原则。或裁或审，是指纠纷发生后，当事人双方可以根据协议，或者选择仲裁解决，或者选择诉讼解决。二者之中只能选择其一，不得仲裁之后向法院起诉。一裁终局制，是指当事人的纠纷一旦提交仲裁机构，仲裁机构作出的裁决即具有终局的法律效力，对双方当事人均有约束力。双方必须自动履行，而不得要求该仲裁机构或其他仲裁机构再次裁决或向人民法院起诉，也不得向其他机关提出变更仲裁裁决的请求。该制度的确立及适用，有利于充分体现当事人的意思自治，肯定仲裁裁决的法律效力，发挥仲裁迅速、及时、有效的优势，提高了解决争议的效率。

（三）律师代理仲裁的范围、步骤及方法

（1）律师代理仲裁的范围。按照《仲裁法》的规定，当事人可以委托律师进行仲裁活动。故此，《仲裁法》关于仲裁范围的规定，也就是律师可以代理仲裁的范围。《仲裁法》第二条和第三条从可以仲裁事项和不能仲裁事项两方面作了原则性的规定。

平等主体的公民、法人和其他组织之间发生的合同纠纷和其他财产权益纠纷，律师可以代理仲裁。其中合同纠纷的范围主要是指：①经济合同纠纷。包括《经济合同法》规定的购销合同、建设工程承包合同、加工承揽合同、货物运输合同、供电合同、仓储保管合同、财产租赁合同、借款合同、财产保险合同以及其他经济合同纠纷。②技术合同纠纷。包括《技术合同法》规定的技术开发合同、技术转让合同、技术咨询合同和技术服务合同等。③知识产权合同纠纷。包括著作权许可使用合同、委托创作合同、出版合同纠纷以及商标许可使用合同纠纷等。④房地产合同纠纷。包括房地产转让合同、房地产抵押合同、房屋租赁合同等纠纷。⑤涉外经济合同纠纷。包括买卖合同、委托买卖合同、运输合同、技术转让合同、租赁合同、保险合同、中外合资经营企业合同、中外合作经营企业合同、中外合作勘探开发自然资源合同，以及涉外经济贸易中的其他合同纠纷。⑥海事、海商合同纠纷。包括海

上货物运输合同、海上保险合同、船舶租赁合同、海上旅客运输合同等纠纷。⑦其他民事经济合同纠纷。如个人借款合同、合伙合同等纠纷。

"其他财产权益纠纷"，主要是指由于财产侵权所引起的纠纷，也包括一些非合同纠纷。

以下两类纠纷不能仲裁，即律师也不得接受委托和代理仲裁。①婚姻、收养、监护、扶养、继承纠纷。这类纠纷涉及当事人的身份权利，当事人一般也不能自由处分这些权利。因此尽管这些纠纷也属于民事纠纷，在一定程度上也涉及财产权益，但法律规定不能仲裁，当然，律师也不能代理。

②依法应当由行政机关处理的行政争议。行政争议是国家行政机关同公民、法人、其他组织以及其他国家机关，因行政管理而发生争议。因此，不能通过仲裁方式解决，只能通过行政复议或者诉讼途径解决。

（2）律师代理仲裁的步骤及方法。律师接受当事人委托，代理仲裁通常按照以下三个步骤进行：①审查委托事项、决定是否接受委托。律师在接受当事人委托前，应先对当事人所委托的事项进行审查。经审查，律师认为可以接受当事人委托的，应由律师事务所同委托人签订委托合同并与律师签订授权委托书，其中应明确代理权限和代理期限。②参加仲裁前的准备。该阶段，律师应做的工作主要有三项：一是制作仲裁申请书或仲裁答辩书。仲裁申请书的内容包括：申请人的基本情况，申请的事实、理由和具体要求（此部分是重点，要写得清楚、明确），提交的有关证据及证人的基本情况。仲裁答辩书的内容同申请书大致相同，重点是对申请书中提出的事实、理由、证据和请求进行答复和反驳。制作好后，律师应将仲裁申请书或仲裁答辩书及其副本、有关证据材料，连同律师的授权委托书一并提交仲裁机关。应当注意，律师应当在收到仲裁申请书和副本后十五日内向仲裁机关提交答辩书和有关证据。二是调查收集证据。律师应当对双方纠纷的主要事实和双方争执的焦点进行调查研究，收集证据，以便在仲裁庭审时争取主动，更好地维护委托人的合法权益。三是熟悉有关法律、法规的规定，为出庭代理做好准备。

③参加仲裁。在仲裁庭开庭审理过程中，律师应当积极参加庭审调查和辩论活动，根据当事人双方纠纷发生的原因及事实和法律、法规的规定，提出有利于委托人一方的理由和证据，以最大限度地维护当事人的合法权益。在发表辩论意见时，作为违约一方当事人的代理人，律师应当着重分析被代理人违约的主客观原因，以及主观原因在其中的比重，以便恰当地确定被代理人应当承担的赔偿责任。倘若违约是由于被代理人因不可抗拒情况所致，律师应详细地说明情况，列举证据，论证不负违约责任的理由。如若双方都有过错，律师应当论证双方当事人各自过错的大小和应当承担的违约责任的比例。

（四）涉外仲裁和律师代理涉外仲裁的具体范围

（1）涉外仲裁的概念。涉外仲裁，是指我国涉外仲裁机构对发生于涉外经济贸易、运输和海事领域的一切经济纠纷、海事纠纷依照我国《仲裁法》和有关涉外仲裁规定进行审理和裁决的活动。涉外仲裁具有以下的显著特点：①涉外仲裁机构属民间组织。我国涉外仲裁委员会由中国国际商会组织设立。目前我国涉外仲裁机构，即中国国际经济贸易仲裁委员会和中国海事仲裁委员会，都是中国国际贸易促进委员会下设的专门从事涉外经济仲裁的机构，都是民间组织，而不是国家机构。涉外仲裁机构的仲裁管辖权均源于当事人之间的仲裁协议，而不是法律所授的权利。②涉外仲裁以仲裁协议为基础。当事人之间所达成的仲裁协议，是涉外仲裁活动的基石，也是涉外仲裁机构仲裁权的来源。没有仲裁协议或者不为当事人选择，涉外仲裁机构不得强行受理仲裁涉外经济贸易、运输和海事纠纷。③涉外仲裁中，当事人有较大的选择权。涉外仲裁中，当事人不但有权自由选择仲裁地点、仲裁机构和仲裁员，而且有权选择解决争议所适用的实体法规定。

（2）律师代理涉外仲裁的具体范围。涉外仲裁机构受理案件的范围，即是律师代理涉外仲裁的范围。按我国两个涉外仲裁机构的仲裁规则的规定，律师代理涉外仲裁的范围包括：①《中国国际经济贸易仲裁委员会仲裁规则》所规定的国际经济贸易仲裁委员会可以受理案件的范围为：以仲裁方式，独立公正地解决产生于国际或涉外的契约性或非契约性的经济贸易争议，包括外国法人及自然人同中国法人及自然人之间，外国法人及或自然人之间，中国法人及或自然人之间发生的上述争议。②《中国海事仲裁委员会仲裁规则》规定，中国海事仲裁委员会可以受理如下争议案件：关于海上船舶互相救助、海上船舶和内河船舶互相救助的报酬的争议；关于海上船舶碰撞、海上船舶和内河船舶碰撞或者海上船舶损坏港口建筑物或设备所发生的争议；关于海上船舶租赁业务、海上船舶代理业务和根据运输合同、提单或者其他运输文件而办理的海上运输业务以及海上保险等所发生的争议。

六、律师代理劳动争议仲裁

律师要积极代理劳动争议仲裁，首先必须对我国《劳动法》及相关法律、法规详细了解，掌握《劳动法》的基本原则和有关知识，以便顺利开展代理工作，最大限度地维护当事人的合法权益。律师代理劳动仲裁须经以下几个具体步骤：

（1）对当事人委托事项进行审查，决定是否接受委托。律师接受委托前，应着重审查如下两个问题：一是审查争议事项是否属于劳动争议仲裁范围之内。凡是当事人之间因一方或双方受《劳动法》所保护的合法权益受到侵害而发生的争议，当事人均可依法申请仲裁。二是审查当事人委托事项是否已过诉讼时效。我国《劳动法》规定，提出仲裁要求的一方应自劳动争议发生之日起六十日内向劳动争议仲裁委员会提出书面申请。倘若争议是因履行劳动合同而发生的，应当在当事人知道或者应当知道权利被侵害之日起六十日内，或在调解不成之日起三十日内申请仲裁。倘若争议是因开除、除名或辞退违纪职工发生的，则应在处理决定之日起十五日内申请仲裁。超过诉讼时效的，律师应告知当事人不能接受委托。但倘若委托人超越诉讼时效是因为不可抗力或其他正当理由所致，则律师可接受委托并由仲裁委员会决定是否受理。律师经审查，认为符合上述两方面要求，并且委托人的当事人资格适格的，就可以接受委托。

（2）律师仲裁前的准备。该阶段律师应尽可能提取与争议有关，并且有利于委托人的证据材料。其次律师应根据双方发生事实、经过及当事人提供的证据材料、律师自己提取的证据制作仲裁申请书或答辩状，并将申请书或答辩状连同证据材料，一并提交劳动争议仲裁委员会。

（3）律师要积极参加仲裁。通常劳动争议仲裁委员会处理劳动争议的方式有调解和仲裁两种。律师应积极参与仲裁委员会的调解和仲裁，依据争议发生的客观事实，提取到的证据，援引《劳动法》及其他法律、法规及政策规定，尽最大努力最大限度地维护委托人的合法权益。

（4）协助履行仲裁裁决或向人民法院起诉。双方当事人对仲裁委员会作出的调解协议或仲裁裁决均无异议的，律师应协助当事人履行其义务。当事人不服调解协议或仲裁裁决的，应在收到调解协议或仲裁裁决之日起十五日内向法院起诉。律师可以继续接受委托，代理委托人向法院起诉并参与诉讼。对方当事人在法定期限内不起诉，又不履行其义务的，律师可建议其委托人依法向法院申请强制执行。

第三节　律师必须具有见证、执行遗嘱的业务素质

一、律师见证的特点及范围

（一）律师见证的特点

所谓律师见证，是指律师应当事人的邀请，根据律师自己的亲身所见，以律师事务所的名义，依法对双方或者多方当事人为设立某种实体权利义务关系而实施的特定法律行为的真实性、合法性进行证明的一种活动。律师见证有以下特点：①见证的主体是为社会提供法律服务的律师，见证的名义是作为社会提供法律服务的专门机构——律师事务所。这种由律师办理，并以律师事务所名义进行的见证活动，与任何人都可进行的民间私证，以及以

国家名义并由国家机关进行的公证有着根本的区别。②见证是一种法律适用，即律师依据现行法律对法律行为的真实性、合法性进行确认。这实际是适用法律的行为和活动。此特点使见证与只讲真实性而不讲合法性的民间私证有着本质的区别。③见证的时间和空间有着严格的限制。在时间上，见证必须以被见证的行为发生之时为限；在空间上，见证以律师亲眼见到的范围为限。此特点使见证与公证可以对以前发生并非公证人员亲眼所见的事实先行调查，而后公证的做法有着重大区别。④律师见证是基于当事人委托，是委托见证，而不是委托代理。律师以见证人的身份从事见证活动，他既不是代理人，也不是调解人，而是在双方或多方当事人之外具有独立地位的见证方，具有作证和法律监督的双重性质。

（二）律师见证的具体范围

一般来说，凡是构成民事法律关系的法律事实，律师都可以作见证。同时，公证制度的存在使律师见证的范围可在参照公证业务范围的基础之上充分发挥律师见证的特点及其优越性，并根据实践需要，扩展律师见证的范围。律师见证的具体范围包括：①主要涉及民事经济法律关系的法律行为，即律师见证的范围主要是指能够引起民事经济法律关系的发生、变更或消灭，能够产生一定法律效果的行为。既包括单方的法律行为，比如遗嘱、声明等，也包括双方或多方的法律行为，比如立契约、订立合同等；既包括有偿的法律行为，比如买卖、租赁，也包括无偿的法律行为，如赠与等。在这些法律行为中，律师见证最多的是经济合同，其中主要是涉外经济合同见证。国内部分经济合同，即法律、政策没有明确规定必须进行公证而当事人也不要求公证的合同，如借贷合同、担保合同、个体工商户合作合同、工程建筑安装合同等，律师也可办理见证。而对于不以人的意志为转移的法律事件，如出生、死亡、结婚等同样涉及民事、经济法律关系的事件，一般由政府或其他职能部门出具相应的文件予以确认，因此这些法律事实以及由此而产生的法律关系都属于公证的业务范围，而不是律师见证的业务范围。②律师见证的范围应是法律规定强制公证以外的法律行为。我国公证虽然规定实行自愿原则，但出于调整规范民事经济活动的需要，不少行政法规规定有些法律行为必须公证才具有法律效力。这些强制性规定，使公证成为该法律行为生效的要件之一，行为主体必须履行。因此这些法律行为的当事人请求律师见证的，律师不能接受委托，并应告知当事人必须履行公证程序，否则将得不到法律保护。③律师在非诉讼法律事务代理中，双方当事人达成协议的法律行为。这部分的外延较大，含民事、经济、行政等方面的法律行为。其前提是与律师的代理活动关联，既易取得双方当事人的信任，也可避免不必要的重复劳动，以节省时间和不必要的经费开支。

二、律师见证的原则及法律效力

（一）律师见证应当遵循的原则

当事人邀请律师见证，目的在于让律师通过见证证明其行为的真实性和合法性，督促双方当事人履行各自义务，以稳定民事经济关系。为达此目的，律师的见证要严肃、认真、细致而准确，在见证过程中应当遵循以下五项原则：①自愿原则。该原则主要表现在当事人邀请律师见证，必须出于双方当事人自愿，意思表示必须一致，当事人双方有权在法律允许的范围内处分自己的权利，承担一定的义务。律师应当尊重当事人的意志，而不应将自己的意志强加于当事人。②直接原则。律师见证的时间和空间有较严格的限制，即律师只能在被见证的法律行为发生之时，就自己亲眼所见的事项进行见证，而不能对已经发生的法律事实进行追认见证或将要发生的事实进行预先见证。③公正原则。律师接受当事人的邀请，就双方当事人所为法律行为的真实性和合法性进行见证，故此，律师只能以见证人身份站在第三者的立场上，对自己所见进行见证，而且见证要客观、公正，维护双方当事人的合法权益。尤其是在一方当事人先委托律师审查合同，而后双方当事人邀请律师见证的情况下，律师更要客观、公正，不得有所偏私。④回避原则。为了增强律师所见证法律行为的真实性、可靠性，避免见证不公正、徇私舞弊的嫌疑，律师对与自己有利害关系的案件，应当自行回避，由律师事务所与当事人协商后委托其他律师进行见证。⑤见证内容真实、合法原则。律师见证，应保护见证所依据的证明材料必须真实。当事人的法律行为和意思表示应该真实，并符合法律规定。律师见证时应对这些事项的真实性、合法性进行审查。不得马虎走过场，对用欺诈、伪造证件等不正当手段骗取律师见证的情况，律师必须慎重核实后，拒绝见证。

（二）律师见证有何法律效力

律师见证不同于国家公证。律师见证是以专门为社会提供法律服务的中介组织的名义进行的，故此律师见证文书在法律上没有国家机关以国家名义所作的公证文书那样的强制执行力，但这并不意味着律师见证毫无法律意义。律师见证的法律效力主要表现以下几个方面：①对双方当事人具有一定的约束力。双方当事人既然自愿申请律师见证，双方之间的法律关系也业已见证，一方或双方就不得随意变更、修改或废止，而应自愿自觉履行。倘若确有修改的必要，修改后仍需见证的，应再申请见证。当然，律师见证并不排除当事人申请公证的可能性。②律师见证是律师以自己特定的身份、精熟的法律知识、自己和律师事务所的信誉作为资本，以见证人的身份居于第三者的地位客观公正地证明当事人所为的一定的法律行为，这在客观上使被见证的法律事实具有真实性和合法性，并具有一定的权威性，因而在双方当事人就被见证的法律事实发生纠纷时，见证一般情况下可作为认定客观事实、确立双方当事人权利义务关系的具证明力的证据材料。③根据国际惯例，我国律师见证文书可以在有关国家得到法律上的承认和保护，即有关国家承认我国律师见证文书的证明力，从而使这些见证文书在有关国家有了法律上的强制执行效力。

三、律师代理执行遗嘱

律师根据遗嘱人生前的委托,可担任遗嘱执行人,以便按照遗嘱人的意愿实现其遗产的转移。律师担任遗嘱执行人执行遗嘱,应按如下的步骤依法进行。

(一)律师遗嘱执行人资格的取得

律师遗嘱执行人的资格,源于遗嘱人在遗嘱中的指定。依据我国《继承法》的规定,遗嘱人可以指定遗嘱执行人。

(二)审查和代办遗嘱

律师担任遗嘱执行人执行遗嘱,最重要的前提是遗嘱必须有效。故此,律师应按《继承法》的规定对遗嘱人所立的遗嘱的合法性、有效性进行审查,这是遗嘱执行人应做的最重要的工作。合法有效的遗嘱,才能达到遗嘱人所预期的目的,才具有执行力。必要时,律师可请遗嘱人到公证机关办理遗嘱公证。

(1)保管遗嘱。律师作为遗嘱执行人,可以接受遗嘱人的委托,在遗嘱人生前协助保存其遗嘱,并予以保密。

(2)编制遗产清册,明确遗嘱处分遗产的范围和价值。律师作为遗嘱执行人,要对遗嘱中处分的遗产加以清点,编制清册,对其数量、价值及债权债务都记载清楚,并对遗产加以妥善保管。

(3)召集遗嘱继承人和受遗赠人。继承程序开始后,遗嘱执行人应向全体遗嘱继承人和受遗赠人公布遗嘱内容,明确各人应得遗产份额和遗产数额。如有放弃继承或受遗赠权利的,对这部分遗产,遗嘱执行人应按照法律规定,召集所有法定继承人协商分配。

(4)清偿债务,执行遗嘱。当遗嘱人生前负有债务时,遗嘱执行人负有清偿遗嘱人生前债务的义务。清偿债务后,应按照遗嘱中有关遗赠的内容,向受遗赠人执行遗嘱。

（5）分配遗产。遗嘱执行人在清偿债务和执行遗赠之后，应按照遗嘱指定，将其余遗产转移给继承人。

（6）立卷存档。遗嘱执行人执行遗嘱后，应向全体遗嘱继承人和受遗赠人报告遗嘱执行情况，并将所有与遗嘱执行有关的资料装订成册，存档备查。

（三）遗嘱执行人对遗嘱有效性内容的审查

依据我国《继承法》的规定，有效遗嘱必须具备法定的形式要件和实质要件，两个要件都不具备或仅具备一个要件的遗嘱无效。故此，遗嘱执行人对遗嘱有效性的审查，就是审查遗嘱是否具备其有效成立的形式要件和实质要件，缺一不可。

首先，审查遗嘱是否具备法定的形式要件。遗嘱的形式要件，是指遗嘱制作、设立的方式是否符合法律的规定。我国《继承法》明确规定，遗嘱可以采用公证遗嘱、自书遗嘱、代书遗嘱、录音遗嘱、口头遗嘱这五种形式，并规定："公证遗嘱由遗嘱人经公证机关办理。自书遗嘱由遗嘱人亲笔书写，签名，注明年、月、日。代书遗嘱应当有两人以上见证人在场见证，其中一人代书，注明年、月、日，并由代书人、其他见证人和遗嘱人签名。以录音形式立的遗嘱，应当有两个以上见证人在场见证。遗嘱人在危急情况下，可以立口头遗嘱。口头遗嘱应当有两个以上见证人在场见证。危急情况解除后，遗嘱人能够用书面或录音形式立遗嘱的，所立的口头遗嘱无效。"从上述规定中可看出，对不同方式的遗嘱有不同的形式要求，遗嘱执行人在审查时要多加注意，不能草率马虎从事。

同时，遗嘱执行人在审查遗嘱的形式要件时还应注意法律关于遗嘱见证人资格的有关规定。我国《继承法》第十八条规定："下列人员不能作为遗嘱见证人：（一）无行为能力人、限制行为能力人；（二）继承人、受遗赠人；（三）与继承人、受遗赠人有利害关系的人。"《继承法》所确立的代书遗嘱、录音遗嘱及口头遗嘱都要求有两个以上见证人在场，但倘若上述人员作为遗嘱见证人，则见证的证明力和遗嘱的有效性将受到影响。

其次，审查遗嘱是否具备实质要件。依据我国《继承法》的规定，遗嘱的实质要件主要包括如下几个方面：

（1）遗嘱人在设立遗嘱时必须具有遗嘱能力。《继承法》明确规定："无行为能力人或者限制行为能力人所立遗嘱无效。"无行为能力人所立的遗嘱，即使本人后来有了行为能力，仍属无效遗嘱。遗嘱人立遗嘱时有行为能力，后来丧失了行为能力，不影响遗嘱的效力。精神病人经彻底治愈后可以立遗嘱。间歇性精神病人所立的遗嘱，经严格审查确属代表本人的真实意思，而且确实是在神志清醒的情况下所立的，也可以承认其效力。

（2）遗嘱必须是遗嘱人的真实意思。我国《继承法》规定，"遗嘱必须表示遗嘱人的真实意思。受胁迫、欺骗所立的遗嘱无效。""胁迫""欺骗"都会造成违反遗嘱人真实意思的后果，因而是违法的，所立遗嘱无效。《继承法》还规定，"伪造的遗嘱无效。遗嘱被篡改的，篡改的内容无效。"

（3）遗嘱不得取消缺乏劳动能力又没有生活来源的继承人的继承权，要为他们保留必要的遗产份额。这实际上是要求遗嘱人履行扶养义务，法律不允许他用遗嘱来免除自己应尽的义务。倘若遗嘱人所立的遗嘱没有给缺乏劳动能力又无生活来源的继承人保留必要的遗产份额，遗嘱将部分无效或者全部无效。遗嘱执行人在审查时应注意，继承人是否缺乏劳动能力又没有生活来源，应按遗嘱生效时该继承人的具体情况而定。

（4）遗嘱只能处分遗嘱人个人的财产。遗嘱人以遗嘱处分属于国家、集体或他人所有财产，遗嘱的这部分应认定无效。就是说，该遗嘱有效的只能是处分个人财产的那一部分。这是遗嘱执行人不能不加倍关注的。

（5）要明确下列遗产是不可遗嘱继承的：①与被继承人的人身密不可分的人身权不能继承。如公民姓名权、名誉权、荣誉权、肖像权等。②与公民的人身有关的债权、债务。这种债权债务是以特定人的行为为客体，与债务人、债权人的人身有密切的联系，不能作为遗产继承。③国有资源使用权。

如采矿权、狩猎权、渔业权、资源使用权等，这是因为这些国有资产的使用权都是经过特定程序授予特定人享有的，这些权利不能作为遗产，如果继承人要这些资源的使用权，必须另行申请，经审查批准后重新获得使用权。④承包经营权。个人承包应得的个人收益，依照本法规定继承。个人承包，依照法律允许由继承人继续承包的，按照承包合同办理。但是，被继承人在承包中投下的资本，应得的个人收益仍属遗产，可依法继承，承包人享有的承包经营权不属于遗产，不能继承。⑤宅基地使用权。公民使用的宅基地，只能与房屋所有权一同转移，不能作为遗产继承。

第四节　律师要有驾驭法律咨询与代书的业务素质

一、律师法律咨询业务

（一）律师法律咨询的特点及应遵循的原则

律师法律咨询，是指律师就国家机关企事业单位、社会团体及公民个人在工作或社会生活中遇到涉及法律的问题所提出的询问，给予解答、作出说明、提出建议以及提供解决方案的一种业务活动。它是我国《律师法》规定的律师的一项重要业务，是律师向社会各界提供法律帮助的一种重要方式。

1. 律师法律咨询的特点

法律咨询是专业性律师机构所提供的法律服务。我国在发展过程中，为适应社会对法律帮助的需求，各种法律咨询机构应运而生，除专业律师机构外，还有各种"法律咨询中心"，其他咨询机构中的法律咨询部门、政府机关的"法律顾问处"、群众团体设置的法律顾问委员会等，而律师法律咨询则是由作为市场中介组织的律师事务所中执业的律师为社会提供帮助的一种方式。

律师法律咨询具有广泛性。首先表现在律师提供法律咨询的服务对象十分广泛，不仅包括一般公民、法人和其他组织，而且包括政府部门和外国有关组织和个人。其次，服务内容不仅涉及国内各部门法律，还涉及国外的有关法律及国际条约、国际惯例。最后，服务领域较广，从婚姻家庭到国家政策，从国内法律问题到涉外法律问题；有涉及诉讼的，也有非诉讼问题；有历史的，也有现实的或未来的，无所不包。

律师法律咨询所提供的意见或建议不具有法律约束力。律师法律咨询所提供的意见和建议，虽然都是依据国家法律或政策所提供的，但都是律师为社会所提供的法律帮助，对询问者没有法律上的约束力，只是对询问者所处理的问题具有一定的影响力或威慑力。

以上特点充分说明：这是律师义不容辞的工作，也是艰巨而光荣的任务，做好这项工作，既有助于推动、促进"两个文明"建设，又有助于律师制度的巩固、发展和健全。还应强调，律师法律咨询工作集中地反映着律师的业务水平、政治水平和思想水平，具体地体现着律师解决实际问题的能力。倘若不愿意或者不善于做好这项工作，就很难成长为一个受群众欢迎和尊敬的优秀的人民律师。

2. 律师法律咨询应遵循的原则

律师法律咨询，不但关系到公民、法人和其他组织的切身利益，也影响律师自身的声誉及利益，故此应遵循以下原则：

（1）以事实为根据，以法律为准绳原则。该原则既要求咨询者实事求是向律师陈述有关事实，同时要求律师认真倾听咨询者的陈述，通过询问咨询者或阅读咨询者所提供的材料和文件，凭自己的法律知识和业务经验判断咨询者的陈述是否真实可靠，并从中客观、全面地了解事实真相。在此基础上，对有把握的问题，及时解答询问者；对没有把握的问题，应在查阅有关法律规定或与其他律师研究探讨后，同咨询者另行约定时间予以解答。同时，律师在答询中一定要持慎重的态度，注意发挥集体的智慧，善于借助专家的知识和力量。答复复杂问题，要用书面形式，既便于当事人使用，也利于留档存查和资料积累。

（2）抑恶扬善，伸张正义原则。律师作为为社会提供法律服务的法律工作者，要急咨询者之所急，尽可能地为咨询者排忧解难，抑恶扬善，伸张正义。当咨询者的合法权益受到损害时，要积极地为咨询者提供法律帮助，或者向有关部门反映，争取得到有关部门的支持和帮助，尽快地使问题得到妥善解决，以维护咨询者的合法权益。

（3）息讼解纷原则。律师在解答法律咨询时，应在向咨询者宣传法治的同时，做好思想工作，支持有理，说服无理，促使纠纷双方从团结的愿望出发达成和解或寻求其他较恰当的息讼解纷的方法，千万不可激化矛盾，酿成恶性事件。

（二）律师解答法律咨询的方式、方法和步骤

1. 律师解答法律咨询的方式和方法

律师解答法律咨询的方式主要有两种：一种是接待来询者或其他来信来函，解答其涉及法律的问题；一种是应国家机关、企业事业单位或其他组织及公民个人的聘请、委托或请求，对他们提出的各种专门涉及法律的问题，给予解释、说明，提出建议或提供解决方案。

律师的此项业务，因解答咨询方式的不同，有口头解答和书面解答两种方法。口头解答是律师当面回答或者通过传播媒介回答咨询者的问题，其优点在于语言通俗，律师态度诚恳，有利于消除咨询者的顾虑，及时迅速解答咨询的问题。书面解答是律师接受咨询者的来信来函，阅读咨询者提供的事实材料后利用法律知识书面回答咨询者的问题，其优点在于，律师可以利用有关法律知识及业务经验，全面、充分且有针对性地回答咨询者的问题，并提供较为合理又切实可行的解决方案。

2. 律师解答法律咨询的步骤

就整个工作程序来说，律师解答法律咨询时，按要求填写《法律咨询登记表》，登记表主要包括三个方面，一是咨询者的姓名、性别、年龄、职业、文化程度、民族、工作单位、住址等情况；二是咨询者所咨询的具体问题；

三是律师解答内容的简要记录。在律师的业务实践中，口头解答法律咨询的工作，大体上可以分为五个步骤：一听、二问、三看、四析、五答。这五个步骤，实际上又是律师应当抓住的五个工作环节：

第一，听，就是要听取咨询者的陈述。这是解答咨询的前提和基础。咨询者一般带着令其困惑的涉及法律问题来向律师咨询，因其文化程度、口才或情绪激动等原因，可能一时讲不清楚，在这种情况下，律师应以耐心诚恳热情的态度，让其平静心情，详尽叙述纠纷产生的原因及过程。律师应认真地倾听咨询者的陈述，并记录下要点，尽可能不要打断咨询者陈述。总之，为了正确答疑，一定要听真、听准、听全。目的是要弄清真相、抓住实质，为解答打下可靠的基础。

第二，问。律师应针对关键性的事实和情节向咨询者提问，以进一步客观而全面地了解咨询事项，客观全面地了解事实真相是律师依法解答咨询的前提。故此，律师应通过提问，引导咨询者围绕主要问题和主要情节尽可能客观而全面地综述，这样才能进一步了解清楚有关事实，抓住咨询事务的核心问题。

这里强调应正确"引导"，根据对象和问题的不同，可采取不同的引导方式。主要有三种：谈心式、探讨式、发问式。

谈心式。它适用于咨询者顾虑重重，有理不敢直陈等情况；对于受人欺凌的妇女，也适用这种方式。这样可以令咨询者较快地建立起对律师的信任感，进而诉说欲问的种种。

探讨式。它适用一些重大而又有疑难，或者在新形势下产生的新问题。再有就是已经发生了争议，但法律无明文规定的一些问题。对于这类问题的"探讨"，重点不在于从法律上、政策上得出答案，而在于研究通过什么样的途径和方法，去保护当事者的利益。对于企业事业单位，尤为适宜。

发问式。它适用于问题本身模糊不清而咨询者又难以说清的情况。当然，这里的"事实"还有待进一步检验，有待证据证明。有经验的律师，往往在咨询者将问题画出了轮廓、描出了眉目以后，大胆发问，善于提问，使问题的情节、中心、性质等重要之点明确。例如咨询者问，婚姻登记后，一方又与他人公然同居，是否构成"重婚"。这只要弄清楚非法同居的时间、条件等情况，就可以给咨询者以正确的答复，无须再听咨询者与配偶恋爱、结婚登记的过程等情况。这样做，省时、省力，群众满意，效果也好。

第三，看。这主要是要求律师应仔细阅读咨询者来访时所带来的有关咨询事项的材料和文件，并随时注意观察咨询者的情绪变化，以进一步印证咨询者所述事项的真实可靠程度，或进一步了解事实，掌握所咨询事项所处的诉讼程序，不至于延误诉讼时限。

应当指出，律师对于问题所做的结论、所得的判断，决不能以咨询者的感情为准，更不能随其感情变化而变化。律师的基本方法和要求是：根据事实，找出问题的症结或者关键，区别真伪，进而探索事物的本质，为正确答疑创造条件。

第四，析。律师经听、问、看三个步骤后，已对咨询者所咨询事项及所面临的问题有了较为全面、深入的了解。这时，律师就应运用自己掌握的精熟的法律知识及丰富的业务实践经验，对所了解的事实进行综合分析和判断，最终找出解决问题的方法、途径和手段。

"析"，是律师解答咨询之前应当把握住的最后也是最重要的一个环节，应特别重视，务必做好。

第五，答。律师在经过前面四个步骤之后，尤其是对咨询者所咨询事项进行分析判断之后，就可以依据法律和政策的规定有针对性地向咨询者解答问题。律师在解答时要注意应用的法律要准确适当，语言要条理清晰，重点要明确，而且要注意为咨询者所提供的解决方案要有法律依据，切实可行。

还应说明，律师在口头解答法律咨询时，一定要注意有机地穿插运用上述五种方法，以便迅速及时而准确地解答咨询者的问题。

（三）律师怎样书面解答法律咨询

律师对公民、法人及其他组织来访或来信来函所提出的问题，用书面形式予以解答时，通常应注意掌握好以下两方面的问题。

（1）要认真阅读请求法律咨询的来信及咨询者提供的有关材料，先掌握客观事实，再进行分析和判断，掌握解决问题的要害。对于律师分析判断后认为事实清楚、真实可靠的，可以依据有关法律作出书面解答。对于事实不清或事实不大可靠的，律师则应慎重对待，不能轻易解答；或者可回信告知咨询者其所述事实不清或所提供材料不充分，等事实清楚后再予以解答为宜。

（2）律师的书面解答要严密，有针对性，文字清晰明确，语言通俗易懂。对于涉及程序法的咨询一般可依据法律规定予以解答，对于涉及实体法的咨询，律师可以向咨询者介绍处理这种问题的法律依据，一般不作具体如何处理的肯定答复。

律师书面解答咨询时要注意保留底稿，并与当事人来信来函原件一起按规定存档备查。

（四）律师经济法律事务咨询的内容及咨询中提供的法律意见书

1. 律师经济法律事务咨询的主要内容

律师经济法律事务咨询的内容主要包括：

（1）经济项目法律解释。项目法律解释，是指咨询者咨询的目的和律师解答的主要内容，在于运用与咨询者的经营决策项目有关的或可能涉及的法律。此类法律咨询包括两个方面的内容：一是编出与咨询项目有关的法律目录索引或法律条文摘录；二是就这些法律规定对咨询项目进行法律上的解释或说明。律师此类法律咨询的项目较为广泛，包括技术转让、合资经营、合作经营、专利权转让或许可使用、商标权的转让或许可使用、建筑工程承包等。此类法律咨询所涉及的法律也颇为广泛，包括法律、行政法规、地方性法规及其他国家和地区的法律、国际条约、国际惯例等。

（2）项目可行性分析。可行性分析，又称可行性研究，包括经济、技术方面的可行性分析和法律方面的可行性分析。律师参与可行性分析，主要是负责法律方面的可行性分析，但也可与经济、技术方面的可行性分析结合起来进行。律师负责的法律方面的可行性分析，主要是指研究咨询者询问的项目是否为法律所允许，分析法律与国家政策对该项目是鼓励还是限制，以及是否在法律和政策允许的范围内，经营该项目是否有利可图和盈利大小。因可行性分析关系着项目的成败和盈亏，可行性分析做得越精确，投资者所承担的风险就越少，成功的可能性就越大，所以律师在进行可行性分析时必须分析以下两个方面的问题：一方面，可行性分析要严格依据国家法律、法规、政策以及国际条约和国际惯例等，不得违法，也不能故意规避法律；另一方面，进行可行性分析时要以科学的态度，作出客观、科学的分析结论，而不得做出不切实际，甚至虚假的分析结论。

（3）风险预测及其对策。律师在法律咨询中进行的"风险预测及其对策"是要预先指明风险出现的可能性，并制定出相应的对策，使咨询一方尽量避免风险的发生或在风险已经发生时尽量减少其带来的损失。在此类律师业务实践中，较多的是对咨询者的生产和经营计划、经济合同、技术和涉外合同、保单中可能遇到的风险进行分析，提醒咨询方注意并制定相应的经济、技术和法律对策，尤其是为咨询方提供借助法律手段预防和转移风险的方法。律师向咨询方提供对策时应注意以下几个方面的问题：①对风险发生可能性较大而非人力可以避免的，应该建议咨询方采用保险的方法；②对于其他风险，则应考虑实际保险费用和风险发生大小之间的关系，以有利于咨询方利益为原则，而根据不同情况采用定金、抵押、质押、保证这些担保方式的一种；③根据不同情况选用不同的对策，必要时可建议咨询方采取数种风险转移方案，以便风险发生时咨询者能够选择其一，以便自己的损失减到最低程度。

（4）认真审查合同。审查合同包括经济合同、技术合同、涉外经济合同，是律师法律咨询的重要业务之一。律师审查合同的重要目的在于：①审查合同是否合法。即审查合同双方的主体资格是否合格，合同的内容和形式是否符合有关合同的法律的规定。②审查合同是否真实。即审查签订合同的当事人意思表示是否真实，就是说，审查合同是否遵循平等互利、诚实信用、等价有偿的原则以及是否有欺诈、胁迫等违法行为。③审查合同的内容是否全面，是否符合法律对合同内容的具体要求。即审查合同的标的、数量和质量、价款或酬金、履行的时间地点和方式、违约责任这五个要素是否全面、具体，同时审查合同是否具备法律特殊性和强制性规定。④审查经济合同是否具有可行性。无论是国内合同，还是涉外合同，律师都应审查对方当事人的资信状况，以确定其是否有履约能力，以确保合同得到全面、切实地履行。对于涉外合同，律师还应当审查合同是否损害我国国家主权，违反我国法律和公共利益，是否违反合同法对涉外合同的特殊性规定。

2. 律师在经济法律咨询中如何提供法律意见书

律师经济法律事务咨询的书面文件，主要是提供法律意见书，归纳起来包括以下两大类：

一是提示性的法律意见书。律师在解答咨询者的询问，审阅咨询者所提交的文件、材料时，发现咨询者在经营管理活动中的行为违反法律和国家财经制度，或者有重大失误，可能引起不良后果时，可以向咨询者提供法律意见书予以提醒，指出其存在的问题，供咨询者在经营决策时参考。

二是答复性的法律意见书。律师对咨询者所提出的专门性问题，依照法律和政策，或者请教有关专家或职能部门得出答复后，所做的具体的书面答复。

（五）律师在法律咨询过程中必须注意的几个问题

律师作为法律工作者，应尽可能地利用自己精熟的法律知识和丰富的业务实践经验解答咨询者的询问，除了遵循必要的原则取得颇佳效果之外，如下几个问题务必注意：

（1）律师在法律咨询时要沉着、冷静、客观地解答，切忌感情用事。对于现行法律能够解决且律师凭自己业务经验能及时给予解答的，可以当场解答；对于律师当场不能回答的，则应与咨询者另行约定时间，在与其他律师研究探讨或查阅有关法律和政策规定后予以解答。对于现行法律不能解决的，律师应凭自己的业务经验为其提出解决问题的途径和方法。

（2）律师的解答应客观，符合法律和政策规定，切不可为满足咨询者的愿望或其他不正当目的，而给咨询者提供不切实际，甚至于虚假、欺骗性的解答，以免造成不良影响。

（3）律师在咨询时发现有异常情况和特殊性问题应采取相应的措施，防止恶性事件的发生。必要时应与有关部门和单位联系，共同解决问题，防止意外事件发生。

（4）律师如若在解答后发现有错误，应迅速通知咨询者并予以纠正，而不能放任，以免产生不良后果，既损害咨询者的合法权益，也损害解答律师本人的声誉。此外，还要防止"答非所问"；避免用空泛的道理和抽象的法学理论去回答咨询者的具体问题；更不能用教训的口吻进行言之无物的空洞说教。

一、律师代书业务

（一）律师代书的概念及其重要性

1. 什么是律师代书

代书，是指接受委托的律师代写法律文书，即就委托人所指定的事件，根据委托人提供的事实和证据，按照委托人的意志并以委托人的名义，依据法律，代替委托人书写法律行为诉讼文书和其他法律事务文书的一种创造性的专业活动。律师代书与其他业务相比，具有以下的显著特点：

（1）律师必须以接受委托书和反映委托人合法意志为前提，应以委托人的名义书写，旨在维护委托人的合法权益。律师代委托人书写法律文书，因此文书中的语气必须是委托人的语气，而不是代书者的语气，代书的内容也应当体现委托人的意志。

（2）律师代书应体现"事实是根据，法律是准绳"这条基本原则，即代书所反映的内容应当符合客观事实和法律规定。这反映到代书中，体现为代书内容不得违背客观事实和现行法律的有关规定。

（3）律师代书的格式颇为规范。律师代书不管是代写诉讼文书，还是代写非诉讼法律文书，因不同的法律有不同的格式要求，包括形式上的要求和文书内在逻辑联系上的要求。所以，律师代书时应当严格按照不同文书的形式要求，遵循各种文书对各部分顺序上的要求和对各部分具体事项的要求，使代写的法律文书合乎格式，制作规范化。

2. 律师代书的重要性

代书，就其作用和地位来说，在律师业务中相当重要。这具体表现在以下几个方面：

其一，它是保护委托人合法权益的一种重要方式。

其二，它是保护委托人合法权益的书面形式。这既指代写的诉讼文书，也指其他的种类繁多的法律行为文书。

其三，好的诉讼文书常常对诉讼进程产生重大影响。比如上诉状、答辩状的质量，对诉讼进程的影响就是无可怀疑的。

其他好的法律行为文书对它涉及的业务领域或具体问题，也会产生好的作用。例如草拟一份周密严谨、无懈可击的合同，对于预防纠纷或者发生纠纷减少损失，都会产生积极作用。

其四，好的代书能起到宣传法律政策、教育人民遵纪守法的作用。

律师的代书，无不涉及法律、政策，因而每件代书几乎都是对于法律、政策具体、形象的说明或解释，倘能着意及此，其受益者自然不止于当事者，必然会影响到社会的千百万人！

综上所述，我们可以得出结论：第一，代书的质量反映着律师的业务水平，因而它的高低、优劣会在一定程度上影响律师在人民大众中的信誉和律师工作的开展。第二，代书的作用如此重要，任何忽视这项工作的做法都是有害的。

（二）律师代书的范围及不应代书的情况

1. 律师代书的范围

依据我国现行法律和司法部门有关规定，律师代书的范围包括以下两大类：

（1）代写诉讼文书。依照我国刑事、民事、行政诉讼法，为进行刑事、民事、行政诉讼而制作的刑事诉讼文书、民事诉讼文书、行政诉讼文书，比如起诉状、上诉状、申诉状、再审申请书、答辩状等。

（2）代写非诉讼法律事务的文书，即除诉讼法律文书以外的其他有关法律事务的文书。例如合同、契约书、委托书、遗嘱、赠与书、声明书、字据、协议书、公证申请书、仲裁申请书、社会救济申请书等民事、经济、行政方面的凡与法律有关，内容涉及一定的法律事务，能够引起一定法律后果，或具有一定法律意义的文书。

2. 律师不应代书的情况

依据法律的有关规定和律师代书的业务实践，当事人的委托事项属于以下情况之一的，律师不宜为当事人代书：

（1）对属于刑事公诉案件的，不应代写起诉状。这是因为公诉案件的起诉权由人民检察院行使，倘若当事人要求代书，律师应告诉其不得代书的原因，或者可为其代写控告书。

（2）委托事项属于刑事自诉案件，但是当事人的行为情节显著轻微，不构成犯罪的，应当说服当事人息讼，不予代书。

（3）超过诉讼时效的，律师不应为其代书。

（4）判决不准离婚或经人民法院调解不离婚的案件，没有新的情况和新的理由，在六个月内又起诉的，律师不应为其代书。

（5）当事人的诉讼请求明显违背法律和政策规定，请求明显不合理的，律师不应为其代书。

（三）律师代书的基本要求及应注意的问题

1. 对律师代书的基本要求

针对律师代书业务的特点，综合不同的诉讼文书和非诉讼法律事务文书的不同要求，对代书这项业务的基本要求有：（1）目的要明确，中心突出；（2）叙事要清楚、具体；（3）说理要正确、充分；（4）文字要精练、朴实。

首先，最重要的，就是把握案情、事件或者问题的关键所在，明确目的，围绕中心确立论点或主旨，切忌在枝节大做文章，中心旁移。

其次，叙事既要全面，又要扼要；既要抓重点，又应顾及全局。怎样才能抓住重点，达到扼要？主要有两点：一是详略得当，二是不枝不蔓。但这仅是结构、形式上的。究竟怎样具体地写清事实？我认为，从正面说，要善于分析和运用证据；或者，要善于分析情况或问题。从反面而言，切忌用抽象空洞的概念去代替事实。

再次，正确的说理表现为两点：一是观点正确，立得住，驳不倒；二是解释法律政策要准确、援引条文要贴切。充分说理，既要抓牢主要理由，又不放过可以说明问题的次要理由，还要能排除相反的说法，挑除可以推翻立论的理由。同时要力避空谈，理由是否充分，不在于"量"，而在于"质"。

最后，在文字上倘能做到通俗易懂，合乎逻辑，不生歧义；结构严谨，层次清晰，纲举目张，就必然会达到所谓"精练、朴实"的要求。

还要强调律师的各种代书业务，涉及各类文体，其中居多数的是议论文和说明文。也有的书状，例如诉讼文书，虽则重"议论"，但必然会有相当比重的"记叙"成分。边叙边议，因而又被视为一种特殊的议论文。在此打算以这种特殊的议论文为例，再从文体的角度提出一些更高的要求：

议论或者说理，其目的在于用充分、可靠的事实材料，通过恰当的论证方法，论证当事人的具体观点。阐明观点的方法如下：（1）从正面说明，即所谓立论，起诉状如是；（2）对反面论点驳斥，即所谓驳论，答辩状属此类；（3）立论与驳论相结合，上诉状、申诉书、再审申请书都是此类。

从代书实际业务出发，对议论文类的代书提出如下几条要求：

一是要正确运用概念、判断、推理等逻辑形式论证道理，阐明观点，提高"战斗力"；

二是应以确凿可靠的事实为基础，又善于从事实中引出无懈可击的结论；

三是应达到以"理"服人，而不能以"情"动人，唯有客观事实才是最高权威。

2. 律师代书应当注意的问题

第一，律师应认真耐心地听取当事人的陈述，全面地了解客观事实及证据。律师要善于引导当事人把案件的基本事实和基本证据，以及关键性事实和情节谈清楚，同时，应根据当事人的陈述随时提问，以进一步弄清事实，了解案件全貌。

第二，律师要根据自己的业务经验分析事实和证据的可靠性，要重视证据。证据在整个诉讼中占有重要地位。当事人要写诉讼文书，就应提供所涉及的证据材料。律师应当积极引导当事人提供人证、物证和其他证据，并帮助当事人分析其提供的材料中真正作为证据的材料有哪些，应予以补充的证据材料有哪些，以便使律师代写的诉讼文书依据的证据确凿充分。

第三，律师要用法律来衡量当事人所陈述的事实、提供的证据及其提出的诉讼请求，根据不同情况，区别对待。对于显然属于无理缠讼的，要拒绝代书；对没有诉讼理由或诉讼理由不合法的、具有不应代书情况的，应说服当事人息讼解纷；对合法权益受到侵害，诉讼理由充分、合法的，应当积极为其代书，支持其诉讼。

最后，律师代书时应注意采用适当的书写技巧，增强代书的表达力。律师代书时，最好采用边叙述事实边列举证据的方法，以证明当事人所提供的事实及证据的确实性和无可辩驳性。在阐明诉讼请求和诉讼理由时，律师应根据事实和法律论证当事人的诉讼请求的正确性和合法性，以增强说服力，有利于法院受理案件。对于案件事实较为复杂的，应先写纠纷的事实或被告人的犯罪事实，再阐述理由；对于案情比较简单，法律关系比较明显的案件，也可以阐述诉讼理由为主线，结合说明事实情况，有利于法院了解事实及当事人的诉讼理由。此外，代书时无论用第三人称书写，还是用第一人称书写，在同一份诉讼文书中的人称应前后一致，不要互相矛盾。

（四）律师如何代书好各种诉状

1. 切实把握各种诉状的具体特点

（1）起诉状的主要特点。起诉状具有引起第一审程序发生的作用。按案件性质的不同，起诉状可分为民事起诉状、刑事自诉状、刑事附带民事自诉状、反诉状（刑事公诉）附带民事起诉状以及行政起诉状等。这些诉状的共同特点是：

第一，它是保护当事人某些受到损害的或者应当给予维护的合法权益的诉讼文件。

第二，它是针对对方当事人的侵权行为或其他违法行为的诉讼文件。

第三，它是正确分析证据，证实具有法律意义的事实的基础上，适用法律规定，明确请求目的，要求一审法院裁决的诉讼文件。

第三点最为重要。代书质量的优劣高低，取决于能否很好地把握住这个特点。它包含四方面内容：①抓准事实；②适用法律；③请求明确；④要求裁决。之所以强调事实"具有法律意义"，是考虑到：作为起诉一方，所举的事实应能发生权利义务关系或者产生某种法律责任，否则，并无意义。

（2）上诉状的特点。上诉状是指诉讼当事人或其法定代理人不服地方各级人民法院第一审尚未生效的裁定或判决，依法请求上一级人民法院撤销、变更原审裁定或判决或者发回原审法院重新审理的文件。上诉状属于第二审程序的诉讼文书。根据诉讼性质不同，可分为民事上诉状、刑事上诉状和行政上诉状三种。其具有很强的针对性和辩驳性。

①它是保护刑事被告或民事败诉一方的合法权益的诉讼文件；②它是针对原判法院的裁判，并给予否定评价的文件；③它不是针对公诉人或对方当

事人的。

最关紧要的是第二点；第三点其实是从另一侧面去说明第二点的，实质上是第二点的补充。不少代书忽略了这个重要特点，所以上诉状大多针对对方当事人而发，有的再把"事实"重叙一遍，而不着力否定法院裁判文书中的错误或者不合理的部分。其后果则是，不能影响上诉审判。换言之，上诉状未能达到预期效果。

（3）答辩状的主要特点。答辩状是案件审理过程中处于"应诉"地位的被告（人）、被上诉人、被申请（诉）人针对起诉状、上诉状、再审申请书或申诉书的诉讼请求，根据事实和法律进行回答和辩驳的书状。

答辩状按照诉讼性质的不同，可分为民事答辩状、刑事答辩状和行政答辩状；按照诉讼程序不同，可分为一审答辩状、二审答辩状和再审答辩状。答辩状的功用特点是"后发制人"，具有很强的驳辩性，这一点与反诉状相似。但二者也有很多不同，其主要区别是：①答辩状没有独立的诉讼请求，而反诉状有独立的诉讼请求；②答辩状适用于三大诉讼的所有程序，反诉状只适用民事一审和刑事自诉一审程序。

答辩状的主要特点是：①它是对诉讼的答复；②它是对控诉的辩护；③它的目的在于反驳对方无理的或者是违法的告诉，从而维护一方当事人的合法权益。

（4）申诉书和再审申请书的主要特点。申诉书和再审申请书属于审判监督程序的诉状，是再审案件的重要来源之一。再审申请书是民事诉讼专用文书，而申诉书是三大诉讼（民事、刑事、行政）通用文书。再审申请书和民事申诉书都是民事案件当事人不服已经生效的裁定或判决，请求人民法院予以纠正的文书。其特点主要有二：①它是针对已经发生法律效力的裁判或者调解而提出的诉讼文书；②它是适用特殊程序保护当事人的合法权益而提出的诉讼文书。

2. 认真研究各种诉状的主要内容和结构

关于各种诉状的制作，司法部早有统一格式样本，在执业工作中应以部颁的范本为准。我们这里所讲的，有的地方与部颁的范本有少许不同不是标新立异，是为了研究问题而提出的观点或做法，仅供参考。

（1）诉状的主要内容。各种诉状的基本内容并不一致。如起诉状，基本内容是案情，其次是理由和要求；又如上诉状，主要是对原审裁判不服部分的辩驳。概括起来，诉状包括以下八方面的内容：

①当事人双方的基本情况，主要指姓名、年龄、住址及双方的关系。当事人是公民的，应当写明姓名、年龄、民族、职业、工作单位和住所；当事人是法人或其他组织的，应写明其名称、住所和法定代表人或主要负责人的姓名、职务。

②案由，这是案件内容的提要，高度概括，是法律关系的集中表现。例如"离婚""继承""虐待"等，它集中地反映了案件的特征，决不可省。

③诉讼请求目的。

④重要事实。既指重要，绝非"全部"，因此不能把所有的事都罗列上。至于是否重要，应围绕"请求目的"予以确定。例如"开口骂人、动手打人"这一"事实"，在请求赔偿债务的诉讼中，仅能说明债务人欠债不还，在赖债过程中有过极其恶劣的态度，此类细节无关宏旨，绝非重要事实。但在请求离婚诉讼中，一骂二打，如属"经常"，自然属于重要事实了。

⑤主要理由。理由是否"主要"，应从两方面考量：一是它能否说明所举的事实具有法律意义，是否可信；二是它能否说明所提的请求符合事理，是否于法有据。这里着重说明两点：第一，讲出理由去说明事实，应着重分析所举的事实为什么成立，为什么可信；为了达到这一点，就必须花力气去分析证据的关联性、真实性和有效性。而这样做的目的则又在于，适用推理去分析论据的可靠性，以证明论点的无懈可击。第二，理由的讲出，绝不是凭空想出来的，而是根据事实，依据法律（政策）得出的合乎事理、合乎逻辑

的分析。如同不可能有同一的案情、同样的"事实"一样，也不会有"同一"的理由而适用于所有的或者同类的案件。这在婚姻诉讼的诉状中尤为突出，看似相仿，实则不同。

⑥有关证据。应注意的是，在适用间接证据时，必须对相关的片段材料或者线索予以综合，加以分析，使之成为证据的链条；不如此，则很难形成证明力。

⑦准确法律依据。根据具体案件适用、应用。

⑧送达法院。法院应写全称，不宜简称或任意省略。

上述八项内容，事实、证据最重要，其次是理由。一份好的诉状，应做到"以事动人"，就是人们常说的"事实的感染力"；还要达到"以理服人"，也就是人们说的"论点的说服力"。证据之所以具有特殊的重要性，正在于它是正确论点所必需的可靠论据，因而它本身就又具有无可辩驳的说服力。

实践中考虑到"事实"这一部分在诉状中的重要位置，以及它本身可能带有的复杂性，下面我们就这一部分的写法提出一些看法，供执业律师在实践中借鉴、参考。"事实"的写法有如下四种：

一是按照事件发生的时间顺序写。这种写法的优点是，眉目清晰而有条理，一看就明白，于起诉状较为适用。

二是按照问题的主次写，先写主要，再写次要。优点是易突出重点，于上诉状、申诉书（再审申请书）较为适用。

三是于叙述事实中结合举证说理，使每一个具体问题都能得到及时的证明，"夹叙夹议"或者夹叙夹辩，于答辩状最为适宜。

四是按照问题加以分类，然后概括叙述，这种写法适用于对方是多名当事人的情况。

以上四种写法，都离不开以下七个环节，即"创作"的七要素：人物、时间、地点、原因（动机、目的）、手段、情节、结果。抓住这七个要素，选用上述的方法，就一定会达到叙事清楚、明快这个预定的基本目标。

（2）诉状的结构。结构是文章的表现形式，也是布局谋篇的问题。内容决定形式，形式体现内容，力求做到内容和形式高度统一。诉状的结构，主要是指其层次、段落、过渡、照应、开头、结尾、详写、略写，以及诉状各部分之间的关系等。这里试以诉状的各部分在整个文书中所占的详略比重，予以阐明。

就诉状而言，各部分在全篇中所占的详略比重，取决于案件的具体特点。试举刑事自诉状为例，应包括：①主要事实，指案情，或者说是"罪状"；②证据分析；③确定罪名；④具体要求。我认为其中前两点应详，后两点宜略。详写，目的是突出重点，即"主"；略写呢，目的是照顾全局，也是为了突出重点——"主"。

怎样处理应详或宜略的问题？我主张应遵循两条原则：第一，要围绕中心事件（问题）的需要，与中心事件（问题）有关的内容应详，无关的宜略。以"事实"部分为例，关键性的、最能说明问题的事实，应详；一般性的事实，宜略。第二，根据不同类型的诉状的需要，决定哪一部分应详，某一部分宜略。以上诉状为例，"理由"部分应详，"事实"部分则宜略。

应当提醒的是，诉状中的详略比重问题并不是它的结构的全部，有时甚至不是最重要的部分。为什么？我们讨论诉状的结构，着重点在于怎样组织"事实"，又怎样安排"理由"。最终要做到严谨、清晰，反对松散、混乱。结构问题对于代书诉状是重要的，但它毕竟是诉状的"形式"，形式应服从内容的需要，对于代书诉状的律师同样是必须遵守的原则。

3. 律师如何据实依法代书各种诉状

（1）代书民事起诉状。民事起诉状是实用性最强、使用率最高的一种诉状。律师代书民事起诉状时，具体内容和写法如下：

①文书名称，即民事起诉状。该名称应写在诉状的正上方。

②原告、被告的基本情况。该部分应分开写明原告和被告的姓名、性别、

出生年月日、民族、职业、工作单位、住址。没有诉讼行为能力的人，在其下一行写明其法定代理人的基本情况，并写明其与被代理人的关系。诉讼代理人是律师的，写明律师姓名、职务及其所在律师事务所的名称。其他诉讼代理人，应写明其基本情况。如果原告、被告是法人或其他组织，应写明单位名称、所在地址、电话、工商登记号、经营范围和方式、开户银行和账号。在下一行写明法定代表人的姓名及职务。律师代书时应注意，有第三人的，还应写明第三人的基本情况。

③具体的诉讼请求是起诉的目的，应当明确、具体、合法，写明请求法院解决原告与被告之间的民事权益什么争执，满足自己哪些具体要求。此外，如果有必要申请财产保全或者先行给付的，应作为独立的一项要求提出来。

④事实和理由是关键内容，应着重加以论述。民事起诉状能否被受理，原告能否胜诉，很大程度上取决于这项内容写得如何。事实部分，应写明双方当事人之间的法律关系、纠纷发生发展过程、争执的焦点和具体内容及被告应承担的民事责任这四个方面的内容；理由部分，应在叙述事实的基础上，引用法律条文分析认定纠纷的性质，说明是非曲直，写清所造成的后果。律师在书写事实和理由时，要做到事实清楚、重点突出、观点明确，证据确实充分，引用法律法规准确适当。

⑤尾部。起诉状结尾部分，应另起一行写明"此致"，并另起一行顶格写明"×××人民法院"。在起诉状的左下角要用"附"或"注"的文体一一注明本状副本几份、物证几件、书证几件，副本数应与被告人数相等，法人单位应写全称，并加盖公章。

（2）代书行政起诉状。律师代书行政起诉状时，具体内容和写法如下：

①文书名称，即行政起诉状。该名称应写在诉状的正上方。

②原告、被告及第三人的基本情况。原告的写法与民事起诉状的写法相同。原告须是具体行政行为侵犯其合法权益的公民、法人或其他组织；有明

确合法的被告；对作为被告的行政机关，则应写明全称、所在地址及法定代表人的姓名、职务。

③诉讼请求，应当明确、具体、合法。该部分要简明扼要地写出诉请人民法院解决的行政案件权益纠纷。根据案由不同，请求法院"依法撤销××行政机关第×号处决罚定"，或"请求××行政机关履行其法定职责"，或"请求依法变更××行政机关第×号处罚决定"，同时要求被告给予什么损害赔偿等。

④事实和理由。事实是行政起诉状的核心部分，应突出叙述关键情节，因为它是人民法院审理案件的依据。律师应按行政案件发生发展的时间顺序，写明原告一方引起行政机关作出具体行政行为的事由，行政机关作出具体行政行为的经过及依据的内容，原告对具体行政行为是否复议情况等这三个方面的问题。律师书写时应注意所述事实要针对具体行政行为及其依据而展开。在叙述事实的基础上，律师论证具体行政行为所依据的事实错误，或所依据的法律、法规错误，或违反法定程序，或超越职权，滥用职权，或行政处罚畸重、显失公平等具体行政行为非法性的表现。只有这样，才能使诉讼理由有理、有据和有力。

⑤不可忽视举证。虽然被告行政机关依法负有主要举证责任，但是原告也应写明证据（况且被告举证一般是有利被告的），忽视举证无异于放弃自我保护权利。

⑥尾部。该部分首先应写明致送机关，即分两行写"此致"，"××人民法院"；其次，应在起诉状右下角让起诉人签名或盖章，在其下面另起一行写明起诉的年月日。

⑦附项。在起诉状的最后一页的左下角，应附或注明该行政起诉状的副本份数，行政机关的书面处理、处罚决定书、有关的书证名称及份数。

（3）代书刑事自诉状。律师代书刑事自诉状时，具体内容和写法如下：

①文书名称，即刑事自诉状。该标题应写在诉状的正上方。

②自诉人、被告人的基本情况。应分开写明自诉人、被告人的姓名、性别、出生年月、民族、籍贯、职业、住址。自诉人有代理人的，应另起一行写明其代理人的称谓（是法定代理人还是委托代理人）、姓名、性别、年龄、籍贯、职业、住址及其与被代理人的关系。代理人如果是受委托的律师，则必须写明其姓名、职务及所在律师事务所的名称。代书律师应注意，如果自诉人不止一人的，应根据其权益被侵犯的程度和情节轻重，由重到轻依次排列。如果被告人不止一人的，应按其罪行轻重程度排列，主犯在前，从犯在后。

③案由和诉讼请求。这部分是自诉人向人民法院请求什么的高度概括。应直接写明所控告的罪名，指明被告人犯了何种罪，提出自诉人对人民法院的请求和主张。附带民事诉讼的，对自诉人的经济赔偿要求要写明。律师代书时应注意，诉讼请求要明确、具体，文字要简洁，涉及赔偿损失的，要把具体数目写明。

④事实和理由。该部分的内容包括事实、证据、理由和法律依据四个方面。首先，应按犯罪事实发生的时间顺序，或被告人犯罪行为由重到轻的排列顺序，客观、全面、重点突出地写明案件事实。书写时要详略得当，对于案件定罪量刑具有关键作用的事实或情节，要详细叙述，说明案件事实要用证据来证明，因此，要边叙述事实边列举证据。对于证据，应写明证实被告人具有犯罪行为证据材料的名称、内容、作用、来源。证据是人证的，要写明证人的姓名、职业、住所；证据是书证的，要附上抄件或复印件。律师代书证据时要注意对证据进行分析，说明其作用并论证其可靠程度。提起刑事诉讼的理由，要建立在明确、清楚的案件事实和充分确实的证据之上，诉讼理由应从案件事实中引申、归纳出来。诉讼理由与案件事实之间要存在因果关系。所以理由部分应在概括主要犯罪事实后，援引相应的法律规定，对被告人犯罪的性质、罪名以及从重、从轻、加重、减轻的情节等进行分析论证后，再用概括性的行文重新说明诉讼请求，比如可以写为："综上所述，被告

人×××的××行为，触犯了《中华人民共和国刑法》第×条第×款的规定，构成××罪。依据《中华人民共和国诉讼法》的第×条第×款的规定，特向你院起诉。请依法判处。""自诉人因被告人的加害行为而造成的……损失折合人民币××元，请求判令被告如数赔偿。"

⑤尾部。该部分要求另起一行写明"此致"并另起一行顶格写明"×××人民法院。"在诉状的右下角，自诉人要签名或盖章，另起一行在签名下写明年、月、日，并在年月日的下面写明"××律师事务所的××律师代书。"

⑥附项。在自诉状最后一页的左下角用"附"或"注"的形式一一注明本状几份、物证和书证的件数及名称。

（4）代书刑事上诉状。刑事上诉状的具体内容和写法如下：

①文书名称，即刑事上诉状。该名称一般写在诉状的正上方。

②当事人的基本情况。此处"当事人"，在公诉案件中仅指上诉人，在自诉案件中可为上诉人与被上诉人。当事人的基本情况写法与起诉状基本相同。律师在书写刑事上诉状时应注意，上诉人是原审当事人的，应用括号注明其在原审中的诉讼称谓，如"上诉人（原审自诉人或原审被告人）×××"；如上诉人是原审当事人的法定代理人或近亲属的，注明上诉人与当事人之间的关系；上诉人是原审的辩护人经被告人同意提起上诉的，要写明"系原审被告人的辩护人。"

③案件来源。律师在这部分应写明上诉人因何案不服而提起上诉，对原审人民法院的名称、裁判日期、案号都应写明确。一般写法是："上诉人×××因××一案，不服××法院×年×月×日××刑初字第×号刑事判决（或裁定），现提出上诉。"

④上诉请求。该部分首先要叙述原审裁判结果，并说明上诉人对原审裁判结论全部不服还是部分不服，对哪一部分不服。接着要明确提出要求第二审人民法院撤销或变更原审的判决、裁定，或者要求重新审理本案。代书律师应注意，倘若是对刑事附带民事部分提出上诉，书写时就应对民事责任部

分提出上诉人的请求，并写明是否承担经济赔偿及具体数额。

⑤上诉理由。上诉理由既是上诉人对原审裁判的反驳，也是对其上诉请求合理合法的论证。该部分是刑事上诉状最重要的部分。一般来说代书律师应当着重从认定事实、认定案件性质、适用法律、适用程序这四个方面利用说明和反驳这两种方法来书写。律师首先应从原审判决对事实的认定上着手，研究原审判决所认定的事实是否清楚正确，裁判所依据的证据是否确凿充分，有利于或不利于被告人的法定情节或酌定情节是否遗漏，对共同犯罪人在犯罪中的地位、作用的认定是否恰当等。在对这些情况分析研究的基础上，叙述客观事实，列举证据作为上诉理由。对上诉人认为原审裁判定性不准确的，律师应从犯罪构成结合事实着手，分析被告人的上诉理由；对原审法院适用法律不当的，律师可结合有关的法律条款提出充足的上诉理由；对原审法院严重违反诉讼程序，影响案件正确审判的，也可以作为上诉的理由。

⑥尾部。刑事上诉状尾部的写法，除致送的人民法院为原审人民法院的上一级人民法院（二审受理法院名称）外，其他写法与刑事自诉状的写法相同。

⑦附项。在上诉状最后一页的左下角，应一一注明上诉状副本的份数、物证和书证的名称及件数。

（5）代书民事和行政上诉状。

民事上诉状、行政上诉状的写法与刑事上诉状的写法基本相同，律师代书时可以参照。但律师在书写民事上诉状、行政上诉状时应特别注意以下几个问题：①因民事案件和行政案件较复杂，因此律师代书时应慎重对待，反复推敲，尤其是诉讼请求部分，要写得明确、具体、详尽，而不能泛泛而谈。②对原审法院认定事实和适用法律正确的部分，在上诉状中不要重复论述，而应将重点放在原审法院认定事实和适用法律错误之处，逐一指出，并通过论述客观事实，列举证据，尤其是有利于上诉人的新发现的事实和证据，来逐一反驳原审的错误判决或裁定。

4. 律师如何代书答辩状

答辩状的具体内容和写法如下：

（1）文书名称，即答辩状。该名称应写在答辩状正文的正上方，如果被告人或被上诉人在答辩的同时提起反诉的，名称应写为"答辩和反诉状"。

（2）答辩人的基本情况。写法参照民事、行政或刑事起诉状。

（3）案由，即写明原审案由。律师代书时应注意，一审答辩状写法同二审答辩状写法有所不同，一审答辩状案由的写法一般为："为×××（原告的姓名或单位名称）诉×××（被告的姓名或单位名称）×××（案由）一案。现提出答辩如下："。

（4）答辩理由。该部分，代书律师一般应采用反驳的方法，针对起诉状、上诉状所述事实诉讼请求、诉讼理由及所依据的法律作出答复或反驳，并可提出相反的事实、证据和理由，以证明自己的主张和意见。如果答辩人认为原告的诉状和上诉状所叙事实错误，就应说明客观事实，并以确实可靠的证据使自己所答辩的事实无可辩驳。如果是原告的起诉状和上诉状中指控的罪名、法律责任等方面的问题，要以客观事实结合相应的法律条款有理有据地答辩。同时，代书律师一定要注意，答辩时要抓住关键问题，有针对性地进行答辩。

（5）答辩人意见。在依据客观事实、确凿证据、引用法律条款充分阐明答辩理由的基础上，经过分析、归纳，提出答辩人的主张和意见。

（6）尾部。结尾部分应写明要提交答辩状的人民法院的名称，由答辩人签名或盖章，并写明具体时间。

5. 律师如何代书申诉状

申诉状的具体内容及写法如下：

（1）文书名称，即申诉状。该名称一般写在诉状的正上方。

（2）申诉人的基本情况。申诉人基本情况的写法与上诉状相同。代书律师在书写申诉状时应注意：如果是刑事申诉状，要写明原审被告在申诉时的服刑场所或刑满释放后的情况；如果申诉人是原审案件当事人的家属或其他公民的，应写明申诉人的基本情况，及其与当事人的关系，一并写明当事人的基本情况。如果申诉是民事案件的当事人提出的，应写明原审案件双方当事人的基本情况。

（3）案由。该部分应写明原审机关的处理决定（包括判决、裁定、决定、调解书、裁决等）生效的年度及文书编号。如果申诉案件是经过一、二审判决或裁定，或是经过行政复议的，应依次写明经过两次审判或处理的各个机关的名称、处理决定书的年度和案号。代书律师应将申诉人的要求及申诉人因何案不服何机关何时何案号的处理决定的态度写得清楚、明确。

（4）申诉的请求和目的。该部分要简明扼要地写申诉人要求申诉机关给予解决的问题。是要求撤销原处理决定，还是要求变更原处理决定，是要求全部撤销，还是部分的撤销或变更等。

（5）申诉的事实和理由。该部分要针对原处理机关的处理决定在认定事实、适用法律或审理的程序严重违法的情况，分别予以反驳。对于原处理决定所依据的事实有错误的，应叙述客观事实，利用确凿证据来证明申诉人所述事实的真实性。对于原处理决定所适用的法律有错误，或原审机关审理案件时程序严重违法的，律师应援引具体法律条款来予以反驳，并以其作为申诉理由。在此基础上，应重新说明申诉人的申诉请求。

（6）尾部。尾部写法同上诉状基本相同，只是提交诉状的主体有所不同，刑事、民事案件为申诉人，行政案件为申请人。

（7）附页。该部分一般写在诉状左下角。分行写明本申诉状副本的份数、所提交原审机关的处理决定的复印件，及提交的新证据的名称及份数。

6. 律师如何代书申请执行书、请求仲裁申请书、请求回避申请书、请求复议申请书

申请书是民事、行政和刑事案件当事人（包括双方当事人、有独立请求或有利害关系的第三人）就有关问题向有管辖权的机关提出的准予申请人的某项请求而递交的请求文书。申请书的种类，因申请人所申请事项的性质和具体请求的不同而不同，其具体写法亦有所不同，这是代书律师书写时应该注意的问题。归纳起来，申请书一般应包括的内容及其写法如下：

（1）文书名称，即"×××（请求事项）"。该名称写在申请书状的正上方。

（2）致送机关。申请书的致送机关的名称一般写在文书名称的下一行的顶格，也像起诉状一样写在尾部。不管致送机关写在哪儿，都必须写明其名称。律师代书时应注意，致送机关必须是申请请求有管辖权且属于该机关受理范围的机关。

（3）申请人的基本情况。该项写法与各类诉状的写法基本相同。

（4）案由和请求事项。该项应写明申请人因何案件或何事项而提出申请，要写得明确具体。如"申请人因×××，现提出申请"。在写明案由之后，紧接着应写明具体请求，即请求有管辖权的机关批准的具体事项。

（5）事实和理由。申请人的请求不管内容为何，都必须有其依据的事实和理由。如请求仲裁的，申请人必须有与对方当事人达成仲裁协议和纠纷已发生的事实；申请人民法院强制执行的，必须有被申请执行人员有给付义务，且无正当理由而逾期不履行其义务的事实等；申请宣告公民失踪的，必须有公民失踪两年，杳无音信的事实。在写明申请所依据的客观事实后，应结合事实提出申请请求所依据的法律条款。

（6）尾部。此处由申请人在右下角签名、盖章，并写明申请日期。

（7）附页。该处应根据具体申请要求必须同申请书一并提交的，有关证明申请请求的证据材料。如若申请仲裁的，应提交申请人与对方当事人所达成的仲裁协议及合同复印件；申请复议的，应提交原审机关所作的处理决定的复印件及证据材料等。

7. 律师如何代书授权委托书、合同、赔偿申请书

（1）代书授权委托书。代书律师书写授权委托书时要慎重，尤其是对代理权限问题，要问清楚委托人是全权委托，还是部分委托；仅是诉讼权利的授权，还是实体、诉讼权利一并授权；所授具体权利包括哪些。清楚地了解了这些情况，律师才可以为其代书授权委托书。授权委托书的具体内容和写法如下：

①文书名称，即授权委托书。该名称写在书状的正上方。

②委托人和委托人的基本情况。委托人是公民个人的，应写明其姓名、性别、年龄、住址等基本情况。委托人是法人或其他组织的，应写明单位名称、所在地址和法定代表人的姓名、职务。同时应写明受托人的姓名、性别、工作单位、住址等情况。

③委托事项。主要写明委托事项属于哪项具体的法律事务。

④授权范围。这部分是授权委托书的核心，一定要写得具体、明确并且要准确无误。代书律师写时应注意，当事人的委托权限一定要符合法律规定，即法律允许可以自由处分的权利才可以委托他人代为行使；法律规定不可自由处置的权利，主要是人身权，当事人不得委托他人。

⑤委托期限。为避免不必要的纠纷，当事人在授权委托书中最好单列此项，明确规定授权的起止时间。

⑥尾部。由委托人在书状的右下角签名盖章，并写明具体时间。

（2）代书合同（书）。根据确立的民事或经济关系的性质不同，按照我国《合同法》规定，合同书主要有 15 种类型：①买卖合同；②供用电、水、气、热力合同；③赠与合同；④借款合同；⑤租赁合同；⑥融资租赁合同；⑦承揽合同；⑧建设工程合同；⑨运输合同；⑩技术合同；⑪保管合同；⑫仓储合同；⑬委托合同；⑭行纪合同；⑮居间合同。各种合同的具体内容及写法不尽相同，但不管哪种合同，一般分为首部、正文、尾部三个部分。每个部分的具体内容及写法如下：

①首部。合同的首部包括合同的名称和合同双方当事人及其基本情况两项内容。

合同名称。合同的名称是由合同所确立的事务性质决定的。例如合同确立如为买卖（购销）业务，则合同的名称应为"买卖合同"；如财产租赁业务，则合同的名称为"××（财产的具体名称）租赁合同"等。代书律师应根据当事人之间发生的业务关系的性质准确地确定合同名称，并将合同名称写在合同书首页正上方。

合同双方当事人及其基本情况。此处，应在具体业务关系中双方当事人相应的部分（如在买卖业务中双方分别为"买方""卖方"，在加工承揽业务中双方分别为"定作方""承揽方"等；也可将双方简称为甲、乙两方）之后，写明相应一方当事人的名称、单位地址、开户银行、银行账号、邮政编码、电话等。并应在各方当事人的基本情况之下另起一行写明该单位法定代表人的姓名及职务。合同双方当事人的基本情况可在此处详细写明，也可在合同尾部单列出来。

②正文。该部分是合同的核心部分，是规定合同主要条款的部分。合同尤其是经济合同的主要条款一般包括以下若干项：

标的。标的是合同当事人权利义务所共同指向的对象，比如租赁财物、借贷资金、工程项目、运输业务、设计图纸、某项技术等。合同的标的一定要写明确。

数量和质量标准，必须具体规范。数量和质量标准是标的的具体体现，是对合同标的进一步的明确化。确定数量时，应明确计量单位和计量方法，再书写明确标的的长度、重量、价值等；对于标的的质量标准，应遵守国家标准化管理的有关规定或在其基础上由双方当事人按需要协商确定。

价款或酬金。价款和酬金是合同中十分重要的条款，因此要在合同中书写清楚取得合同标的的一方当事人向另一方当事人支付的价款，包括支付的货币名称、单价、总价及支付办法。

履行期限、地点和方式，应当明确、具体，前后统一。合同中应书写明确合同双方当事人履行各自义务的具体期限、地点及履行的方式。应写明起止的年月日，不可笼统写"货到付款""货到某个月付款""见人发货""合同生效立即履行"等；更不可违背实际，签订"长期有效"合同。

履行方式应当具体明确。如交货方式，应写明是需方提货，还是供方送货上门；付款方式，是通过银行结算还是现金结算，是一次付清还是分期付款，分期付款每次数额多少；等等。

违约责任和违约金的表述要确切。为了促使合同双方当事人严格而且积极地履行各自义务，合同中应明确规定违约责任条款。违约责任条款一般分为两个部分：一部分应预测合同履行中可能出现的违约情况；另一部分对预测发生的各种违约情况，责任方应承担相应的违约责任。当事人承担违约责任的方式主要有支付违约金、赔偿损失、返还财产、继续履行义务、采取其他补救措施等。这里还要强调针对可能出现的不同违约情况（例如"质量不符""延迟履行""根本无意履行"等）写明支付违约金的不同百分比，而不可笼统地写"根据法律规定追究违约责任"之类。

对处理合同纠纷的方式应当约定明确。为了使当事人之间因合同履行而发生的纠纷及时得到解决，合同中应该规定争议的解决方式，写明是通过"和解""调解""仲裁""诉讼"等方式解决合同争议。如若双方当事人同意将以后发生的纠纷提交仲裁机关仲裁的，就应在合同中订立仲裁条款，不能笼统地写"按法律规定解决纠纷"。

此外，为确保合同的切实履行，保障权利人的合法权益，经双方当事人协商后，可在合同中约定各种担保形式，比如保证、抵押、质押、定金和留置这五种担保方式之一。不管采用哪种担保方式，合同中应对担保方式和范围作出明确而且具体的规定。

③尾部。在合同正文的右下角，写明签订合同的双方（或多方）当事人的名称，并由各自法定代表人或经其授权的代理人签名，加盖单位公章。此外，还应写明签约的时间及地点。

（3）代书赔偿申请书。律师代书提出赔偿申请，首先需要明确两个问题：一是国家赔偿的范围；二是国家赔偿的程序。赔偿申请书应当写明下列事项：

①受害人的姓名、性别、年龄、工作单位和住所，法人或者其他组织的名称、住所和法定代表人或者主要负责人的姓名、职务；②具体的要求、事实根据和理由；③申请年、月、日。除了遵守法定事项之外，代书律师应着重写好第二项内容。赔偿要求应具体、恰当，写明赔偿金额、返还财产以及恢复名誉、赔礼道歉等（要符合法定赔偿方式和计算标准）；事实应符合法定赔偿范围；理由应写明申请赔偿的法律依据。

第十章　律师优良职业心理素质的培养

律师的职业心理素质是指律师在执业活动中的心理表现能力和心理承受能力，表现为律师的思维力、表达力、决策力。优秀律师应当具备例如诚实守信、自信、沉着冷静、处变不惊、积极思维、勇于负责等良好的心理素质。具体表现为，热情对待当事人和认真的办案态度，严谨的工作作风，以及良好的情绪控制能力，独立思考，发挥自己最佳的办案技巧去争取最大的成功。实践证明，律师良好的心理素质应是通过平时不断的学习和培养，以及长期的积累和磨炼，总结、提高而逐步形成的。律师还必须增强自己的意志锻炼，注意完善自己的性格品质，克服性格弱点，养成良好的思维品质，才能有效地履行律师职责，切实完成维护当事人的合法权益、维护法律的正确实施、维护社会公平和正义的使命，更好地服务于最广大人民群众的根本利益，更好地维护社会主义法律制度、法律秩序，建设和捍卫中国特色社会主义事业。

第一节　律师的主要心理障碍

所谓心理障碍是指心理活动中暂时出现的轻度的心理失常，例如运动员临场时的感觉迟钝、情绪紧张、动作不协调所导致的竞技状态下降，高考学生在考场上思维迟钝、记忆力突然下降、情绪紧张以及生理上的出虚汗、尿频、晕倒等反应，都属于暂时性的心理障碍。律师的心理障碍是指其在进行司法活动中暂时出现的影响执业活动效率或工作正常进行的某些心理上的轻度失常现象。它既有生理的因素，也有心理的因素。

从当前律师不良心理素质的状况分析，其心理障碍主要有：激愤、傲慢、盲目乐观；畏难、怯庭、紧张、盲从；应付、先入为主、只凭经验；急功近利、投机好胜和畏惧冒险等，归纳起来就是认知障碍、情感障碍和意志障碍三种类型。

一、认知障碍

（一）注意障碍

律师在执业活动中的注意障碍，主要表现为注意范围狭窄、注意力分散以及注意不能及时转移。律师在承办案件过程中，例如在阅卷、会见被告人、法庭审理核实事实和证据的过程中，由于受外界或者自身某些心理因素干扰，使注意力分散，不能在较短的时间内把注意集中在当前所进行的活动上，导致感知、记忆的错误，思维狭窄肤浅、片面或注意不能及时转移等，从而影响对承办案件的正确认识，影响执业工作的进行。

（二）感知的障碍

律师的感知障碍是指其对于承办案件的事实或证据等的感知存在困难或异常。律师在执业活动中的感知障碍主要表现为：一是感受性异常增高或降低；二是出现错觉。由于感受性异常增高或降低以及注意障碍，导致刑辩律师在现场观察中对人的形体外貌特征、对物体和时间产生错觉。三是幻觉。所谓幻觉特指在外界不存在刺激物的条件下所产生的虚假感知。律师在过度疲劳、期待、焦虑的心理状态下，有可能产生短暂的幻视、幻听等幻觉。这种虚幻的感知体验会干扰律师对案件的正确认识。

（三）记忆障碍

律师的记忆障碍是指对承办有关案件的事实、情节、证据等的记忆发生困难和错误。主要表现为记忆的准确性差，将头脑中储存的不同案件的事实、情节混淆，产生所谓"驴唇对不上马嘴"的现象。

（四）思维障碍

在承办案件过程中，律师随时都在进行紧张复杂的思维活动，有时会产生：（1）思维逻辑障碍，指律师在对案件进行分析与综合、抽象与概括的思维时，运用概念进行推理、判断时发生逻辑错误。例如由于概念混淆，判断、推理错误所导致的对承办案件认识的错误。（2）思维联想障碍，是指律师承办案件，由某人某事而想起其他相关的人或事时，由某概念而联想起其他相关概念时发生思维错误，因此不能正确地反映有关案件的事实、情节之间的内在的因果关系。（3）思维定式的消极影响。律师的思维定式不是由心理障碍造成的，而是在正常的思维过程中，由于个人知识、经历、经验等某些成见的影响，律师在思考问题时难以跳出固有的圈子而形成的。在某些情况下，当前的案件与自己经验相吻合时，这种认识模式可以帮助律师提高工作效率，尽快解决问题。但律师所承办的案件形形色色，千差万别，要求他们的思维具有灵活性。而有些律师有时便自觉或不自觉地用自己头脑中的某种认识模式对待千差万别的承办案件，从而导致对承办案件认识的错误。

二、情感障碍

在承办案件的过程中，律师特别是刑辩律师由于受到外界的强烈刺激和认识障碍等影响，导致某些感情障碍。

（一）消极激情

由于律师承担着沉重的社会责任，工作紧张、辛劳，带有一定政治风险性。律师尤其刑辩律师在承办案件的过程中，打交道的对象一般是身陷囹圄的犯罪嫌疑人和强大的刑事办案机关——公安机关、检察院、法院等。当遇到困难、挫折时，有些律师容易产生厌倦、压抑、烦躁不安的消极心境，甚至是愤怒等消极激情，导致做出违法违规的行为。

（二）应激不良

由于承办的案件千变万化，需要律师尤其是刑辩律师具备应对突发事件的良好的应激能力，应当有"手术刀"般不带感情的理性思维。有的刑辩律师对于突发事件缺乏心理准备，当事先未预料的紧急情况发生时，情绪过分紧张、惊慌失措，应激不良导致执业工作的失误。

三、意志障碍

（一）意志动摇

在承办案件过程中遇到阻力、困难、危险情况时，有些律师由于考虑到个人自身的利害得失而产生退缩畏难情绪，因而对于完成代理或辩护任务、主张社会公平正义等产生了意志动摇。或者在困难、危险的任务面前以各种借口退缩，或者拒绝承担任务，或者屈服于不正之风的干扰和压力，而放弃原则。律师必须有不屈不挠、屡败屡战的坚强的心理素质，否则，公正执法、成功办案是不可能的。

（二）优柔寡断

根据承办案件案情的进展，有时需要律师对某些问题作出当机立断的决策，而有些接案律师在这样的关键时刻缺乏果断精神，优柔寡断，举棋不定，错失良机。

（三）盲目、冲动

在承办案件过程中碰到困难和挫折时，有些律师不能以坚定的意志控制、调节自己一时冲动的情绪，常常不考虑后果，不权衡利弊，意气用事，给执业工作造成损失。

（四）激愤、好胜、主观武断、刚愎自用

激愤心理是一种强烈的、短暂的、爆发式的情绪。处于激愤状态下，人

们认识外界事物的范围缩小，控制自己的能力减弱。激愤心理有明显的外部表现，例如咬牙切齿，怒目圆睁，面红耳赤，甚至拍案而起，讲话的声调升高，频率加快，滔滔不绝。律师除了有勇于夺取胜利的信心，还应注意克服好胜心理。好胜心理的主要表现：热衷于表现自己的"雄辩才华"，一味地堆砌辞藻却又言之无物；为了追求所谓的"辩护效应"而过分渲染，重形式而轻内容；听不进正确的意见，不能合理纳言，不能容忍别人反驳自己的观点。

在承办案件过程中，切忌主观武断、刚愎自用。有些律师对承办案件的事实、情节、证据等不能全面、客观地进行分析和判断，也不善于听取同事的不同意见，常常只凭借自己的经验主观武断地下结论，草率从事，刚愎自用，甚至一意孤行，最终导致执业工作失误。

造成上述这种心理障碍的主要原因有四：

一是自身的综合素质不高，出庭临场等经验不足；

二是过于夸大困难，缺乏自信；

三是责任感不强，不能将责任感转化为动力，反而背上包袱；

四是虚荣心作祟，怕打输官司丢面子。

第二节　律师心理训练

律师的心理障碍严重地影响着律师执业工作的正常进行。因此，采取一定的科学方法和措施，对其心理障碍进行矫正是十分必要的，有效方法之一就是对其进行心理训练。

所谓心理训练，是指采取一定的方法，培养适合从事某种职业所具备的良好的心理品质及心理状态的过程。通过心理训练，人们可以掌握控制和调节自己的心理状态，以适应某种职业的需求。

一、律师心理训练的内容

针对职业的特点，律师的心理训练应该着重于：

（1）注意力、观察能力的训练。培养良好的注意力、观察力，矫正执业活动过程中出现的注意力、感知障碍；

（2）记忆、想象、思维能力的训练。培养良好的记忆、想象、思维能力，矫正在承办案件过程中出现的记忆、想象、思维障碍；

（3）情绪自我控制、意志自我调节的训练。培养、提高自我心理调控能力和承受挫折、压力的能力，避免由于情绪的失衡而导致意志的失调；

（4）性格训练。培养勇敢、沉着、冷静、理智、果断的良好性格品质，以适应律师执业工作的需要。

二、律师心理训练的主要方法

（一）认知调整训练方法

通过对认知的调整训练，提高律师对完善自身职业心理素质重要性的认识，增强职业责任感，从而以坚强的意志对待执业工作中的挫折及压力。

（1）回忆再认。让律师主动回忆自己在困难、挫折、危险情境面前的心理状态和行为表现，分析自己曾经出现的不理智的情绪反应及其原因，提高自我认识、自我评价和自我控制、自我调节的能力。

（2）典型示范。以律师中良好的典型事例为榜样，引导他们分析对照自己存在的某些消极的表现，为完善、提高职业心理素质提供参照系。

（3）集体讨论。建立集体讨论制度，这是提高办案质量，减少或者避免重大失误的一项有效措施，也是交流工作经验，互相学习，共同提高的一条重要途径。通过集体讨论，分析造成承办案件失误的原因，从中找出律师的某些不良职业心理素质或心理障碍，从而提高其对于完善心理素质的认识。

（二）创设情景培训法

创设与律师工作相同的情景，让受训的律师在其中扮演有关角色，训练律师的注意力、观察力、记忆力、想象力和语言表达能力，以及在紧急、危险状态下的应变能力等。例如制造比较复杂的犯罪现场，训练刑辩律师协助侦查人员进行现场勘察、提出辩护思路；组织模拟法庭，训练辩护律师出庭履行辩护职责的能力等。

（三）现场观摩训练法

积极组织律师观摩具有典型意义的犯罪现场、刑事审判活动、民商事调解和民事审判活动等，从中学习有益的经验，提高自己的实务技能。

（四）自我暗示训练法

自我暗示是通过自我想象一些特殊情境，而对自己发出信息刺激，从而引起生理、心理的变化。这一方法是通过自我暗示的积极心理影响，调整心理状态。一种是通过语言的自我暗示，进行自我放松训练。一种是通过语言的自我暗示，进行自我激励训练。

第三节　律师优良职业素质的培养

律师优良职业素质的培养要着眼于国内、国际两个大局，立足于中国经济日益融入世界经济的总趋势，积极适应我国法律服务业开放程度不断提高的新形势，强调律师执业结构，注重参与跨境高端法律服务，提升法律服务层次。制订实施律师队伍优秀人才和后备人才培养计划，学习借鉴国内外同行的先进经验，着力培养一批具有国际眼光、精通涉外法律业务的高素质领军律师人才。通过加强律师队伍的建设和反腐倡廉建设，努力培养一支政治坚定、业务精通、作风过硬、维护正义、恪守诚信，特别能战斗的律师队伍。

一、发扬我国律师优良传统，加强"师徒相授，言传身教"的职业教育，提高律师队伍整体水平

经验表明，律师尤其是优秀律师不可能通过法学院校批量地产生，主要是通过"师徒相授，言传身教"的方式逐渐培养出来。每个律师在成长过程中，都不可避免地带有他的师傅的特点。所以律师这个行业要不断发展壮大，薪火相传，一方面，年轻律师要注意向那些优秀律师学习；另一方面，优秀律师也有责任主动去培养年轻律师。

二、树立过硬的政治观念，把全面推进依法治国作为律师的执业宗旨

律师要有坚定的政治信念、敏感的大局观念，拥护党的方针政策，积极参政议政，增强职业使命感和社会责任感，刚正不阿，不畏权势，积极推动我国社会主义法治建设进程。

坚持把社会主义法治理念作为律师的执业宗旨。因为律师制度是中国特色社会主义司法制度的重要组成部分，而司法制度又是政治制度的一部分，这就决定了律师制度的政治属性。所以，律师要讲政治、讲大局，任何时候都不能动摇。

律师作为保护公民和法人的合法权益，维护国家法律正确实施和社会公平正义，化解社会矛盾，促进社会稳定的一支重要力量，在社会主义法治建设中，有着不可或缺和不可替代的作用。所以，律师应自觉践行"全面推进依法治国"理念，充分发挥律师在党和政府主导的维护群众权益机制中的积极作用，提高律师服务政府决策、热点难点问题处理、群体性事件处置、应对突发性事件的能力，维护社会和谐稳定。

三、加强律师职业道德建设，提高律师服务法治中国的能力

党的十八届三中全会明确指出，要加强律师职业道德建设。职业道德建设是律师队伍建设的重大问题，关系到律师工作的质量和生命。所以律师必须切实贯彻社会主义核心价值观，做到讲道德、重品行、守规则。首先，进一步加强职业道德建设，才能使律师以良好的素质服务于国家、社会和人民，充分发挥律师工作的职能，维护当事人合法权益、维护法律的正确实施、维护社会公平正义。其次，进一步加强律师职业道德建设，是推进平安中国、法治中国建设的必然要求。再次，大力加强律师职业道德建设，是建设高素质律师队伍的迫切需要。只有进一步加强职业道德建设，着力解决职业道德方面存在的问题，才能提高律师队伍的整体素质及其法律服务的执业水平，为建设一支高素质律师队伍奠定基础。

加强律师职业道德建设要从当前的客观实际出发，有的放矢。

第一，教育引导广大律师坚定中国特色社会主义理想信念，坚持中国特色社会主义律师制度的本质属性，坚决拥护党的领导，拥护社会主义制度，自觉维护宪法和法律的尊严，坚决抵制违反我国宪法原则、不符合我国国情的政治制度、法律制度和法治观念对律师行业的不良影响和侵蚀。

第二，教育引导广大律师牢固树立和自觉践行服务为民理念，正确处理执业经济效益与社会效益的关系，一切为委托人着想，最大限度地维护委托人的合法权益。即便对委托人所负担的职业义务与自身的利益发生冲突时，律师也应始终将委托人的利益放在首位。不轻言放弃，竭尽全力，在不可能中寻找可能，通过执业活动努力维护人民群众的根本利益，维护公民、法人和其他组织的合法权益，引导当事人依法理性表达诉求、维护自身合法权益，不挑讼，不缠讼。

第三，教育引导广大律师忠于宪法和法律，努力维护宪法和法律的尊严。在执业中"以事实为根据，以法律为准绳"，严格依法履行辩护代理职责，尊

重司法权威，遵守诉讼规则和法庭纪律，与司法人员建立良性互动，维护法律正确实施，促进司法公正的实现。

第四，教育引导广大律师认真维护社会公平和正义，努力维护当事人的合法权益，积极预防和化解社会矛盾纠纷，维护社会稳定，依法充分履行辩护代理职责，促进案件依法、公正解决，让人民群众在每一起案件和服务事项中都能感受到公平正义的现实。

第五，教育引导广大律师恪守诚实信用原则，不得违反或者懈怠履行合同约定的义务，不得违反执业利益冲突限制性规定，不得利用提供服务便利牟取当事人争议的利益，不得向委托人索取额外财物或利益，不得与他人串通侵害委托人的权益，不得泄露当事人的商业秘密和个人隐私，不得采用不当方式与同行进行竞争，贬损对方的声誉。

第六，教育引导广大执业律师切实做到爱岗敬业，珍惜律师荣誉，不断提高自身的综合素质和执业水平，陶冶个人品行和道德情操，忠于职守，勤勉尽责，自觉维护律师个人声誉和律师行业群体形象，取信于民！

四、自觉提高业务素质和实务操作能力，以适应全球一体化的需求

律师是以专门的法律知识、法律服务技能为社会提供法律服务的专业工作者。律师，尤其是优秀的律师不仅要熟练地掌握国家法律、法规、规章，还要及时掌握各类司法解释、批复纪要、通知及其制定原因和立意，随时了解法学动态，研究前沿理论，还要熟悉国际法、国际私法等，且能融会贯通地应用法律解决实际问题，坚持律师走专、精、博专业化道路，刻苦钻研，成为某一个领域的法律专家，认真办好每一项法律事务。

五、注重律师心理的自我调控，为成就大批优秀律师创造条件

如前所述，律师要具备良好的心理素质应在平时不断地学习和培养，以及长期的积累和磨炼，这也是律师加强自我修炼、自我完善的过程。优秀的律师一定是善于控制自己情绪的人，只有善于控制情绪，才能排除干扰，办好承办的案件。要办好案件，律师就要依靠自己的专业知识、社会关系和处理问题的经验，调动行政的、舆论的、经济的、感情的多方面的手段和因素，通过非诉讼调解和诉讼程序以法律手段为基础达到为当事人解决问题的目的。所以，律师必须有不屈不挠、屡败屡战的心理素质。因此，培养好的心理素质是成就优秀律师的基本条件。

六、强化角色意识，树立知己知彼、百战不殆的必胜信念

在法律社会中，强化律师角色意识，就是律师应当具有"法律人""政治人""经济人""文化人""道德人"的品格和综合素质！作为律师，要有高度的使命感和职业荣誉感，勇于面对压力和克服各种困难，树立必胜的信念。这就要求律师必须注重自身综合素质的提高，进而不断强化自己的心理优势，做到知己知彼、百战不殆。

这里指的所谓知己，既包括对自身能力的认识，也包括对案件以及涉及法律的熟知程度。一个律师能力再强，倘若没有熟悉和吃透案情，没有准确全面理解法律，到出庭履行职责时还是会心中无底，可能有怯庭心理。所谓知彼，就是要了解自己的对手，就刑事或民商事而言，即了解公诉人和当事人的年龄、性别、职业、文化程度、有无前科等。并根据具体情况制订几套相应的庭上询问、举证、质证和辩论的计划。对公诉人和对方的律师也要有所了解，看其属于哪一类型，其指控、代理能力如何，风格怎样，律师应针对其不同特点，采取不同的出庭策略。只有强化角色意识，知己知彼，才能

增强信心，为胜诉奠定坚实的基础。谨此，我们以胡乔木同志的一首《律师颂》共勉：

你戴着荆棘的王冠而来，

你握着正义的宝剑而来。

律师，神圣之门，又是地狱之门，

但你视一切险阻诱惑为无物。

你的格言：在法律面前人人平等，

唯有客观事实，才是最高权威。

后 记

本书之所以能够付梓，首先感谢中国政法大学教授罗大华博导生前的鼓励、指点和帮助。在此，深深地致以谢意！

家人及朋友（安庆若等人）在此书撰写过程中给予了鼓励和帮助，不胜感激。

作者在撰稿时参考了不少文献，已于书末开列，在此谨对各文献作者表示衷心感谢。

由于本人水平所限，只能谈点粗浅的感受及看法，恳望专家学者和同行指正。

尧汉杰

初稿：2014 年 3 月

二稿：2014 年 12 月

定稿：2020 年 6 月 18 日

参考文献

［1］弗·培根，水天同译. 培根论说文集 [M]. 上海：商务印书馆，1983.

［2］罗大华. 中国法律心理学研究与探索 [M]. 北京：中国华侨出版社，1996.

［3］卞建林. 出庭公诉理论与实践 [M]. 北京：电子工业出版社，1996.

［4］邱国梁. 犯罪与司法心理学 [M]. 北京：中国检察出版社，1998.

［5］俞静尧. 律师实用心理 [M]. 北京：法律出版社，1999.

［6］陈光中. 刑事诉讼法实施问题研究 [M]. 北京：中国法制出版社，2000.

［7］高铭暄，马克昌. 刑法热点疑难问题探讨 [M]. 北京：中国人民公安大学出版社，2001.

［8］罗大华. 刑事司法心理学理论与实践 [M]. 北京：群众出版社，2002.

［9］徐伟，鲁千晓. 诉讼心理学 [M]. 北京：人民法院出版社，2002.

［10］何为民. 民事司法心理学与实践 [M]. 北京：群众出版社，2002.

［11］曹炳增. 无罪辩护：十起辩护成功案例及诉讼程序的理性思考 [M]. 北京：中国人民公安大学出版社，2004.

［12］卞建林. 证据法学 [M]. 北京：中国政法大学出版社，2005.

［13］胡玉鸿. 司法公正的理论根基：经典作家的分析视角 [M]. 北京：社会科学文献出版，2006.

［14］中华全国律师协会. 律师执业基本素养 [M]. 北京：北京大学出版社，2007.

［15］罗大华，何为民，解玉敏．司法心理学［M］．北京：人民教育出版社，2007.

［16］罗大华．犯罪心理学［M］．北京：中国政法大学出版社，2007.

［17］鲁千晓．诉讼心理学原理与应用［M］．北京：法律出版社，2009.

［18］许章润．中国：法制与法意［M］．北京：法律出版社，2009.

［19］朗胜．《中华人民共和国刑事诉讼法》修改与适用［M］．北京：新华出版社，2012.

［20］斯摩尔．心态正能量［M］．长沙：湖南人民出版社，2012.

［21］郭星华，王平．中国农村的纠纷与解决途径——关于中国农村法律意识与法律行为的实践研究［J］．江苏社会科学，2004（02）.

［22］江必新．正确认识司法与政治的关系［J］．求是，2009（24）.